[COLOR KAITEIBAN] BAKAURE KEYWORD 1000
© Hirokazu Horita 2014
First published in Japan in 2014 by KADOKAWA CORPORATION, Tokyo.
Korean translation rights arranged with KADOKAWA CORPORATION,
Tokyo through BC Agency.
Korean translation Copyright © 2025 by BONUS Publishing Co.

이 책의 한국어판 저작권은 BC에이전시를 통한 저작권자와의 독점 계약으로 보누스출판사에 있습니다.
저작권법에 의하여 보호를 받는 저작물이므로 무단전재와 무단복제를 금합니다.

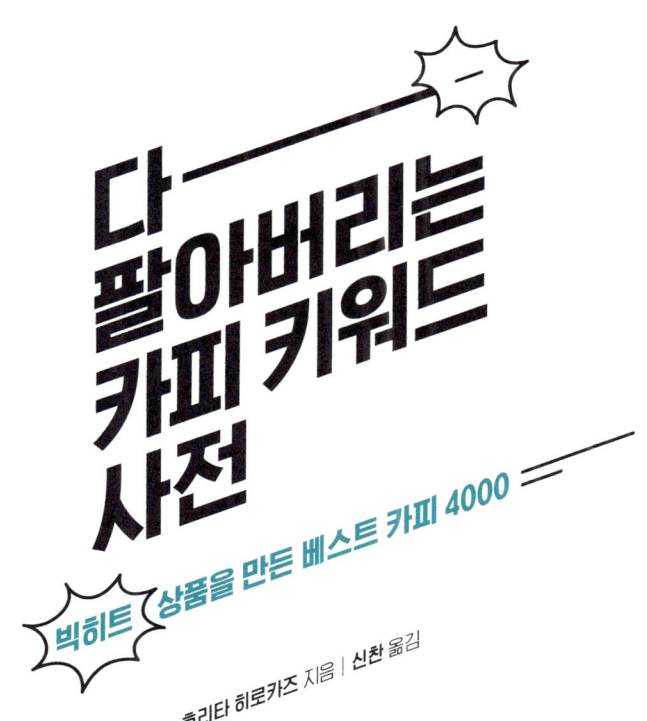

다 팔아버리는 카피 키워드 사전

빅히트 상품을 만든 베스트 카피 4000

호리타 히로카즈 지음 | 신찬 옮김

보누스

시작하며

    이 책의 기획은 잘 팔리는 상품이나 서비스, 갖고 싶은 물건, 잘 파는 사람 뒤에는 이른바 '팔리는 키워드'가 항상 관련되어 있다는 깨달음에서 출발했다. 여기서 소개하는 문구들은 '더 잘 팔기 위해 사용하는 말', '기억에 남는 말', '궁금증을 유발하는 말', '갖고 싶게 만드는 말' 등과 같이 '팔리는 키워드'를 찾았을 때마다 기록한 수많은 키워드 중에서 엄선을 거듭해 검증된 것들을 모은 것이다.

    이 책에서 소개하는 키워드는 판매할 때 그대로 사용해도 좋을 것이다. 하지만 이 키워드들을 기반으로 여러분의 아이디어를 더한다면 훨씬 더 좋은 키워드를 만들어낼 수 있다. 수천 가지의 강력한 키워드(문구)를 활용하여 얻을 수 있는 효과는 무궁무진할지 모른다.

    범용성이 높고 검증된 키워드인 만큼 고전적이라거나 올드하다고 느낄 수도 있지만, 카피를 쓸 때 기본이 되는 사전처럼 활용하면 분명히 효과를 볼 것이라고 생각한다. 각 키워드는 더욱 효과적으로 사용할 수 있도록 9개 카테고리로 분류했으며, 키워드별로 효과적인 사용법과 유의어도 덧붙였다. 그 결과 이 책에서 소개하는 키워드는 유의어까지 합치면 4,000가지가 넘는 압도적인 용례를 자랑한다.

    독자 스스로 이 책을 사용하는 방법을 찾으리라 생각하지만 더욱 효과적인 사용을 위해 다음과 같은 순서를 추천한다. 여러분이 실제로 '팔고 싶은 것을 파는 장면'을 구체적으로 머리에 떠올리면서 순서에 따라 시험해보기를 바란다.

1. 팔고 싶은 것(상품·서비스)을 생생하게 떠올려본다.
2. 이상적인 고객(타깃)상을 더욱 구체적으로 이미지화한다.
3. 판매에 이상적인 타이밍을 '지금'이라고 가정한다.
4. 팔고 싶은 것의 여러 가치 중에서 고객이 느끼는 가장 큰 가치를 이미지화하고 머릿속에 새긴다.
5. 1~4까지 수행한 상태에서 이 책의 키워드를 훑어보자. 읽으면서 감이 오거나 뇌리에 남는 키워드를 체크한다.
6. 체크한 키워드의 '효과적인 사용법'과 '유의어'를 읽고 가장 마음에 드는 키워드를 활용(조합)해서 고객이 느끼는 가치를 극대화하는 카피를 만든다.

어떤가? 멋진 표현이 떠올랐는가? 단번에 찾지 못했더라도 몇 번이고 반복해서 도전하기를 바란다.

그리고 문구를 완성했다면 팔리는 문구(표현)에 여러분의 영혼을 담아 고객에게 대담하게 마케팅해보자.

다만 한 가지 주의해야 할 점은 고객에게 어필하는 말이나 표현에 거짓(사실과 다른 것)이 있어서는 안 된다는 것이다. 어디까지나 팔고 싶은 것의 진정한 가치를 효과적으로 전달하기 위한 용도로만 책을 활용해주기를 바란다.

호리타 히로카즈

| 시작하며 | 5 |

A	**특장점** 특장점을 더욱 효과적으로 전달한다	13
A-1	신규성(새로움) 어필하기	14
A-2	역사·전통·오래됨 어필하기	21
A-3	높은 품질 어필하기	30
A-4	한정성·희소성 어필하기	40
A-5	간편함·간단함·손쉬움 어필하기	50
A-6	신뢰감·안심감 어필하기	59

B	**깨달음** 고객에게 깨달음을 준다	67
B-1	알림·깨달음 주기	68
B-2	제3자의 의견·고객의 평가 활용하기	83
B-3	욕망·쾌감·희망 자극하기	92
B-4	불만·불안 요소 활용하기	105
B-5	지식욕·지적 호기심 자극하기	112
B-6	역설적인 표현 활용하기	124

C	**강조** 우수한 점을 어필하여 효과적으로 전달한다	131
C-1	임팩트를 주거나 강조하고 싶을 때	132
C-2	취향·특별함 표현하기	151
C-3	부가가치 표현하기	160
C-4	비교 요소·비교 우위 호소하기	170

D	**인기** 고객의 열렬한 지지를 표현한다	175
D-1	팔리고 있다는 느낌(인기) 표현하기	176
D-2	취향이나 강한 기호 표현하기	186
D-3	트렌드(유행) 표현하기	190

E	**감정** 고객의 감정을 강하게 자극한다	195
E-1	체험·체감 표현하기	196
E-2	오감에 어필하기	204
E-3	행복·행운 표현하기	217
E-4	감동 어필하기	223

F	객관성 숫자를 활용하여 보다 현실적으로 표현한다	231
F-1	데이터·숫자 활용하기	232
F-2	기간·기한·시간·계절 표현하기	238

G	이득 이득을 강조하여 고객을 자극한다	245
G-1	저렴함 어필하기	246
G-2	무상 제공·무료 어필하기	262

H	타깃 타깃을 좁혀서 특장점을 강조한다	267
H-1	타깃 분류하기	268
H-2	네이밍 활용하기	276

I	**유도** 고객이 목적에 맞는 행동을 하도록 유도한다	285
I-1	추천 표현하기	286
I-2	행동 유도하기	293

카피 키워드 한눈에 모아보기	303

마치며	316

일러두기

- 본문에 등장하는 키워드들은 가능한 한 원서에 수록된 단어와 어감을 유지하되, 한국의 마케팅 동향과 한국어의 특성을 반영하여 수정 및 보완했습니다.
- 특정 키워드가 실제 카피라이팅 현장에서 절대적으로 많이 쓰이는 경우, 표준어 규정에 맞지 않더라도 표현과 어감을 살려 표기했습니다.

A
특장점
특장점을 더욱 효과적으로 전달한다

팔려는 물건(상품이나 서비스)의 몇 가지 특징을 추린 다음, 고객이 정말로 가치를 느끼는 '특장점'을 강조해서 '다른 것보다 가치가 높다'라는 점을 명확하게 제시하자.

지금 여러분이 팔려는 상품이나 서비스에는 몇 가지 특징이 있을 것이다. 여기서 말하는 '특징'이란 팔려는 상품이나 서비스가 어떤 것인지 구체적으로 떠올릴 수 있는 요소들을 의미한다. 그 특징 중에서 다른 상품이나 서비스에 비해 명백히 뛰어난 요소를 찾아본다. 그것이 바로 다른 상품이나 서비스와 명백한 차이를 보이는 '특장점'이다. 즉 특장점이란 여러 특징 중에서 다른 상품이나 서비스와 차별화할 수 있는 '근거'다.

고객은 상품이나 서비스의 특장점에 차별성을 느껴야 비로소 관심을 보인다. 하지만 그렇다고 해서 상품이나 서비스의 정보를 지나치게 많이 알려주면 특장점의 존재감이 흐려지므로 선택과 집중이 중요하다.

이번 장에서는 고객이 특히 가치를 느끼는 특장점을 강조할 수 있는 '신규성(새로움)', '역사·전통·오래됨', '높은 품질', '한정성·희소성', '간편함·간단함·손쉬움', '신뢰감·안심감'에 관한 키워드를 소개한다.

이것들로 특장점을 효과적으로 표현해서 마케팅에 활용하길 바란다.

신규성(새로움) 어필하기

신규성(새로움)은 고객을 끌어당기는 강한 힘이 있다. 상품이나 서비스의 새로운 요소에 초점을 맞춰 '새로움' 자체를 주요 장점으로 삼아 고객에게 어필한다. 새로움을 효과적으로 전달하는 것만으로도 고객의 구매욕을 자극할 수 있다.

001 ○○의 최전선에서

효과적인 사용법 새로운 연구 결과, 새로운 시도, 최신 정보 같은 단어는 신규성을 현장감 있게 전달한다. '새로움'과 '현장감'을 동시에 살리는 다른 단어들도 사용해보자.

예
- ▶ 주목! 까무잡잡한 피부가 고민이신 분께, 피부 미백 연구의 최전선에서 희소식을 전해드립니다!
- ▶ 인기 메뉴의 최전선, 당신이 먹고 싶은 메뉴가 무엇이든 여기서 찾을 수 있다!
- ▶ 업계 최전선에서 들려주는 생존 꿀팁!

유의어 ➡ ○○ 최신 정보, ○○ 요즘 정보, 생생한 정보, ○○의 현장에서 생생하게~

002 ○○라는 새로운 원칙을 세우다

효과적인 사용법 '새로움'이라는 말을 붙여서 주목도를 높이고 '원칙'이라는 말로 마치 당연하다는 인상을 준다.

예
- ▶ 먹으면서 다이어트할 수 있는 새로운 원칙을 세우다!
- ▶ 맛만으로는 부족하다! 요리의 새로운 원칙을 세우는 ○○
- ▶ 은행 업무의 새로운 원칙을 세우다! ○○으로 최고의 서비스를 경험하세요

유의어 ➡ ○○라는 새로운 법칙, ○○라는 새로운 철칙, ○○라는 새로운 기준

003 ○○년 뒤를(앞을) ××한다

효과적인 사용법 수년 앞을 예상하여 기존에 없이 새롭다는 인상을 준다. 1년, 3년, 10년처럼 '수년'을 활용하면 신뢰가 높아진다.

예
- ▶ 10년을 앞서는 미래지향적 아파트 ○○
- ▶ 이것만 알면 3년 뒤 유행도 예측 가능! 올 여름부터 준비해야 늦지 않는다
- ▶ 1년 앞을 리드하는 올해의 태닝 대책! 지금 바로 ○○을 시작해보자

유의어 ➡ ○걸음 앞을 ××한다, ○년 앞을 경험(체험), 앞으로의 ○○년을 ××한다

004 ○○의 혁명

효과적인 사용법 고전적이지만, '참신한 인상'을 주고 싶을 때 사용하면 강한 인상을 동시에 줄 수 있다. 지금까지와는 다르다는 표현을 함께 쓰면 더 효과적이다.

예
- ▶ 살충제의 혁명! 완전히 새로운 기술로 탄생한 ○○
- ▶ 남자들의 기대에 부응한 맨즈 퍼퓸의 혁신, 남자 향 종결 ○○
- ▶ OA 시스템의 혁명! 이것 하나로 사무실 근무 환경이 몰라보게 달라집니다!

유의어 ➡ ○○의 혁신, ○○에 혁명을 일으키다, ○○를 쇄신하다

005 ○○의 기준을 바꾸다

효과적인 사용법 어떤 기준과 비교해서 '그 기준을 바꿀 정도로 새로운 변화'라는 인상을 준다. 기준이 일반적인 것이면 더욱 이해도를 높일 수 있다.

예
- ▶ 주택 선택의 기준을 바꾸는 새로운 공법! 미래를 보여주는 ○○
- ▶ 자외선 차단 대책의 기준을 바꾸는 신소재! 햇빛을 확실하게 막아주는 ○○
- ▶ 감칠맛의 기준을 바꾸는 창작 요리로 여러분의 입맛을 자극합니다

유의어 ➡ ○○의 상식을 바꾸다, ○○의 기준을 넘다, ○○에 혁신을 일으키다

006 ○○의 끝

효과적인 사용법 어떤 상품이나 서비스의 미래상(앞으로의 모습)을 제시하여 새로움을 전한다. '이상적인 모습'을 새롭다는 메시지와 함께 어필할 수 있다.

예
- ▶ 미백의 끝에서, ○○라는 새로운 생각
- ▶ 고객 만족의 끝. 그것은 우리가 제공하는 ○○입니다
- ▶ 당신이 추구하는 쾌적함의 끝을 실현한 ○○

유의어 ➡ ○○는 진화한다, ○○의 선구자, ○○ 종결, ○○라는 미래

007　○○의 새로운 상식

효과적인 사용법　전하고 싶은 것이 새롭고, 마치 '당연한 것'이라는 의미로 사용한다.

예
- ▶ 생명보험 선택의 새로운 상식! 앞으로 OO는 보험의 기준이 됩니다
- ▶ 출근 복장의 새로운 상식! 평일 휴일 상관없이 언제든 어울리는 OO
- ▶ 스마트폰의 새로운 상식 OO

유의어 ➡ OO의 개념이 바뀐다, OO의 새로운 스탠더드, OO의 새로운 질서

008　○○ 첫 ××

효과적인 사용법　지금까지 없던 새로움을 표현한다. 카테고리나 그룹을 좁혀서 '처음'을 강조하는 것이 포인트다.

예
- ▶ 이번 봄 첫 입하! OO 예약 판매 실시
- ▶ 서울 첫 상륙! 뉴욕에서 화제인 브랜드들이 줄지어 입점!
- ▶ 외식 업계 첫 등장! OO를 가보지 않고서는 정육식당을 논할 수 없다

유의어 ➡ OO에서 처음으로, OO가 최초, 첫 번째의 OO, 최초의 OO

009　○○를 쇄신하다

효과적인 사용법　'현재의 모습을 근본부터 새롭게' 한 것이라는 의미로 사용한다. 기존에 알려진 것이나 일반적인 것과 조합해서 새로운 변화를 강조한다. 타깃 연령대가 높을 때 더욱 효과적이다.

예
- ▶ 과거의 성공 사례를 쇄신하고 앞으로 실천해야 할 ××가지 법칙들
- ▶ 디자인에 대한 사고방식을 쇄신하는 OO, 새로운 감각의 OO
- ▶ 기존 스타일을 쇄신한 럭셔리함, OO

유의어 ➡ 엄청난 변화, OO를 완벽 개선하다, OO를 새롭게 하다

010　새로운 ○○ 스타일

효과적인 사용법　새로운 요소를 하나의 '스타일(사고방식, 모양 등)의 새로움'으로 표현해서 새로운 스타일에 흥미가 많은 사람에게 호소한다.

예
- ▶ 새로운 고객 대응 스타일에 감동! 앞으로의 OO는 이렇게 바뀐다!
- ▶ 바쁜 아침, 새로운 스타일의 식문화에 딱 맞는 OO
- ▶ 도시가 지겨운 당신에게, 새로운 라이프스타일을 선물할 OO

유의어 ➡ 새로운 OO방식, 신선한 OO스타일, OO라는 새로운 형태

011　한 걸음 앞선 ○○

효과적인 사용법　'가까운 미래(발전한 것)'라는 의미를 담아 새로움을 전한다. 완전히 참신한 것은 아니지만, 다소 발전한 것이라는 인상을 줄 수 있는 편리한 말이다.

예
- ▶ 한 걸음 앞선 비즈니스를 예측하는 ○○
- ▶ 여성 필독! 최신 다이어트 식품을 활용해 한 걸음 앞선 신기술!
- ▶ 최고급 호텔도 놀랐다! 한 걸음 앞서가는 고객 서비스 ○○

유의어 ➡ 한 걸음 앞의 ○○, 한발 더 나아간 ○○, 남들보다 앞서가는 ○○

012　지금까지 없었던 ○○

효과적인 사용법　새로움을 더욱 두드러지게 표현한다. 지금까지 존재했던 것과는 명확히 다르다는 특장점을 어필할 때 매우 효과적이다.

예
- ▶ 지금까지는 없었던 감촉을 느껴주세요!
- ▶ 놀랍다! 지금까지는 없었던 새로운 식감!
- ▶ 비즈니스에 곧바로 적용할 수 있다! 지금까지 없었던 공부법!

유의어 ➡ 기존에는 없었던 ○○, 과거에는 없었던 ○○, 전례 없는 ○○

013　획기적인 ○○

효과적인 사용법　'두드러진 변화'를 의미하는 '획기적'이라는 단어를 써서 새로움을 더욱 강조한다.

예
- ▶ 마감 임박! 획기적인 인간관계 개선 플랜 ○○ 강연
- ▶ 획기적인 차이를 경험해보자! 만지는 순간 단번에 알 수 있는 ○○
- ▶ 인생을 풍요롭게 하는 획기적인 ○○ 제품 체험 이벤트 오픈

유의어 ➡ 혁명적인 ○○, 혁신적인 ○○, 눈부신 ○○, 신기한 ○○

014　미래를 ××하는 ○○

효과적인 사용법　미래 혹은 가까운 미래에 일어날 새로운 일임을 어필할 때 사용한다. '앞으로 긍정적인 변화가 기다린다'라는 인상과 함께 새로움을 강조한다.

예
- ▶ 기다리고 기다렸다! 미래를 내다보는 투자 강의!
- ▶ 미래를 예측하는 개성 만점 디자인이 당신을 사로잡을 것입니다
- ▶ 미래의 중년을 위해 지금부터 준비하자 ○○

유의어 ➡ 가까운 미래의 ○○, 미래의 ○○, 앞으로의 ○○, 장래의 ○○

【A. 특장점】

015 최신 ○○

효과적인 사용법 정보나 서비스가 매우 새롭다는 점을 직접적으로 강조한다. 항상 변화나 변동이 많은 상품이나 서비스의 '갱신된 정보'를 알리는 경우에도 효과적이다.

예
- ▶ 최신 아이템 긴급 입고! 이번 찬스를 놓치지 마세요!
- ▶ 봄 트렌드 최신 정보! 인기 브랜드 대량 입하!
- ▶ 최신 기술을 탑재한 신소재 사용! 미래에 필수가 될 ○○

유의어 ➡ 미래 ○○, ○○ 최신작, ○○ 최신 상식(이론)

016 참신한 ○○

효과적인 사용법 '지금까지 없던 새로움'을 간단히 표현할 수 있다. '참신'이라는 말로 '과거에서 벗어난 새로운 발상'임을 전할 수 있다.

예
- ▶ 참신한 디자인이 반짝반짝 빛나는 제품! 개성 넘치는 ○○
- ▶ 앞으로는 참신한 발상이 넘치는 삶을! 서바이벌 ○○
- ▶ 30년 미식가도 인정하는 참신한 메뉴 등장!

유의어 ➡ 특출난 ○○, 전례 없는 ○○, 독창적인 ○○

017 신○○

효과적인 사용법 단순하게 새롭다는 의미를 넣어서 전하고자 할 때 '신'을 붙여서 새로움을 효과적으로 어필할 수 있다.

예
- ▶ 냉장고에 남은 음식 처리 신기술! 아이디어 하나만 바꿔도 놀랍도록 달라진다
- ▶ 당신의 새 취미를 응원합니다! 지겨운 일상의 기분을 확 바꿔주는 신상 ○○
- ▶ 신제품 페어 개최! 새로운 ○○가 여기에 있다!

유의어 ➡ 신형, 신작, NEW, 신규, 신발매, 뉴○○, 새 ○○

018 진화한 ○○

효과적인 사용법 새롭다는 의미를 더하여 '미래의 모습'이라는 의미를 담아서 표현한다. 새로움과 함께 '앞으로의 기대감'을 전할 수 있다.

예
- ▶ 한층 진화한 기초화장품! ○○하는 느낌이 최고!
- ▶ 시대와 함께 진화하는 디자인! 미래의 생활이 보이는 ○○
- ▶ 새롭게 진화한 무대가 여러분을 기다립니다

유의어 ➡ 진보한 ○○, 앞서가는 ○○, 앞으로의 ○○, 앞으로는 ○○

019 **신감각** ○○

효과적인 사용법 '감각적으로 새로움'을 전할 때 편리하다. 항상 새로운 감각을 추구하는 사람이나 중시하는 사람에게 적합한 표현이다.

예
- ▶ 새로운 감각과 함께하는 투어! 누구도 풀지 못한 수수께끼 속 미스터리한 여행
- ▶ 지금껏 느껴보지 못한 촉촉하고 새로운 감각!
- ▶ 새로운 감각의 안락함을 실현하다! ○○

유의어 ➡ 새로운 촉감의 ○○, 새로운 식감의 ○○, 신감각 ○○

020 **새 시대의/신시대의** ○○

효과적인 사용법 구분하는 느낌이 있는 '시대'라는 말을 활용하여 새로움을 강조한다. 기존의 것이 '새롭게 변화한다'라는 의미를 담아서 활용한다.

예
- ▶ 탄생! 신시대 힐링 공간! 한번 경험하면 잊을 수 없는 ○○ 스페이스
- ▶ 신시대의 막을 열다! 앞으로 ○○하는 방법
- ▶ 새 시대의 채식 체험! 채소만으로 영양과 맛이 완벽한 식사를 경험해보세요

유의어 ➡ 신세대의 ○○, 시대를 여는 ○○, 시대를 창조하는 ○○

021 **선공개** ○○

효과적인 사용법 '예정보다 빠르게 할 수 있다'라는 표현으로 더욱 새롭다는 인상을 줄 수 있다. 앞으로 일어나는 상황(이벤트 등)과 조합해서 사용한다.

예
- ▶ 단골손님 한정 선공개 및 판매! 발매 전 손에 넣을 수 있는 찬스!
- ▶ 국내 최초 얼리버드 시승회! 소문의 ○○를 가장 먼저 체험할 수 있는 기회
- ▶ 시즌 전 선공개&동시 예매 스타트! 누구보다 빨리 경험할 수 있다

유의어 ➡ 얼리버드 ○○, 가장 빠른 예약, 맨 먼저 ○○

022 **선진** ○○

효과적인 사용법 '더 발전했다'라는 의미를 담아 표현한다. '기술적인 새로움'을 강조한 표현에 적합하다.

예
- ▶ 선진 기술을 집약한 ○○ 등장! 세계를 선구하는 ○○
- ▶ 선진 위생관리 시스템으로 안심할 수 있습니다!
- ▶ 금융 시장의 선진화 ○○

유의어 ➡ 진보한 ○○, 선구적인 ○○, 보다 발전한 ○○, 앞선 ○○

023 ○○ **개혁**

효과적인 사용법 '개혁'이라는 단어의 이미지를 활용해서 특정 요소가 더 새로울 뿐만 아니라 더 좋아진다는 인상을 준다.

예
- ▶ 피부 개혁! 피부 나이가 순식간에 10년 어려진다
- ▶ 패션 스타일 대개혁! 남자의 마음을 사로잡는 ○○
- ▶ 출근 시간의 혁신! 바쁜 아침에도 챙겨 먹는 초간단 메뉴

유의어 ➡ ○○ (대)혁명, ○○ 대개혁, ○○ (대)혁신

024 ○○ **등장**

효과적인 사용법 신제품이나 새로운 서비스의 출시를 알릴 때 사용한다. '기대를 주는 표현(언어)'과 함께 활용하면 효과적이다.

예
- ▶ 기다리던 햅쌀 등장! 갓 수확한 신선함 그대로 식탁을 채우다
- ▶ 기다리던 메뉴 전격 등장!
- ▶ 등장과 동시에 완판! ○○

유의어 ➡ ○○ 드디어 완성, ○○ 개발 완료, ○○ 출현

역사·전통·오래됨 어필하기

역사나 전통, 오래된 것에는 독특한 가치가 느껴진다. 제공하는 상품이나 서비스에 역사적인 요소, 전통을 느낄 수 있는 요소, 오래되었다는 이미지를 주는 요소가 있다면 그 부분을 강조해서 중요한 가치를 어필할 수 있다.

025 (유명한 지명) 명가

효과적인 사용법 유명한 지명이나 유서 깊은 지명 등을 조합해서 사용하면 전통이 깊다는 이미지를 쉽게 표현할 수 있다.

예
▶ 노량진 명가 횟집 달인이 제공하는 훌륭한 맛
▶ 진주 명가 한식집 분위기가 물씬 나는 실내 공간, 안락함을 주는 ○○
▶ 경주 명가 한과 장인의 실력을 맛볼 수 있는 ○○

유의어 ➡ 유서 깊은 ○○, 전통 ○○, 명문 ○○

026 ○○가 사랑한

효과적인 사용법 유명인이나 위인의 이미지를 활용해 역사적인 가치를 전한다. 조합하는 인물의 역사적 배경에 따라 이미지나 가치관이 달라진다.

예
▶ 역대 대통령들이 사랑한 명소, ○○에서 즐기는 고급스러운 휴가
▶ 대문호 ××가 사랑한 품격 높은 만년필 ○○
▶ 옛 시인이 사랑한 풍경을 그 시절 그대로 즐겨보세요

유의어 ➡ ○○가 좋아한, ○○가 사랑에 빠진, ○○가 애지중지한, ○○가 애용한

【 A. 특장점 】 21

027 ○○로 명성 높은

효과적인 사용법 어떤 분야에서 유명하다는 사실을 역사적인 의미도 함께 담아서 표현한다. '지명도'와 '높은 품질'을 조합해서 어필하기에 편리하다.

예
- ▶ 옛날풍 정원을 그대로 재현한 것으로 명성 높은 ○○에서 좋은 술을 즐기자!
- ▶ 임금님 진상품으로 이름 높은 찻잎을 일일이 엄선해 담았습니다
- ▶ ×× 선정 별 3개로 명성 높은 바로 그 프렌치 레스토랑

유의어 ➡ ○○로 이름 높은, ○○로 유명한, ○○로 알려진, ○○로 이름 떨친

028 ○○년

효과적인 사용법 직접적으로 연수를 표현해서 역사가 길고 오래되었음을 드러낸다. 숫자에 담긴 진실성을 강조하는 표현이다.

예
- ▶ 10년 숙성한 부드러운 맛! 시간을 충분히 들인 ○○
- ▶ 100년 동안 지켜온 약속, 진짜 안심하고 구매할 수 있는 ○○
- ▶ 53년 동안 이어온 우아한 색감

유의어 ➡ 세기를 넘은 ○○, 한 세대 전의 ○○, 삼대를 이어온 ○○

029 ○○의 세계로 초대합니다

효과적인 사용법 '과거의 멋진 세계로 인도한다'라는 환상적인 이미지를 주면서 동시에 '가치의 근원인 세계(관)'를 떠올리게 해준다.

예
- ▶ 당신이 주인공인 옛이야기 속의 세계로 초대합니다!
- ▶ 귀하를 역사에 길이 남을 세계로 초대합니다. 세대를 넘어 사랑받는 ○○
- ▶ 경험한 적 없는 음식의 세계로 초대합니다. 맛과 멋이 느껴지는 ○○

유의어 ➡ ○○의 여행으로 초대합니다, ○○의 나라로 초대합니다, ○○로 인도합니다

030 ○○의 고장에서 태어난

효과적인 사용법 어떤 장소나 지역에서 오랫동안 인정받았다는 표현으로, '역사가 깊다'라는 인상을 줄 수 있다.

예
- ▶ 눈의 고장에서 태어난 알싸한 맛이 사람들을 매혹한다
- ▶ 북유럽의 고장에서 태어난 절제된 디자인!
- ▶ 선비의 고장에서 태어난 소박한 요리

유의어 ➡ ○○에서 키워진, ○○에서 단련한, ○○ 지역 대표

031   ○○의 성

효과적인 사용법   역사가 깊고 호화로운 인상을 주는 '성'이라는 말을 비유로 활용하여 '옛것의 가치'를 전한다.

예
- ▶ 그 느낌은 마치 귀족의 성으로 초대받은 ○○
- ▶ 중세시대 왕이 살던 성을 걷는 듯한 여유로운 ○○
- ▶ 맛있는 음식이 가득한 미식의 궁전에서 마음껏 먹어보자!

유의어 ➡ ○○의 궁전, ○○의 정원, ○○의 왕궁, ○○의 옛 사원

032   ○○ 반세기

효과적인 사용법   긴 세월이 연상되는 '세기(반세기)'라는 말을 사용하여 오랜 역사를 이어왔다는 인상을 준다.

예
- ▶ 여러분 덕분에 창업 반세기! 많은 분께 사랑받는 ○○
- ▶ 고객님과 함께한 창업 반세기! 그 비결은 ○○
- ▶ 출시부터 반세기를 이어온 스테디셀러 ○○

유의어 ➡ 오래전부터 ○○, 세기의 ○○, ○○ 50년, ○○ 반평생

033   ○○ 열전

효과적인 사용법   '열전'이라는 말이 품고 있는 역사적인 이미지나 유명하다는 인상을 활용하여 임팩트를 준다.

예
- ▶ 라멘의 본고장 거리, 각양각색 맛을 간직한 전통의 라멘 열전
- ▶ 역사를 이어온 장인 열전! 모든 ○○은 여기서부터 시작되었다
- ▶ 남도의 맛 열전! 응축된 맛의 정수 ○○

유의어 ➡ 구전된 ○○, ○○ 전설, ○○ 전기, ○○ 무용담

034   ○○를 아로새긴

효과적인 사용법   '어떤 가치를 꾸준히 축적했다'는 의미를 담아서 사용한다. 시간을 들여 완성한 것, 특별한 정성을 들인 것을 어필할 때 잘 어울린다.

예
- ▶ 장시간 풍미를 아로새긴 궁극의 맛
- ▶ 안심과 신뢰를 아로새겼다! 평생 살 집에 대한 고집
- ▶ 마음 씀씀이에 감동을 아로새긴 ○○

유의어 ➡ ○○를 축적한, ○○를 쌓은, 천천히 빚어낸 ○○

035 그때 그 ○○가 돌아왔다

효과적인 사용법 '과거에 유명했던 것이 부활했다', '오랫동안 인기 있었던 것이 돌아왔다'라는 기대감과 함께 가치를 전한다.

예
- ▶ 그때 그 인기 상품이 돌아왔다! 여전한 매진 사례 ○○
- ▶ 드디어 그때 그 명차가 업그레이드되어 돌아왔다! 환상적인 승차감의 ○○를 만나보자
- ▶ 그때의 인기 메뉴가 돌아왔다! 80년대 맛을 그대로 재현

유의어 ➡ ○○가 되돌아왔다, ○○ 재등장(재출시), 추억의 ○○

036 오랫동안 사랑받아온 ○○

효과적인 사용법 대를 이어온 것, 오랜 세월을 거쳐 전해온 것 등 역사적인 가치를 표현하는 말이다. '시간이 흐를수록 가치가 높아진다'는 의미를 담아 사용한다.

예
- ▶ 오랫동안 사랑받아온 전통 제조법을 지금도 소중히, ○○
- ▶ 대대손손 사랑받아온 신뢰, 수많은 고객이 찾던 ○○
- ▶ 반세기 이상 사랑받아온 비법 소스가 절묘한 맛을 만들어낸다

유의어 ➡ 전해 내려온 ○○, 전승되어온 ○○, 계승한 ○○

037 영원한 스테디 ○○

효과적인 사용법 성공한 역사가 있는 제품을 홍보할 때 효과적이다. '예전부터 품질이나 가치를 인정받은 것'이라는 의미를 담아 역사적 사실이나 배경을 활용해 표현한다.

예
- ▶ 영원한 남자의 스테디셀러! 검증된 매력 ○○
- ▶ ○○에는 바로 이것! 영원한 스테디 아이템
- ▶ 영원한 스테디 메뉴의 재해석! 맛보고 싶은 ○○

유의어 ➡ 언제나 팔리는 ○○, 변함없는 스테디셀러 ○○

038 불멸의 ○○

효과적인 사용법 '시간이 흘러도 그 가치가 변함없는 것', '앞으로도 계속 의미 있는 것'이라는 의미를 담아서 과거부터 현재까지 오래 이어져 온 가치를 표현한다.

예
- ▶ 불멸의 브랜드, 무형의 가치를 보여주는 ○○
- ▶ 영원불멸의 가치가 무엇인지 말해주는 ○○
- ▶ 영원히 남을 감동을 마음껏 즐기세요

유의어 ➡ 영원히 변하지 않는 ○○, 지금도 변함없는 ○○, 영원히 남을 ○○

039 **관록의** ○○

효과적인 사용법 시간을 들여 가치를 키워온 것이나 성장한 것 또는 무게감이 있는 것을 표현하고 싶을 때 적절한 말이다.

예
- ▶ 관록의 서비스가 주는 편안한 분위기 ○○
- ▶ 관록이 느껴지는 노포, 소박한 맛이 최고인 ○○
- ▶ 관록의 남성미, 영원한 남자들의 화장품 ○○

유의어 ➡ 위엄이 느껴지는 ○○, 권위가 느껴지는 ○○, 품격이 물씬 풍기는 ○○

---

040 **세대를 넘어 사랑받는** ○○

효과적인 사용법 오래전부터 지금까지 변함없이 사랑받고 있다는 각별한 가치를 표현할 수 있다.

예
- ▶ 세대를 넘어 사랑받는 풍경, 로맨틱함 넘치는 신혼 여행지 ○○
- ▶ 세대를 넘어 사랑받는 질리지 않는 디자인, 가치 있는 자리에는 ○○
- ▶ 세대를 넘어 사랑받는 패턴을 새긴 디자인의 ○○

유의어 ➡ 시대를 넘어 사랑받는 ○○, 세대를 넘어 인기 있는 ○○

---

041 **천년의** ○○

효과적인 사용법 오랜 세월을 의미하는 말의 대표 격인 '천년'이라는 말에서 전해지는 인상을 이용해 역사적·시간적 가치를 강조한다. 뉘앙스에 따라 어울리는 다른 말에도 같은 효과가 있다.

예
- ▶ 천년의 온천물이 몸속 깊은 곳까지 스며든다. 마음도 치유하는 ○○
- ▶ 천년의 빛을 담았습니다. 투명한 밤하늘에 펼쳐지는 ○○
- ▶ 천년 로망이 살아 숨 쉬는 ○○. 역사 속으로 떠나는 ○○

유의어 ➡ 만년의 ○○, 백년의 ○○, 고대의 ○○, 지난날의 ○○

---

042 **창업 이래** ○○

효과적인 사용법 '오랜 역사가 있다'는 점에 초점을 맞추면 역사적인 가치나 깊이를 느끼게 표현할 수 있다.

예
- ▶ 창업 이래 꾸준히 지켜온 비법의 맛. 시대가 변해도 같은 방식 ○○
- ▶ 창업 이래의 고집을 지금까지도 지켰다. 오랜 장인의 기술이 녹아 있는 ○○
- ▶ 창업 이래 단 한 번도 꺾이지 않은 자부심을 걸고 개발해온 ○○

유의어 ➡ 창업부터 ○○, 개업 이래 ○○, ○○를 시작한 이후

043 축적해온 ○○

효과적인 사용법 과거부터 중요하게 여겼던 물건 또는 경험에서 나온 것이라는 점을 강조해서 상품의 가치를 높인다.

예
- ▶ 20년간 축적해온 기술을 상품에 담아 ○○
- ▶ 축적해온 노하우를 전부 담은 ○○가 드디어 탄생!
- ▶ 축적해온 연구의 성과를 ○○한다

유의어 ➡ 간직해온 ○○, 지켜온 ○○, 쌓아온 ○○

044 전설의 ○○

효과적인 사용법 '전설'이라는 신비롭고 역사적인 인상을 주는 말을 사용해 구전되어온 가치나 오래된 것의 가치를 전한다.

예
- ▶ 면면히 이어온 전설의 치유법, 효과 전격 공개
- ▶ 전설의 고장을 여행하는 즐거움, 옛이야기의 세계로 ○○
- ▶ 고대 전설의 주인공이 된 듯한 ○○, 역사와 함께 즐긴다

유의어 ➡ 구전되어온 ○○, 신화 속의 ○○, 전설 속의 ○○, 이야기 속의 ○○

045 전통으로 다져진 ○○

효과적인 사용법 '옛날부터 전통으로 내려왔다는 사실'에 초점을 맞춰 그것의 높은 가치를 전한다. 기간이나 연수 등을 조합하면 설득력이 높아진다.

예
- ▶ 전통으로 다져진 기법으로 제작한 ○○
- ▶ 전통으로 다져진 노포의 맛! 그 깊고 풍부한 정취를 즐겨보세요
- ▶ 50년 전통으로 다져진 서비스! 마음을 담았습니다

유의어 ➡ 전통 기법의 ○○, 전통 ○○, 전통의 ○○, 전통으로 자리 잡은 ○○

046 비법 ○○

효과적인 사용법 '몰래 소중히 지켜온 것'이라는 인상을 준다. 소중히 지켜온 것에 '비법'이라는 말을 붙여서 강조한다.

예
- ▶ 비법 양념을 음미하자! 입속에서 펼쳐지는 ○○
- ▶ ○○ 비법 레시피를 체험해봅시다
- ▶ 포장마차 주인만의 비법 소스! 입맛을 사로잡는 ○○

유의어 ➡ 전해 내려온 ○○, 구전되어온 ○○, 노하우 ○○

047 옛 ○○의 즐거움

효과적인 사용법 '옛것, 옛것의 매력을 즐긴다'는 의미를 표현하여 '옛것이 좋다'는 가치를 전한다.

예
- ▶ 옛 미술의 즐거움, 남몰래 조용히 즐기는 ○○
- ▶ 옛 고장의 즐거움을 만끽하는 여행! 역사까지 배우자 ○○
- ▶ 옛 술의 즐거움! 정성 어린 맛 ○○

유의어 ➡ 오래된 ○○의 즐거움, 옛 자취 ○○의 즐거움

---

048 좋았던 그 시절의 ○○

효과적인 사용법 '과거'의 가치를 높게 평가하고, 당시의 가치를 강조한다.

예
- ▶ 좋았던 그 시절의 인테리어를 떠올리게 하는 ○○ 카페
- ▶ 좋았던 그 시절의 맛을 지금도 기억한다
- ▶ 좋았던 그 시절의 추억을 만끽할 수 있는 ○○

유의어 ➡ 추억의 ○○, 빛나던 시절의 ○○, 영광스러웠던 시대의 ○○

---

049 예스러운 ○○

효과적인 사용법 '옛날부터 바뀌지 않은 것, 사랑받아온 것'의 가치를 지금 재조명해서 가치를 높여 전할 수 있다.

예
- ▶ 예스러운 기법이 지금도 통한다! 바로 시작하자 ○○
- ▶ 예스러운 거리를 몸으로 느끼는 ○○, 그리움이 밀려오는 ○○
- ▶ 예스러운 분위기가 마음을 편안히 ○○

유의어 ➡ 그리운 ○○, 옛날이 떠오르는 ○○, 기억 속의 ○○

---

050 옛날이야기 속 무대 ○○

효과적인 사용법 오래된 것이나 신비로움을 연상시키는 '옛날이야기'라는 말을 사용하여 그 세계로 인도하는 듯한 표현을 사용하면, '옛것의 가치'를 실감 나게 전할 수 있다.

예
- ▶ 창문 너머 펼쳐지는 옛날이야기 속 무대가 당신을 추억 속 그 시절로!
- ▶ 옛날이야기 속 무대로 떠나는 여행, 피부로 느끼는 역사 ○○
- ▶ 당신을 감동이 넘치는 옛날이야기 속 무대로 인도합니다

유의어 ➡ 전설 속 무대 ○○, 신화 속으로 ○○, 옛이야기 속 세계 ○○

051　유서 깊은 품격

효과적인 사용법 '지금까지 쌓아온 훌륭한 역사와 높은 품격'을 어필하는 말을 활용하여 대상의 가치를 표현한다.

예
- ▶ 유서 깊은 품격이 느껴지는 외관이 좋다
- ▶ 유서 깊은 품격을 꼭 경험해보시기 바랍니다
- ▶ 유서 깊은 품격이야말로 진정한 가치를 낳는다

유의어 ➡ 유서깊은 기품, 기품 있는 ○○, 유서 깊은 ○○

052　빈티지한 ○○

효과적인 사용법 '오래 사용한 것에는 특별한 가치가 있다'는 메시지를 담아서 사용한다. '오래된 것'을 강조하는 메시지를 만들 때는 부정적인 뉘앙스를 풍기지 않도록 각별히 주의한다.

예
- ▶ 누구도 흉내 낼 수 없는 빈티지한 색상
- ▶ 빈티지한 가죽의 부드러운 촉감 ○○
- ▶ 신상에서 느껴지는 관록과 빈티지 ○○

유의어 ➡ 고풍스러운 ○○, 예스러운 ○○, 사용감 넘치는 ○○

053　역사에 남을 ○○

효과적인 사용법 '역사에 남을 정도로 멋진 것'이라는 의미를 전한다. 다른 제품과 구별되는 확연한 특징이나 압도적인 퀄리티가 있다면 더욱 효과적이다.

예
- ▶ 음식 역사에 남을 깊은 맛! 시대가 느껴지는 ○○
- ▶ 한 번은 보고 싶은 역사에 남을 풍경, 전통미 넘치는 ○○
- ▶ 역사에 남을 명차를 소유할 기회!

유의어 ➡ 역사적인 ○○, 역사에 이름을 남길 ○○, 역사에 기록될 ○○

054　레트로 ○○

효과적인 사용법 '예스러운 분위기나 인상'을 가치 있는 것으로 표현하기에 편리한 말이다. 한 단어로 '오래된 것=가치 있는 것'으로 여겨지도록 만들 수 있다.

예
- ▶ 레트로풍 플레이팅이 오히려 신선. 센스 넘치는 ○○
- ▶ 레트로 색감이 절묘하게 어우러진 디자인 감각
- ▶ 레트로 분위기의 원목 질감이 고급스럽게 연출된 ○○

유의어 ➡ 시대감 넘치는 ○○, 고전미 넘치는 ○○, 고풍스러운 ○○, ○○년대 상징

055 　**명품 ○○**

효과적인 사용법　'이름이 널리 알려진 것, 유명한 것'이라는 의미를 담아서 '명품'이라는 말로 높은 가치를 어필한다.

예　▶ 명성 자자한 명품을 모으고 모았다!
　　　▶ 명품 컬렉션에서 빠질 수 없는 ○○
　　　▶ 숨겨진 명품을 소개합니다! 마니아들에게 엄청난 인기를 자랑하는 ○○

유의어 ➡ ○○ 명물, 이름을 날린 ○○, 명성 높은 ○○

【A. 특장점】

높은 품질 어필하기

고객은 지불하는 가격에 따라 구입하는 상품이나 서비스의 품질을 예상하고, 항상 가격 이상의 품질을 추구한다. 고객의 예상을 뛰어넘는 품질임을 어필하여 관심을 유도해보자.

056　○○가 듬뿍!

효과적인 사용법　'어떤 요소가 보통 이상으로 많이 담겨 있다'라는 의미를 실감나게 전달할 때 사용한다.

예
- ▶ 횡성 한우의 감칠맛이 듬뿍! 부드러움 함량 초과 특제 수프
- ▶ 생약 성분이 듬뿍! 힐링 효과 만점 ○○
- ▶ 구석구석 장인의 손길이 듬뿍!

유의어 ➡ ○○가 가득, ○○가 수북, ○○가 넉넉, ○○가 촘촘

057　○○가 프로듀스한

효과적인 사용법　'업계 전문가나 장인의 솜씨'라는 부분을 강조하여 표현하면 높은 품질을 어필할 수 있다.

예
- ▶ 5성급 호텔 셰프가 프로듀스한 프렌치 요리
- ▶ 육군 장성 출신이 프로듀스한 건강 관리 시스템
- ▶ 인플루언서가 프로듀스한 올여름 유행 ○○

유의어 ➡ ○○가 직접 지도한, ○○가 지휘한, ○○의 손을 거친

058 ○○하고 호화로운 시간

효과적인 사용법 어떤 요소를 사용해서 매우 만족스러운 시간을 보낸다'는 표현. 품질이 좋다는 것을 강조한다.

예
- ▶ 고상하고 호화로운 시간을 맛보고 싶다면!
- ▶ 럭셔리하고 호화로운 주말을 보내는 법
- ▶ 도시의 번잡함에서 벗어난 우아하고 호화로운 시간

유의어 ➡ ○○하고 우아한 시간, ○○하고 고상한 시간, ○○하고 화려한 시간

059 ○○급의 ××

효과적인 사용법 '품질이 높다고 여겨지는 것'과 조합하여 '동급'이라는 표현으로 품질이 높다는 이미지를 전할 수 있다.

예
- ▶ 여배우급 피부로 거듭나는 법! 피부가 기뻐하는 ○○
- ▶ 고급 피트니스 센터급의 넓은 공간 제공, 반드시 만족하는 ○○
- ▶ 5성급 호텔에서나 맛볼 수 있는 고급스러운 풍미 ○○

유의어 ➡ ○○와 동급의, 마치 ○○와 같은, ○○를 떠올리게 만드는

060 ○○의 진가

효과적인 사용법 어떤 상품이나 서비스의 가치를 높여서 전하고 싶을 때 '본래'의 가치에 초점을 맞춰 전체적인 가치가 높다는 점을 어필한다.

예
- ▶ 안전한 식생활의 진가는 ○○으로 결정된다!
- ▶ 교육의 진가, 진정한 교육 시스템이란 바로 ○○을 말하는 것이다!
- ▶ 네이비 정장의 진가, ○○을 누구나 좋아하는 3가지 이유

유의어 ➡ 진정한 가치, 가치 있는 ○○, ○○의 값어치, 값어치 있는 ○○

061 ○○의 절묘한 밸런스

효과적인 사용법 '어떤 요소가 균형이 잘 잡힌 상태'를 강조하여 전체의 가치를 높이는 표현이다. '○○와 ××의'와 같이 조합하여 표현하면 효과적이다.

예
- ▶ 색과 향기의 절묘한 밸런스. 꼭 체험해보세요!
- ▶ 명암이 대비되는 절묘한 밸런스가 힐링을 선사한다
- ▶ 단맛과 신맛 채소의 절묘한 밸런스

유의어 ➡ ○○의 최적의 밸런스, ○○의 적당한 조화, 밸런스가 잘 잡힌 ○○

062 ○○의 장점을 살린

효과적인 사용법 '장점'을 더 드러냈다는 의미로 사용하면 본래 가치 이상의 높은 품질이라는 인상을 준다.

예
- ▶ 자연의 장점을 살린 온천에서 즐기는 휴가, 대자연의 매력이 넘치는 ○○
- ▶ 수제의 장점을 살린 소박한 풍미
- ▶ 입지의 장점을 살린 압도적 접근성

유의어 ➡ ○○의 장점에 주목한, ○○의 장점을 부각한, ○○의 강점을 살린

063 ○○의 기량이 스며든

효과적인 사용법 '뛰어난 기술이 있다'라는 의미로 사용한다. '뛰어난 요소'를 함께 표현하면 제품이나 서비스의 한 차원 높은 가치를 어필할 수 있다.

예
- ▶ 숙련자의 기량이 스며든 꼼꼼한 ○○
- ▶ 달인의 기량이 스며든 공간. 그 섬세함을 실감할 수 있는 ○○
- ▶ 장인의 기량이 스며든 섬세한 붓 터치. 인상을 좌우하는 ○○

유의어 ➡ ○○의 기술이 스며든, ○○의 장인 정신이 깃든, 프로의 기량이 녹아든 ○○

064 ○○ 전문가가 ××한

효과적인 사용법 해당 분야의 숙련자라는 의미로 '○○ 전문가'라는 말을 사용하면 '보통 이상의 품질은 반드시 보장한다'와 같은 뉘앙스를 풍길 수 있다.

예
- ▶ 청소 전문가가 엄선한 가정용 청소용품 세트
- ▶ 정육 전문가가 만든 특제 돈가스
- ▶ 두부 전문가가 만든 두부 쿠키! 콩 선정부터 ○○

유의어 ➡ ○○ 프로가 ××한, ○○ 달인이 ××한, ○○ 장인이 ××한

065 ○○년 걸려서 ××

효과적인 사용법 '시간을 충분히 들였기 때문에 품질이 뛰어나다'라는 인상을 준다.

예
- ▶ 10년 걸려서 공동 개발한 ○○
- ▶ 3년 걸려서 숙성한 깊은 맛! 꼭 한 번 경험해보세요
- ▶ 오랜 세월 걸려서 소중하게 키운 ○○입니다. 꼭 한 번 경험해보세요

유의어 ➡ 노력을 들여서 ○○한, 충분한 시간을 들인 ○○

066 맞춤 주문한 듯이 ○○

효과적인 사용법 '특별하게 주문하여 만든 것'이라는 표현은 고품질을 원하는 고객 니즈를 자극하는 데 효과적이다.

예
- ▶ 맞춤 주문한 듯이 착 감기는 ○○
- ▶ 사용 환경에 맞춤 주문한 듯이 편리한 ○○
- ▶ 미리 주문한 듯이 잘 구성된 음식을 맛보세요

유의어 ➡ 특제품처럼 ○○, 특별 오더한 듯이 ○○, 주문 생산한 듯이 ○○

067 일류 ○○

효과적인 사용법 '해당 분야에서 품질이 뛰어나다'는 의미를 담아서 사용한다. 이 단어 하나만으로도 높은 품질을 강조해 표현할 수 있다.

예
- ▶ 일류 강사진이 총집합!
- ▶ 일류 재료를 아낌없이 사용했습니다
- ▶ 일류 디자이너가 직접 참여한 ○○

유의어 ➡ VIP ○○, 호화 ○○, 굴지의 ○○, 초일류 ○○

068 평생 사용하는 ○○

효과적인 사용법 '한 번 들이면 그 가치가 평생 간다'라는 의미로 사용한다. 품질이나 가치가 매우 높다는 표현이다.

예
- ▶ 평생 사용하는 손목시계!
- ▶ 평생 사용하는 가구를 안심하고 선택할 수 있는 ○○
- ▶ 평생 사용하는 기술을 익혀서 ○○

유의어 ➡ 가보와 같은 ○○, 대대로 물려줄 ○○

069 5성급 ○○

효과적인 사용법 품질이나 가치의 기준을 연상시키는 '5성'이라는 단어를 사용하면 고품질임을 어필할 수 있다.

예
- ▶ 5성급 조립 주택! 당신이 원하는 대로 자유롭고 견고한 구조
- ▶ 5성급 연회실 완비, 연말 모임은 ○○
- ▶ 믿을 수 없다! 달콤한 5성급 디저트 ○○

유의어 ➡ 최고 수준의 ○○, 최고급 ○○, 격이 다른 ○○

070 이그제큐티브 ○○

효과적인 사용법 강조하고 싶은 상품이나 서비스에 고급스러운 느낌이 나는 '이그제큐티브'라는 단어를 넣어 클래스가 다른 고급스러움을 전한다.

예
- ▶ 색다른 이그제큐티브 멜론 입하!
- ▶ 이그제큐티브 디자인을 극대화하는 여유 있는 공간
- ▶ 이그제큐티브 네일 케어를 기본 서비스로 제공합니다

유의어 ➡ 하이그레이트 ○○, 고급스러운 ○○, 화려한 ○○

071 ○○를 아낌없이 사용한

효과적인 사용법 '어떤 요소를 충분히 사용했다'라고 하면, 그 부분을 그대로 강조해서 가치를 높이는 요소로 어필할 수 있다.

예
- ▶ 제철 재료를 아낌없이 사용한 코스 요리
- ▶ 몸에 좋은 천연 원료를 아낌없이 사용한 비누
- ▶ 고품질 무늬목을 아낌없이 사용한 생활 가구

유의어 ➡ ○○를 충분히 사용한, ○○를 듬뿍 넣은

072 빛나는 ○○

효과적인 사용법 '밝게 빛난다'는 표현에서 가치가 높다는 이미지를 전할 수 있다. 최대한 머릿속에 선명하게 떠오르도록 표현하자.

예
- ▶ 빛나는 피부로 되돌리자! 지금 당장 시작하는 ○○
- ▶ 빛나는 미래로 떠나는 첫걸음, ○○부터 시작이다
- ▶ 빛나는 청춘의 기억이 되살아나는 ○○

유의어 ➡ 반짝이는 ○○, 눈부신 ○○, 밝은 ○○

073 신의 조화 ○○

효과적인 사용법 보통 사람과 다른 훌륭한 기술에 대해 '신의 조화'라는 말을 사용해서 가치를 강조하여 표현할 수 있다.

예
- ▶ 신의 조화인가! 섬세하게 표현된 문양으로 만든 ○○
- ▶ 신의 조화로 탄생한 절경을 만끽할 수 있는 ○○
- ▶ 신의 조화가 빚어낸 고상한 색상

유의어 ➡ 신이 빚은 ○○, 장인의 손길 ○○, 달인의 기술 ○○

074　**완성된 ○○**

효과적인 사용법　이상적인 것, 목표를 이룬 것이라는 의미로 상품이나 서비스의 가치를 효과적으로 전한다.

예
- ▶ 군더더기 없이 완성된 공간
- ▶ 완성된 맛이 인기의 요인
- ▶ 꼼꼼한 배려가 느껴지는 완성된 접객

유의어 ➡ 완벽한 ○○, 더할 나위 없는 ○○, 발군의 ○○

075　**고○○**

효과적인 사용법　단순한 표현이지만 높다는 의미의 '고'를 붙여서 가치를 편리하게 어필할 수 있다. 높은 ○○, '초'고 ○○, 하이엔드 ○○ 등 더욱 눈에 띄는 표현으로 바꿔볼 수 있다.

예
- ▶ 편리한 사용성에 초점을 맞춘 고기능 ○○
- ▶ 고품질의 서비스를 보장합니다
- ▶ 높은 힐링 효과를 기대할 수 있는 ○○

유의어 ➡ 하이클래스 ○○, 고가의 ○○, 고액의 ○○

076　**극상의 ○○**

효과적인 사용법　품질이 매우 높다는 의미로 '극상'이라는 표현을 사용한다. 상품의 가치를 한층 더 강조해 어필할 수 있다.

예
- ▶ 극상의 하모니를 만들어내는 ○○
- ▶ 극상의 식감이 식욕을 자극한다
- ▶ 극상의 단풍 구경. 여행을 만끽하자

유의어 ➡ 하이엔드급 ○○, 최고의 ○○, 더할 나위 없는 ○○, 특상의 ○○

077　**상급 ○○**

효과적인 사용법　고품질의 상품이나 서비스에 대해 보통 이상의 가치가 있음을 나타내는 '상급'이라는 말을 사용하여 강조한다.

예
- ▶ 상급의 편안함을 마음껏 즐기세요!
- ▶ 품질 상급 재료만을 엄선했습니다
- ▶ 상급 오너먼트가 특별한 밤을 연출

유의어 ➡ 양질의 ○○, 가치 높은 ○○, 높은 수준의 ○○

【A. 특장점】

078   장인이 만든 ○○

효과적인 사용법 '장인(프로)이라고 불리는 사람이 만든 것'이라는 사실을 어필하여 '고품질의 증거'로 표현한다. 만드는 이를 장인으로 이름 붙이면 표현하기 쉽다.

- 예
  - ▶ 숙련된 장인이 만든 목제 가구, 정교한 마감이 느껴지는 ○○
  - ▶ 전통 기법을 전수받은 장인이 만든 간장
  - ▶ 한식 장인이 만든 스페셜 양념
- 유의어 ➡ 달인이 만든 ○○, 프로가 참여한 ○○, 원조가 만든 ○○

079   수석 ○○

효과적인 사용법 '높은 수준의 기술을 보유했다'라는 의미로 사용해서 권위와 가치를 강조한다.

- 예
  - ▶ 수석 마사지사가 직접 안락한 시간을 책임집니다!
  - ▶ 수석 트레이너가 정성껏 지도하는 ○○
  - ▶ 수석 셰프가 극찬한 ○○, 그 절묘한 맛
- 유의어 ➡ 프로 ○○, 대표 ○○, 헤드 ○○, 특급 ○○

080   사치스러운 ○○

효과적인 사용법 '정도가 지나치다'라는 의미로 사치라는 표현을 사용하여 최상의 고급스러움을 전한다. 상황에 따라 부정적으로 느껴질 수 있음에 유의한다.

- 예
  - ▶ 열대의 낙원에서 즐기는 사치스러운 리조트
  - ▶ 평생에 한 번! 사치스러운 선물을 안겨드립니다!
  - ▶ 사치스러운 재료가 듬뿍! 제철 음식을 맛보는 ○○
- 유의어 ➡ 끝판왕 ○○, 절정의 ○○, 극강의 ○○

081   세계에서 통하는 ○○

효과적인 사용법 '세계 어디에서도 알아주는 수준'이라는 의미로 높은 품질을 강조한다.

- 예
  - ▶ 전 세계에서 통하는 영어 교육! 안심하고 맡기세요 ○○
  - ▶ 세계에서 통용되는 기술을 집약!
  - ▶ 세계에서 통용되는 친절함으로 무장한 글로벌 호텔
- 유의어 ➡ 세계 표준의 ○○, 세계 수준의 ○○, 글로벌한 ○○

082 세련된 ○○

효과적인 사용법 시간을 들여 갈고닦았다는 인상을 '정제된'이라는 말로 표현한다. 사전적 의미를 넘어 우아하고 고상하다는 이미지까지 전달할 수 있다.

예
- ▶ 세련된 모던 한옥의 우아함
- ▶ 세련된 인상의 외벽 디자인이 도시적인 인상을 준다!
- ▶ 스타일리시하고 세련된 요리

유의어 ➡ 매끈한 ○○, 우아한 ○○, 정제된 ○○

---

083 그림의 떡이던 ○○

효과적인 사용법 '손이 닿지 않을 정도로 고가'라는 인상을 준다. '가격이 높을수록 고품질'이라는 일반적인 인식을 이용한 표현이다.

예
- ▶ 그림의 떡이던 명품 한우를 저렴한 가격에!
- ▶ 그림의 떡이던 자연산 캐비어를 아낌없이 넣은 ○○
- ▶ 그림의 떡이던 수입 가구로 꾸민 격조 높은 실내 공간

유의어 ➡ 이상적인 ○○, 동경하는 ○○, 좀처럼 만나기 힘든 ○○

---

084 확실한 품질

효과적인 사용법 '자신 있게 보증한다'는 의미의 표현으로 높은 품질을 장점으로 어필한다.

예
- ▶ 확실한 품질과 기능을 실현한 ○○
- ▶ 낮은 가격은 편견일 뿐! 가성비 확실한 품질로 보답하는 ○○
- ▶ 확실한 품질에 누구라도 납득하는 ○○

유의어 ➡ 고퀄리티 ○○, 품질 중심의 ○○, 양질의 ○○

---

085 달인도 울고 갈 ○○

효과적인 사용법 '해당 분야에 능통한 사람도 인정한다'라는 의미로 제품이나 서비스의 높은 수준을 강조한다.

예
- ▶ 달인도 울고 갈 깊은 맛! 누구나 좋아하는 ○○
- ▶ 와인 달인도 울고 갈 폭넓은 지식을 겸비한 종업원이 맞아주는 ○○
- ▶ 달인도 울고 갈 열정을 경험해보세요!

유의어 ➡ 프로가 좋아하는 ○○, 전문가도 울고 갈 ○○, 프로가 선택한 ○○

【 A. 특장점 】

086 센스 넘치는 ○○

효과적인 사용법 '세련된 센스가 있음'을 나타내는 표현으로 깔끔하면서도 특별한 품질과 가치를 강조한다.

예
- ▶ 소박한 공간을 센스 넘치는 오브제로 꾸민 ○○
- ▶ 프랑스풍 인테리어로 센스 넘치는 ○○
- ▶ 가끔은 연인에게 센스 넘치는 ○○를 선물해보자

유의어 ➡ 기품 넘치는 ○○, 하이센스 ○○, 감각적인 ○○

---

087 더할 나위 없는 ○○

효과적인 사용법 '더 이상 좋을 수 없다'라는 의미로 높은 수준의 서비스를 경험한다는 이미지를 생생하게 떠올릴 수 있도록 돕는 표현이다.

예
- ▶ 더할 나위 없는 촉감이 선사하는 ○○
- ▶ 더할 나위 없는 아침 풍경 매력을 넉넉히 즐기는 ○○
- ▶ 사랑을 확인하는 더할 나위 없는 선물

유의어 ➡ 이보다 좋을 수 없는 ○○, 극강의 ○○, 하이퀄리티의 ○○

---

088 프로가 알려주는 ○○

효과적인 사용법 '해당 분야의 프로나 숙련자의 지식'이라는 특별한 가치를 직접적으로 표현하여 품질을 어필한다.

예
- ▶ 프로 건축 디자이너가 알려주는 현명한 인테리어
- ▶ 프레젠테이션 프로가 알려주는 발표의 기본기 강좌
- ▶ 컬러 마스터가 알려주는 오늘의 착장

유의어 ➡ 프로가 추천하는 ○○, 달인이 전수하는 ○○, 마스터가 알려주는 ○○

---

089 엄격한 기준으로 ○○

효과적인 사용법 품질을 높이거나 수준을 유지하기 위한 엄격한 기준이 있다면 적극적으로 공개해서 품질을 어필한다.

예
- ▶ 엄격한 기준으로 선별한 원재료만 사용! ○○
- ▶ 엄격한 기준으로 재배한 농작물의 신선한 맛
- ▶ 엄격한 기준으로 뽑힌 인재들이 제공하는 ○○

유의어 ➡ 프로도 인정하는 ○○, 엄선된 ○○, 엄격한 기준을 통과한 ○○

090   본고장 ○○의 맛을

효과적인 사용법   음식의 맛에 대해 '유명하거나 대표적인 지명'을 조합해서 품질을 표현하여 어필한다.

예
- ▶ 본고장 부산의 맛을 느껴보자!
- ▶ 본고장 중국 사천 지역의 맛을 그대로 재현했습니다!
- ▶ 본고장 일본의 이자카야 상륙! 현지 분위기 물씬

유의어 ➡ ○○ 현지의 맛을, 일류 ○○의 맛을

---

091   진짜 ○○

효과적인 사용법   여러 가지 유사품이 있는 상황이라면 진짜임을 직접 어필하는 표현을 통해 품질을 강조한다.

예
- ▶ 고가 제품이므로 진짜를 선택합시다!
- ▶ 수공예로 만든 진짜 조명! 거실의 품격을 한층 더 ○○
- ▶ 이것이 진짜 감자다!

유의어 ➡ 위조품이 아닌 ○○, 정식 발매 ○○, 원조 ○○

---

092   백만장자가 ○○한

효과적인 사용법   성공한 부자를 상징하는 '백만장자'라는 말을 활용하여 품질이나 가치를 어필한다.

예
- ▶ 백만장자가 모이는 프렌치 레스토랑
- ▶ 백만장자가 힐링을 위해 선택한 여행지
- ▶ 백만장자가 만족하는 특별한 서비스

유의어 ➡ 연예인이 ○○한, 셀럽이 ○○한, 성공한 사람이 ○○한

---

093   여유로운 ○○

효과적인 사용법   '충분하고 넉넉하다'라는 의미의 표현을 사용하여 가치나 품질에 부족함이 없다는 의미를 강조한다.

예
- ▶ 여유로운 생활에 초점을 맞춘 ○○
- ▶ 시간 가는 줄 모르고 즐기는 여유로운 공간 ○○
- ▶ 여유로운 시골 마을로 떠나자! 나만의 시간을 보낼 수 있는 ○○

유의어 ➡ 유유자적한 ○○, 한가로운 ○○, 태평한 ○○

한정성·희소성 어필하기

고객은 한정품이나 희소품에 강한 가치를 느낀다. 이런 심리를 활용해서 한정적이고 희소하다는 표현으로 제공하는 상품이나 서비스에 가치를 높일 수 있다.

094　○○ 한정

효과적인 사용법 '수량이나 장소가 한정적이다'라는 점을 명확히 표현하여 희소한 가치를 어필한다.

예
- ▶ ××지역 한정 판매, 빠른 재고 소진 예상
- ▶ 기간 한정 상품! 오픈런 필수!
- ▶ 5주년 한정 제품 특별 세일 중!

유의어 ➡ ○○ 최소 수량, 선착순 ○○, ○○ 한정 수량

095　○○에서 찾은 ××한

효과적인 사용법 '찾는 데 수고가 들기 때문에 가치가 높다'라는 인상을 주는 표현이다. 찾은 장소와 장점을 조합하면 좋다.

예
- ▶ 골목길에서 찾은 숨겨진 맛집
- ▶ 산지에서 찾은 과즙이 흐르는 ○○
- ▶ ○○전문점 3번 방문 만에 찾은 희귀템 소개합니다!

유의어 ➡ ○○에서 고른, ○○에서 선별한, ○○에서 발견한

096 ○○에서만 손에 넣을 수 있는

효과적인 사용법 특별한 경우에만 구할 수 있다는 의미로 '○○에서만 손에 넣을 수 있다'라는 표현을 사용하여 희소성을 높인다. 장소가 일반적이지 않을수록 효과적이다.

예
▶ 전문업자만 구할 수 있는 ○○세제
▶ 현지에서만 손에 넣을 수 있는 술
▶ 이탈리아에서만 손에 넣을 수 있는 수제 가방

유의어 ➡ ○○에서만 구할 수 있는, 제한적으로 구할 수 있는 ○○

097 ○○에서는 손에 넣을 수 없다

효과적인 사용법 '일반적인 경로로는 좀처럼 입수할 수 없다'라는 의미로, 희소 가치를 높인다.

예
▶ 소매점에서는 손에 넣을 수 없습니다! 전문가가 사용하는 ○○
▶ 일반인은 손에 넣을 수 없다! 이번 기회에 ○○
▶ 국내에서는 손에 넣을 수 없는 레어 아이템

유의어 ➡ ○○에서는 판매하지 않는다, ○○에서는 구할 수 없다, 일반적인 경로로는 입수 불가

098 ○○ 비공개

효과적인 사용법 안내 내용에 '○○ 비공개'라고 넣으면 '정보가 한정적이고 선택받은 사람에게만 공개한다'라는 인상을 줘서 희소성을 높일 수 있다.

예
▶ 일반인 비공개! ○○에서만 실체를 알 수 있다
▶ 비공개 아이템 ×시간 한정 판매
▶ 언론이 비공개된 신비의 여행지에서 느긋한 시간을 만끽하세요

유의어 ➡ ○○에서는 공개하지 않습니다! 알려지지 않은 ○○

099 두 번 다시 손에 넣을 수 없는

효과적인 사용법 이번 기회를 놓치면 판매를 종료하거나 재고가 없을 때는 '두 번 다시 손에 넣을 수 없다'라는 표현으로 희소성을 높일 수 있다.

예
▶ 두 번 다시 손에 넣을 수 없는 프리미엄 상품
▶ 두 번 다시 손에 넣을 수 없는 오리지널 아이템
▶ 두 번 다시 손에 넣을 수 없는 특A급 망고를 한정 판매!

유의어 ➡ 마지막 찬스 ○○, 이번이 마지막 기회 ○○, 재고 소진 시 단종

100 당신만의 ○○

효과적인 사용법 '특정 인물 한정'이라는 표현으로 오리지널리티와 희소성을 함께 높인다.

예
- ▶ 당신만의 프라이빗 비치를 마음껏 누리자!
- ▶ 당신만의 힐링 공간에서 즐기는 식사
- ▶ 당신만의 시간을 보낼 수 있는 여행지

유의어 ➡ 여성만의 ○○, 가족만의 ○○, 40대만의 ○○

---

101 매진 ○○

효과적인 사용법 한정된 숫자, 곧장 매진될 것 같은 상황 등을 직접적으로 어필한다.

예
- ▶ 매진 사례 속출! 달콤함이 가득한 전통 양갱 ○○
- ▶ 매진 신기록! 유명인들 사이에서 인기인 팬츠
- ▶ 매진 임박! 만족스러운 여름철 호캉스에는 ○○

유의어 ➡ 매진 임박!, 매진 속출!, 매진 기록!

---

102 단골 한정

효과적인 사용법 '자주 구매하는 고객만을 위한 것'이라는 표현으로 희소성을 강조한다.

예
- ▶ 단골 한정 코너 개설!
- ▶ 세일 전 단골 한정 캠페인 중!
- ▶ 단골 한정 특별 이벤트 진행합니다

유의어 ➡ 고객 한정, 회원 한정, 회원 가입자 한정

---

103 가이드북에 없는 ○○

효과적인 사용법 여러 분야에 존재하는 가이드북에 '게재되어 있지 않지만 실은 매우 우수한 상품이나 서비스'임을 알려서 희소성을 강조한다.

예
- ▶ 놓치지 마세요! 가이드북에 없는 숨겨진 게스트하우스
- ▶ 가이드북에 없는 현지 명물을 즐기세요!
- ▶ 가이드북에 없는 맛집 탐방 기회

유의어 ➡ 아는 사람만 아는 ○○, 숨겨진 ○○, 취재 금지의 ○○

104 한정 고객만을 위한 ○○

효과적인 사용법 '판매 대상이 한정되어 있다'라는 점을 표현한다. 희소성을 어필하여 가치를 높인다.

예
- ▶ 일반 공개에 앞서 한정된 고객만을 위한 스페셜 예약 판매!
- ▶ 한정 고객만을 위한 히든 메뉴 제공
- ▶ 한정 고객만을 위한 특별 작품 공개

유의어 ➡ 회원만을 위한 ○○, 우수 고객만을 위한 ○○, 특별 게스트만을 위한 ○○

105 수량 한정

효과적인 사용법 판매량이 한정되어 있다면 그 희소성을 강조하여 어필한다.

예
- ▶ 재고 수량 한정!
- ▶ 수량 한정 제품! 서두르세요!
- ▶ 수량 한정! 매진 임박!

유의어 ➡ 선착순 ○○개, 재고 ○○개, 매진 임박

106 희소한 ○○

효과적인 사용법 상품 자체가 희소하다는 의미를 직접적으로 표현한다.

예
- ▶ 희소한 원두로 내린 프리미엄 커피
- ▶ 희소한 아이템으로 꾸민 ○○
- ▶ 희소한 천연 목재를 사용한 ○○

유의어 ➡ 레어한 ○○, 드문 ○○, 소량의 ○○

107 긴급 ○○

효과적인 사용법 '이번 기회를 놓치면 손에 넣을 수 없다'라는 의미를 담아서 표현하면 희소성을 강하게 어필할 수 있다.

예
- ▶ 긴급 특별 기획! 인기 아이템 한정 추가 판매 개시
- ▶ 긴급! 한정 제품 공지입니다. 이번 기회에 무조건 구매하세요
- ▶ 긴급 입수! 지금이 아니면 구할 수 없는 ○○

유의어 ➡ 지금 한정 ○○, 라스트 찬스 ○○, 소진 임박 ○○

108 지역 특산 ○○

효과적인 사용법 '한정된 지역에서만 구할 수 있다'라는 의미를 담아서 표현하면 장소의 한정성을 어필할 수 있다.

예
- ▶ 인기 지역 특산물 특집! 현지가 아니면 구할 수 없는 ○○
- ▶ 지역 특산 농산물을 저렴하게 즐기는 ○○
- ▶ 다채로운 지역 특산 맛집을 한곳에 ○○

유의어 ➡ 지역 ○○, 지방 ○○, 현지 ○○

109 두 번 다시 ○○없는

효과적인 사용법 '마지막 기회'라는 의미를 직접적으로 표현해 희소성을 강조한다.

예
- ▶ 신청 기회는 두 번 다시 없다!
- ▶ 두 번 다시 없을 기회를 잡으세요!
- ▶ 두 번 다시 맛볼 수 없는 ○○

유의어 ➡ ○○는 더 이상 없다, 마지막 ○○, 마지막 기회 ○○

110 덕후 ○○

효과적인 사용법 '오타쿠가 좋아할 정도로 가치와 희소성이 있다'라는 의미로 한정성을 강조한다.

예
- ▶ 덕후 필수템 판매 개시!
- ▶ 어렵게 구했다! 덕후들이 열광하는 워치 한정 판매!
- ▶ 덕후들을 위한 굿즈 판매 개시! 인기 색상 매진 임박!

유의어 ➡ ○○ 컬렉션, 소장 가치가 높은 ○○

111 재고 소량

효과적인 사용법 '남은 재고가 거의 없다'라는 한정성을 표현한다. 긴급함을 나타내는 말과 조합하면 효과적이다.

예
- ▶ 현재 재고 소량! 빠른 구매 필요!
- ▶ 재고 소량, 향후 재입고 미정
- ▶ 재고 소량! 이번 찬스를 놓치지 말자

유의어 ➡ 재고 ○○개, 재고 여유 없음, 판매 종료 임박

112 재등장!

효과적인 사용법   항상 판매하는 것이 아니라 과거에 한 번 판매 종료했던 것이 호평을 받아 다시 등장(판매)했다는 의미로 사용하면 한정적임을 어필할 수 있다.

예
- ▶ 완판 제품 재등장! 이번 기회를 놓치지 마세요
- ▶ 인기 아이템 재등장! 이번에는 꼭 ○○
- ▶ 과거에 유행했던 ○○ 재등장!

유의어 ➡ 다시 등장!, 재판매!, 2차 판매!

113 신비한 ○○

효과적인 사용법   상품이나 서비스가 '사람의 수준을 뛰어넘는다'라는 의미를 담아 희소성을 표현한다.

예
- ▶ 신비한 나라에서 온 과일 ○○
- ▶ 안락하고 신비한 촉감을 느껴보세요 ○○
- ▶ 신비한 향기가 감도는 절묘한 맛의 세계로 ○○

유의어 ➡ 기적의 ○○, 신비로운 ○○, 의외의 ○○

114 세상에 하나뿐인 ○○

효과적인 사용법   '세상에서 하나만 존재한다'라는 표현은 수제품 같은 상품의 희소성을 어필할 때 효과적이다.

예
- ▶ 세상에 하나뿐인 수제 가구
- ▶ 세상에 하나뿐인 절경
- ▶ 세상에 하나뿐인 시계! 이니셜 각인 서비스 제공

유의어 ➡ 세상에 둘도 없는 ○○, 단 하나인 ○○, 오직 하나인 ○○

115 유례없는 ○○

효과적인 사용법   '비교 대상이 없을 정도로 희소하고 특별하다'라는 인상을 주는 표현. '재능이나 기술'을 표현하는 말과 조합하면 더 효과적이다.

예
- ▶ 유례없는 감성으로 디자인한 ○○
- ▶ 유례없는 아름다움을 자랑하는 ○○
- ▶ 유례없는 염색 기술 ○○

유의어 ➡ 전례 없는 ○○, 더할 나위 없는 ○○, 비교 대상이 없는 ○○

116 특수 경로로 ○○

효과적인 사용법 '일반적인 유통이 아니라 특별히 입수했다'는 표현으로 희소성을 강조한다.

예
- ▶ 특수 경로로 조달한 업소용 강력 세정제
- ▶ 특별히 특수 루트로 입수한 프리미엄 굿즈
- ▶ 독자적인 특수 경로로 직수입하여 판매!

유의어 ➡ 특수한 방법으로 ○○, 특별한 루트로 ○○, 독점 경로로 ○○

117 특별 기념판

효과적인 사용법 '특별하게 기념할 만하다'라는 표현으로 희소성을 어필하고 특별한 가치가 있음을 강조한다.

예
- ▶ 특별 기념판! 호화 증정품 포함 DVD
- ▶ 겨울철 한정 특별 기념판! 선택된 고객만 맛볼 수 있는 ○○
- ▶ 특별 기념판 소장 기회!

유의어 ➡ 특별판, 한정판, 프리미엄 ○○

118 국내 미발매!

효과적인 사용법 '국내에는 아직 없다'라는 희소성을 하나의 가치로 어필하는 표현이다.

예
- ▶ 소문만 무성했던 국내 미발매 아이템!
- ▶ 해외 직수입! 국내 미발매 최신 모델 독점 판매
- ▶ 국내 미발매! 마니아에게 인기 높은 한정 굿즈

유의어 ➡ 국내 미수입, 국내 미출시, 국내 미상륙 아이템

119 레어템

효과적인 사용법 '극히 구하기 어려운 아이템'이라는 의미로 가치를 직접적으로 어필한다.

예
- ▶ 나오면 일단 사고 보는 초레어템 전격 출시!
- ▶ 믿고 구매하는 레어템
- ▶ 돈만 있다고 구할 수 없는 레어템 판매 개시

유의어 ➡ 한정템, 희귀템, 레어 아이템

120 재고 소진 임박

효과적인 사용법 '상품의 인기 또는 희소성으로 재고가 많이 남지 않았다'라는 의미이다. 고객의 행동을 촉구하는 말과 조합하면 더욱 효과적이다.

예
- ▶ 인기 상품 재고 소진 임박! 지금 바로 신청하세요!
- ▶ 재고 소진 임박! 서두르세요!
- ▶ 재고 소진 임박! 추가 재판매 없음!

유의어 ➡ 매진 임박, 재고 극소수, 재고량 ○○개

121 선착순

효과적인 사용법 '인기가 많아서 구매를 서둘러야 한다'라는 의미로 희소성을 어필한다.

예
- ▶ 선착순 10명 한정! 횡성 한우 특별가 판매
- ▶ 선착순 30개 한정! 기획 상품 판매 개시
- ▶ 지난 시즌 인기 아이템 판매! 선착순 50명 증정품 제공

유의어 ➡ 소진 임박 ○○, 매진 전에 서두르세요!, 마지막 기회 ○○

122 파이널 ○○

효과적인 사용법 '이번이 마지막 기회이므로 놓치면 손해'라는 의미로 희소성을 어필한다.

예
- ▶ 파이널 세일! 좋든 싫든 마지막!
- ▶ 이번 시즌 파이널 기획 상품!
- ▶ 드디어 파이널 판매! 재고 한정입니다!

유의어 ➡ 라스트 ○○, ○○ 마지막 찬스, 최종 ○○

123 뜻밖의 보물

효과적인 사용법 '우연히 매우 귀중한 것을 발견했다'라는 의미로, 예상치 못하게 기분 좋은 이득을 본다는 느낌을 살려 희소성을 표현한다.

예
- ▶ 뜻밖의 보물 발견! 찾아 헤매던 아이템이 ○○
- ▶ 뜻밖의 보물을 저렴하게 가져갈 수 있는 기회! 창고 대방출
- ▶ 숨겨진 명소! 뜻밖의 보물이 눈앞에 펼쳐집니다

유의어 ➡ 예기치 못한 보물, 보물 발굴, 숨겨진 보물

124 금일 한정 ○○

효과적인 사용법 뭔가가 오늘 종료한다면 '금일 한정'이라는 표현을 전면에 내세워서 희소성을 강조하고 가치를 높일 수 있다.

예
- ▶ 금일 한정 세일
- ▶ 신청은 금일 한정! 서둘러 주세요
- ▶ 금일 한정 호화 메뉴 제공

유의어 ➡ 오늘이 마지막, ○○는 오늘뿐, 금일 마감하는 ○○

125 환상 속 ○○

효과적인 사용법 '실제 존재 여부가 알려지지 않을 정도로 진귀한 것'이라는 의미를 담아서 표현해 희소 가치를 강조한다.

예
- ▶ 환상 속 아이템! 판매 개시!
- ▶ 장인이 빚어낸 환상 속의 식기
- ▶ 환상 속을 거니는 듯한 절경을 경험하세요

유의어 ➡ 꿈속 ○○, 전설 속 ○○, 진귀한 ○○

126 ○○ 드디어 확보

효과적인 사용법 '좀처럼 구하기 힘든 것을 입수했다'라는 의미로 희소성을 강조해 표현한다.

예
- ▶ SNS에서 인기인 아이템을 드디어 확보!
- ▶ 절판 도서 드디어 입수!
- ▶ 기다리고 기다리던 ○○ 드디어 입하

유의어 ➡ 드디어 입수, 드디어 입하, 겨우 확보

127 컬트적 ○○

효과적인 사용법 '희소성이 높고 열광적인 인기가 있다'라는 의미로 '컬트'라는 강한 말을 사용해 희소 가치를 어필한다.

예
- ▶ 컬트적인 인기를 끌었던 시계만 모았습니다
- ▶ 컬트적인 맛! 드디어 전국 판매 개시
- ▶ 컬트적 디자인이 돋보이는 ○○

유의어 ➡ 컬렉터를 위한 ○○, 마니아를 위한 ○○, 수집광을 위한 ○○

128 초희귀

효과적인 사용법   희소 가치가 특별히 매우 높은 상품이나 서비스라면 희소성의 정도를 강조해서 어필한다.

예 ▶ 초희귀 제품! 마니아&덕후 대상
　　▶ 갖고 싶은 한정품! 초희귀 아이템만 구비
　　▶ 어디서도 맛볼 수 없는 초희귀 스페셜 메뉴

유의어 ➡ 완전 레어한 ○○, 희귀도 100%, 정말 진귀한 ○○

간편함·간단함·손쉬움 어필하기

간편함이나 편리함을 중요한 가치로 보는 영역이 존재한다. 간편함을 명확히 어필하는 표현으로 그러한 특징에 가치를 느끼는 고객의 마음을 사로잡을 수 있다.

---

129 ○○한 순간 ××

효과적인 사용법 '어떤 행동에 곧바로 반응한다'라는 의미로 그것이 매우 '자연스럽고 즉각적인 현상'임을 어필한다.

예
- ▶ 한 입 먹는 순간 미소가 번지는 ○○
- ▶ 피부에 닿은 순간 온몸에 전해지는 ○○
- ▶ 문을 여는 순간 새로운 세상이 펼치지는 ○○

유의어 ➡ ○○하면 곧장 ××, ○○와 동시에 ××

---

130 ○○만 하면

효과적인 사용법 매우 간단하다는 의미를 전할 때, 어떠한 결과에 이르기까지 필요한 것은 '하나의 행동'뿐임을 강조한다.

예
- ▶ 먹기 전에 마시기만 하면 ○○를 실감할 수 있다
- ▶ 한 번 칠하기만 하면 프로가 손댄 듯한 놀라운 색감 ○○
- ▶ 읽기만 하면 자동으로 몸에 익는 ○○

유의어 ➡ ○○하는 것만으로, 단지 ○○하는 것만으로, 그것만으로 ○○

131 ○○로 항상 ××

효과적인 사용법 '하나의 요인만으로 항상 어떤 일이 생긴다'라는 의미로 간단함을 자연스럽게 표현한다.

예
- ▶ 아침 시리얼로 항상 든든!
- ▶ 아로마 향기로 항상 쾌적한 실내 공간!
- ▶ ○○로 항상 고상한 분위기를 연출!

유의어 ➡ ○○로 늘 ××, ○○만으로 언제나 ××, ○○로 매일 ××

132 ○○ 요령은 이것!

효과적인 사용법 '어려운 일도 요령만 알면 쉽다'라는 '간단한 요령'에 초점을 맞춰 어필한다.

예
- ▶ ○○ 다이어트의 요령은 이것!
- ▶ 감칠맛의 요령은 이것! 누구나 가능!
- ▶ 피곤한 하루, 숙면의 요령은 이것!

유의어 ➡ ○○는 이것만으로 OK!, ○○는 ××로 충분!

133 ○○ 직방(직빵)

효과적인 사용법 어떤 것을 손에 넣으면 '곧바로 도움이 되거나 강력한 무기가 된다'라는 점을 표현한다.

예
- ▶ 피부 복구에 직방!
- ▶ 삐친 연인에게 직방! ○○로 준비하는 이벤트
- ▶ 몸살 감기에 직방! 효과가 빠릅니다

유의어 ➡ ○○ 즉효, ○○ 즉시 작용, ○○ 바로 효과

134 ○○ 간단히 마스터

효과적인 사용법 일반적으로 어려운 것이지만 '쉽고 간단하게 이해할 수 있다'는 표현으로 손쉬움을 어필한다.

예
- ▶ 요즘 유행하는 화장을 간단히 마스터!
- ▶ 이것만은 알고 가자! 아파트 매매법 초간단 마스터!
- ▶ 간단히 마스터하는 이탈리아 요리, 오늘부터 당신도 요리사!

유의어 ➡ ○○ 단번에 이해, ○○ 바로 습득, ○○ 즉시 이해

135 ○○ 하나로 ××

효과적인 사용법 '단 하나의 액션(행동)이나 요소만으로 뭔가를 할 수 있다'라는 것을 어필하여 손쉬움을 강조한다.

예
- ▶ 프라이팬 하나로 이렇게나 화려한 요리가 가능하다니?
- ▶ 전화 하나로 즉시 배송!
- ▶ 클릭 하나로 모든 주문 완료!

유의어 ➡ ○○ 한 개로 ××, 원클릭(원터치) ○○, 단 한 번으로 ○○

136 ○○ 지름길

효과적인 사용법 일반적인 경로보다 더욱 쉽고 빠르게 성취하고 싶다는 심리를 자극한다.

예
- ▶ 누구나 부러워하는 이상적인 몸매로 가는 지름길
- ▶ 성공적인 내 집 짓기의 지름길이 여기 있다!
- ▶ 대학 합격의 지름길을 알려주는 ○○

유의어 ➡ ○○ 빠른 길, ○○ 샛길, ○○ 하이패스

137 ○○분이면 익히는 ××

효과적인 사용법 짧은 시간을 구체적인 숫자로 나타내어 현실감을 부여함으로써 손쉬움을 생생하게 표현한다.

예
- ▶ 5분이면 익히는 고객 응대 매너
- ▶ 매일 30분이면 익히는 실전 비즈니스 영어
- ▶ 10분이면 익히는 중고차 제대로 고르는 법!

유의어 ➡ ○○분이면 가능한 ××, ○○분이면 충분!, ○○분이면 습득!

138 1○ ×× 가능

효과적인 사용법 아주 쉽다는 것을 전달할 수 있도록 1회, 1번, 1인 등 구체적인 숫자를 조합하여 표현한다.

예
- ▶ 1회 수강으로 가능한 실전 비즈니스 영어
- ▶ 1인 주문 환영! 옵션 메뉴 완비
- ▶ 1일 강좌로 손님 대접도 가능한 추천 요리

유의어 ➡ 하루면 ○○ 가능, 혼자라도 ○○ 가능, 한 시간이면 ○○ 가능

139 ○○ 자유자재

효과적인 사용법 '마음대로 할 수 있다'라는 인상을 줘서 주체성과 손쉬움을 어필한다.

예
- ▶ 토핑 선택 자유자재! 피자의 새로운 기준 ○○
- ▶ 조합이 자유자재인 유니크한 커스텀 가구
- ▶ 참가 요일 자유자재! 실전 비즈니스 중국어

유의어 ➡ ○○ 자유, ○○ 자유로운, 마음대로 ○○

140 언제 어디서나 ○○

효과적인 사용법 시간이나 장소 제한이 없다는 의미를 담아서 간편함과 손쉬움을 강조한다.

예
- ▶ 언제 어디서나 공부할 수 있다!
- ▶ 언제 어디서나 주문할 수 있다!
- ▶ 무료 체험도 언제 어디서나 OK!

유의어 ➡ 어디서나 ○○, 언제나 ○○, 구애받지 않고 ○○

141 ○○법 전수

효과적인 사용법 어떤 일을 쉽게 할 수 있는 방법이나 기술을 알려준다는 의미를 담아서 손쉬움을 전한다.

예
- ▶ 곧바로 사용할 수 있는 방법 전수!
- ▶ 프로의 비법을 전수하는 ○○ 골프 강좌
- ▶ 성적이 쑥쑥 오르는 초간단 공부법을 전수합니다!

유의어 ➡ 간단 ○○법, 손쉬운 ○○기술, ○○의 노하우

142 생활 속 ○○

효과적인 사용법 일상생활 주변에 존재한다는 의미를 담아서 편하고 친근한 인상을 어필한다.

예
- ▶ 생활 속 친밀한 서비스를 제공하는 ○○
- ▶ 생활 속에서 즐기는 특별한 경험
- ▶ 정말로 필요한 것은 생활 속에 있다!

유의어 ➡ 일상 속 ○○, 평소의 ○○, 곁에 있는 ○○

143 **콤팩트** ○○

효과적인 사용법 작다는 의미의 '콤팩트'와 다른 말을 조합하면 '간편함'이라는 가치를 효과적으로 전할 수 있다.

예
- ▶ 콤팩트 사이즈로 조작이 즐겁다
- ▶ 콤팩트하게 소지할 수 있다
- ▶ 콤팩트한 체험 코스, 본질에도 충실

유의어 ➡ 소형 ○○, 단순 ○○, 미니멀 ○○

---

144 **방구석에서** ○○

효과적인 사용법 '자기 집에서 할 수 있을 정도로 간단하다'라는 의미를 이미지화해서 표현한다.

예
- ▶ 방구석 3분이면 끝! 초간단 북유럽 인테리어
- ▶ 방구석에서 천연 온천 기분! 일상에서 즐기는 입욕제
- ▶ 방구석에서 즐긴다! 지중해식 힐링 요리

유의어 ➡ 집에서 ○○, 재택 ○○, 홈 ○○

---

145 **곧바로 사용** ○○

효과적인 사용법 매우 간단하다는 인상을 주기 위해 '곧바로'라는 말로 직접 표현한다. 바로 사용할 수 있다는 점을 어필하면 더욱 효과적이다.

예
- ▶ 구매 당일 곧바로 사용 가능!
- ▶ 곧바로 사용할 수 있는 아이템 증정 행사 중!
- ▶ 곧바로 말할 수 있는 중국어 회화 강좌

유의어 ➡ 내일부터 사용 ○○, 바로 사용 ○○, 곧장 사용 ○○

---

146 **세상에서 가장 알기 쉬운** ○○

효과적인 사용법 알기 쉽다는 말은 주관적이라 사람마다 다르게 받아들일 수 있지만, 최대한 강조 표현하여 어필한다.

예
- ▶ 세상에서 가장 알기 쉬운 작문법
- ▶ 세상에서 가장 알기 쉬운 조작법을 설명합니다!
- ▶ 세상에서 가장 알기 쉬운 해설은 ○○

유의어 ➡ 더할 나위 없이 쉬운 ○○, 세상에서 가장 간단한 ○○, 너무 간단한 ○○

147 속전속결 ○○

효과적인 사용법 어떤 일을 빨리 진행하고 끝낸다는 의미로 신속함과 손쉬움을 어필할 수 있다.

예
- ▶ 자격시험 속전속결 마스터
- ▶ 여름 미백 대책 속전속결 해소
- ▶ 신선한 재료로 간단히 즐기는 속전속결 요리법

유의어 ➡ 바로 끝내는 ○○, 재빨리 처리하는 ○○, 신속 ○○

148 누구라도 ○○ 달인

효과적인 사용법 '누구든 잘할 수 있다'라는 의미를 담아서 손쉬움을 강조한다.

예
- ▶ 이 한 장으로 누구라도 일본어 문법 달인!
- ▶ 누구라도 요리 달인이 되는 만능 양념장
- ▶ 누구라도 영업 달인이 되는 말하기 전수!

유의어 ➡ 누구라도 ○○ 프로, 누구라도 잘할 수 있는 ○○

149 누구보다 빨리 ○○

효과적인 사용법 신속함이 중요한 요소인 경우 그 부분을 강조하여 손쉬움을 어필한다.

예
- ▶ 누구보다 빨리 날씬하게! 신속한 효과를 원한다면 ○○
- ▶ 누구보다 빨리 유창하게! 오늘부터 시작하는 비즈니스 영어
- ▶ 누구보다 빨리 구릿빛으로! 최첨단 태닝 기기 완비

유의어 ➡ 빠르게 ○○, 놀라운 속도로 ○○, 신속하게 ○○

150 몇 번이고 ○○

효과적인 사용법 '몇 번이고 가볍게 즐기고 싶다'라는 의미를 담아서 부담 없이 손쉽게 경험할 수 있음을 강조한다.

예
- ▶ 몇 번이고 즐기고 싶은 환상의 리조트
- ▶ 몇 번이고 방문하고 싶은 숙소
- ▶ 몇 번이고 맛보고 싶은 질리지 않는 맛

유의어 ➡ 여러 번 ○○, 여러 차례 ○○, 계속 ○○

【 A. 특장점 】

151 자는 동안에 ○○

효과적인 사용법 '자는 동안에도 뭔가가 이루어진다'라는 의미를 담아 아무런 액션을 취하지 않아도 될 정도로 손쉽다는 점을 강조한다.

예
- ▶ 자는 동안에 피부에 스며드는 ○○
- ▶ 자는 동안 저절로 체내 지방 연소!
- ▶ 자는 동안 근육 피로를 말끔히 풀어주는 ○○

유의어 ➡ 일어나면 ○○가 된다, 수면 중에 ○○, 잠만 자도 ○○

152 첫 ○○

효과적인 사용법 간편하고 매우 쉽다는 인상을 주기 위해 '처음이라도 문제없이 가능하다'라는 의미를 담아서 표현한다.

예
- ▶ 첫 해외여행! 걱정 없이 안심하고 떠나자 ○○
- ▶ 첫 러닝도 문제없다!
- ▶ 첫 운전! 실전 트레이닝

유의어 ➡ 처음 하는 사람도 ○○, 처음이라도 ○○, 왕초보 ○○

153 편리한 ○○

효과적인 사용법 어떤 일이 매우 간단하다는 의미와 함께 편리함을 집중적으로 어필한다.

예
- ▶ 해외여행에 편리한 가이드북
- ▶ 필수 방재 용품! 편리한 아이템 판매 개시
- ▶ 식단 조절에 편리한 요리법 대공개!

유의어 ➡ 간단한 ○○, 손쉬운 ○○, 간편한 ○○

154 매일 ○○

효과적인 사용법 일상적일 정도로 간편하다는 인상을 주기 위해 '매일이 이렇다'라는 표현을 활용한다. 매일이 즐겁거나 재미있다는 의미를 담으면 효과적으로 전달할 수 있다.

예
- ▶ 겨우 ○○로 매일이 쾌적하다!
- ▶ 매일이 레스토랑 기분! 식당이 변한다!
- ▶ 매일 온천을 즐기자! 유명 온천 성분을 담은 입욕제

유의어 ➡ 매일 계속하는 ○○, 매일 즐기는 ○○, 매일같이 ○○

155 작심삼일인 사람도 할 수 있다

효과적인 사용법 쉽게 포기한다는 의미로 '작심삼일'이라는 표현을 사용하여 쉽게 질리거나 포기하는 사람도 충분히 할 수 있을 정도로 손쉽다는 점을 어필한다.

예
- ▶ 작심삼일인 사람도 할 수 있다! 첫걸음부터 차근차근
- ▶ 작심삼일인 사람도 할 수 있다! 매일 아침 간편하게 한 알 복용
- ▶ 샤워만 하면 OK! 작심삼일인 사람도 할 수 있다!

유의어 ➡ 게으른 자도 할 수 있다, 참을성 없는 사람도 OK!, 포기 없는 ○○

156 저절로 ○○가 된다

효과적인 사용법 '아무것도 안 해도 변화가 보인다'라는 의미를 담아서 간단함을 강조한다.

예
- ▶ 저절로 슬림해진다! 놀라운 다이어트법
- ▶ 저절로 여성스러워지는 가을 코트
- ▶ 저절로 하얘지는 피부! 미인이 되는 첫걸음 ○○

유의어 ➡ 순식간에 ○○가 된다, 자연스럽게 ○○가 된다

157 무리 없이 ○○

효과적인 사용법 '신경 쓰지 않아도 잘 돌아간다'라는 인상을 전한다.

예
- ▶ 무리 없이 마스터할 수 있는 매뉴얼 제공
- ▶ 무리 없이 상환 가능한 대출 시스템
- ▶ 아이와 동반해도 무리 없이 즐길 수 있는 ○○

유의어 ➡ 자연스럽게 ○○, 당연하게 ○○, 저절로 ○○

158 ○○ 간단

효과적인 사용법 '간단한 행동으로 이룰 수 있다'라는 표현으로, 행동과 동작을 나타내는 말과 조합하면 더욱 효과적이다.

예
- ▶ 신청 간단! 전화 한 통으로 완료!
- ▶ 기계에 서툰 여성도 간단! 상세 설명서 제공
- ▶ 한 손으로도 간단! 편리한 ○○ 시스템

유의어 ➡ ○○ 편리, ○○ 용이, ○○ 간편

159 **우리 집처럼 ○○**

효과적인 사용법 '우리 집'이라는 말로 안락한 인상과 함께 편안하다는 점을 전한다.

예 ▶ 우리 집처럼 거부감 없는 고객 대응
　　▶ 우리 집에서 즐기는 듯한 편안한 숙박 시설
　　▶ 보자마자 우리 집처럼 느껴지는 이상적인 모델하우스

유의어 ➡ 자택 ○○, 집에 있는 듯한 ○○. 집에서 할 수 있는 ○○

신뢰감·안심감 어필하기

'신뢰'와 '안심'은 상품이나 서비스를 구매할 때 언제나 고려하는 필수 조건이다. 신뢰나 안심을 주지 못하면 검토 대상조차 될 수 없다. 고객이 신뢰하고 안심할 수 있도록 그 가치를 어필하자.

160 ○○ 애용

효과적인 사용법 신뢰할 수 있는 사람이나 프로가 즐겨 사용한다는 의미를 담아서 신뢰감을 어필한다.

예
- ▶ 장인이 애용하는 명품 수납장!
- ▶ 연예인이 애용하는 입욕제
- ▶ 유명 뷰티 인플루언서가 애용하는 세럼

유의어 ➡ 유명인도 ○○한다, ○○에서 사용되는, ○○에게 사랑받는

161 ○○이니까 ××를 선택하고 싶다

효과적인 사용법 '이유가 있어서 선택했다'라는 의미를 직접적으로 전달하여 안심하고 구매할 수 있도록 어필한다.

예
- ▶ 평생에 한 번이니까 신뢰할 수 있는 브랜드를 선택하고 싶다
- ▶ 주목받길 원하니까 유행하는 ○○를 선택하고 싶다
- ▶ 기념일이니까 특별한 레스토랑을 선택하고 싶다

유의어 ➡ ○○이니까 ××를 선택, 이왕이면 ○○를 선택하고 싶다

162　○○로 유명한

효과적인 사용법　어떤 분야에서 이름을 떨친 유명한 것이라면 '○○로 유명한'이라는 말로 신뢰도를 높여 어필한다.

예
- ▶ 잡지, TV 광고로 유명한 1인 가구 초간단 요리책
- ▶ 꿈의 직장으로 유명한 ○○
- ▶ 감동 서비스로 유명한 ○○ 호텔

유의어 ➡ 누구나 알고 있는 ○○, ○○로 알려진, ○○로 이름 떨친

163　○○ 증거

효과적인 사용법　'고객이 안심하고 신뢰하는 근거'임을 직접적으로 어필한다.

예
- ▶ 오랫동안 신뢰를 받아온 증거
- ▶ 고객 만족의 증거를 지금 바로 확인해보세요
- ▶ 판매량이 고객 사랑의 증거입니다

유의어 ➡ ○○ 근거, ○○ 증명, 신뢰의 ○○, 진실의 ○○

164　○○ 도와드립니다!

효과적인 사용법　고객이 원하는 바를 이루도록 돕는다는 점을 직접적으로 표현해 안심감을 전한다.

예
- ▶ 여러분의 집 선택을 도와드립니다!
- ▶ 여러분의 욕실 청소를 도와드립니다!
- ▶ 유명 셰프도 울고 갈 파스타 요리, 도와드립니다!

유의어 ➡ ○○ 힘이 되겠습니다!, ○○ 맡겨주세요, ○○ 안내해드립니다!

165　○○ 실적

효과적인 사용법　신뢰를 주기 위해 구체적인 실적을 직접 표현하여 어필한다.

예
- ▶ 50년 실적과 노하우가 증명하는 ○○
- ▶ ○○분야 판매 1위! 이 숫자가 믿음을 주는 실적입니다!
- ▶ 여러분이 남겨주신 리뷰 실적! 믿을 수 있는 ○○

유의어 ➡ ○○ 경험, ○○ 업적, ○○ 성과, ○○ 성적

166　○○ 스테디셀러

효과적인 사용법　뭐든 '오랫동안 사랑받는 것은 실패 확률이 낮다는 심리'에 어필한다.

예　▶ 불멸의 스테디셀러! 사용하지 않고는 못 배긴다!
　　▶ 약용 핸드크림 최장수 스테디셀러
　　▶ 프로 선수도 애용하는 테니스화 스테디셀러

유의어 ➡ 오랫동안 사랑받는 ○○, ○○ 장수 아이템, 변함없는 ○○

167　○○ 보장

효과적인 사용법　'고객이 만족할 수 있음을 보장한다'라는 표현으로 안심감을 준다. 특히 '구입을 망설이는 부분'을 보장한다는 식으로 표현하면 효과적이다.

예　▶ 무조건 반품 보장! 마음에 들지 않으면 반품하세요
　　▶ 여러분의 만족을 보장! 약속드리겠습니다!
　　▶ 30년 장기 A/S 보장! 언제든 서비스센터로 연락해주세요

유의어 ➡ ○○ 약속, ○○ 약속합니다!, ○○ 책임

168　팔리는 이유는 ○○

효과적인 사용법　'팔리는 이유'를 간명하게 표현해서 안심을 준다. 그리고 그 이유가 고객의 니즈를 반영한 것이라면 효과적이다.

예　▶ 팔리는 이유는 소재의 퀄리티
　　▶ 팔리는 이유는 쉬운 조작법
　　▶ 팔리는 이유는 일상생활의 편리함

유의어 ➡ 사랑받는 이유는 ○○, 지지받는 이유는 ○○

169　여전히 선택받는 ○○

효과적인 사용법　'오랫동안 실제로 고객들이 선택하고 있다'라는 의미를 담아서 신뢰감을 표현한다.

예　▶ 10년이 지나도 여전히 선택받는 ○○
　　▶ 고객들로부터 여전히 선택받는 이유
　　▶ 전 세계에서 지금도 여전히 선택받는 초콜릿

유의어 ➡ 여전히 팔리는 ○○, 지금도 사랑받는 ○○, 계속 사랑받는 ○○

【A. 특장점】

170 클릭 한 번으로 ○○

효과적인 사용법 '곧바로 처리해준다, 곧바로 대응해준다'라는 이미지를 표현하여 안심감을 강조한다.

예
- ▶ 클릭 한 번으로 30분 이내에 달려옵니다!
- ▶ 초간단 신청! 원클릭 주문 완료
- ▶ 클릭 한 번으로 즉시 수리 접수

유의어 ➡ 문자 한 통으로 ○○, 접수 한 번으로 ○○, 전화 한 통으로 ○○

171 비교해도 결국은 ○○ 선택

효과적인 사용법 차근차근 꼼꼼히 비교해도 결국은 선택한다는 의미를 담아서 신뢰도를 어필한다.

예
- ▶ 비교해도 결국은 ○○를 선택!
- ▶ 비교해도 결국은 쾌적한 실내 공간을 선택!
- ▶ 비교해도 결국은 선택하게 되는 추천 여행지

유의어 ➡ 비교 불가 ○○, 마지막에 고르는 ○○, 결국에는 ○○ 선택

172 안심하세요!

효과적인 사용법 '안심'을 직접적으로 전하고, 추가로 그 근거와 이유를 덧붙여서 신뢰도를 높인다.

예
- ▶ 안심하세요! 전국 규모의 A/S 네트워크
- ▶ 안심하세요! 상담사 24시간 상시 대기
- ▶ 무상 교환 보증! 안심하세요!

유의어 ➡ ○○라면 안심, 걱정은 그만!, 믿을 수 있어요!, 안심 대응

173 실력 있는 ○○

효과적인 사용법 '어떤 분야에서 실력이 있다'라는 표현으로 신뢰도를 높인다. 왜 그런지 구체적 요소를 밝히면 더 효과적으로 어필할 수 있다.

예
- ▶ 해외에서도 인정받은 실력 있는 주방장이 개발한 메뉴
- ▶ 재방문 의사 100% 실력 있는 레스토랑 ○○
- ▶ 명문대 다수 배출! 실력 있는 강사가 포진한 ○○

유의어 ➡ 전문적인 ○○, 실적 있는 ○○, 성공한 ○○

174 평생 ○○

효과적인 사용법 '평생'이라는 표현으로 장기간 믿고 사용할 수 있다는 의미를 담아 어필한다.

예
- ▶ 평생 체험 보증!
- ▶ 평생 활용할 수 있는 넓은 공간 제공
- ▶ 평생 써먹는 영어 실력을 키워드립니다!

유의어 ➡ 죽을 때까지 ○○, 사는 동안 ○○, 영원히 ○○

175 세계가 인정하는 ○○

효과적인 사용법 '세계가 인정할 정도다'라는 의미로 더욱 높은 신뢰도를 어필한다.

예
- ▶ 세계가 인정하는 고품질 ○○
- ▶ 세계가 인정하는 감칠맛!
- ▶ 세계가 인정하는 풍경

유의어 ➡ 세계가 인정한 ○○, 세계를 무대로 ○○, 세계에서 활약하는 ○○

176 전문 스태프가 ○○

효과적인 사용법 '전문(전임) 스태프가 존재한다, 혹은 대응한다'라는 내용을 명확하게 밝혀서 안심을 준다.

예
- ▶ 전문 스태프가 설명합니다
- ▶ 전문 스태프가 직접 고객 문의에 대응합니다
- ▶ 전문 스태프가 디자인을 담당합니다

유의어 ➡ 전문가가 ○○, 관리자가 ○○

177 확실하게 체감

효과적인 사용법 효과가 몸으로 직접 느낄 수 있다는 점을 직접적이고 감각적으로 표현해서 신뢰도를 높인다.

예
- ▶ 다음 날 일어나면 확실하게 체감할 수 있다!
- ▶ 확실하게 체감할 수 있어 기쁘다!
- ▶ 확실하게 체감할 수 있는 보안 시스템

유의어 ➡ 명확하게 실감 ○○, 확실한 실감 ○○, 체감 가능한 ○○

【A. 특장점】

178 　지역 밀착 ○○

효과적인 사용법　말 그대로 '그 지역과 깊은 관련이 있다'라는 의미를 어필하여 안심감을 준다.

- **예**
  - ▶ 지역 밀착 서포트 체제
  - ▶ 지역 밀착 서비스 전격 도입
  - ▶ 지역 밀착 기업으로 높은 신뢰도 확보

유의어 ➡ 지역적인 ○○, 직접 ○○합니다, 지역에서 인기 높은 ○○

179 　100% 지원

효과적인 사용법　서포트가 필요한 부분에 대해 '100%'라는 강한 표현을 써서 안심할 수 있음을 어필한다.

- **예**
  - ▶ 세세한 부분까지 100% 지원
  - ▶ 전문 스태프가 100% 지원!
  - ▶ 100% 지원이 언제든 가능하다는 것이 매력

유의어 ➡ 120%~200% 지원, 토털 서포트, 강력한 지원

180 　부동의 인기

효과적인 사용법　인기가 떨어지지 않고 변함없다는 의미를 담아서 '선택에 대한 불안'을 떨칠 수 있도록 어필한다.

- **예**
  - ▶ 현지 부동의 인기를 자랑하는 두부 전문점
  - ▶ 부동의 인기 상품만 뽑았습니다!
  - ▶ 부동의 인기! 이유 있는 선택

유의어 ➡ 변함없는 인기, 변함없는 신뢰, 변함없는 지지

181 　자존심과 명예를 걸고

효과적인 사용법　'자존심과 명예를 걸고 도전한다'라는 강한 의지 표명으로 신뢰도를 높인다.

- **예**
  - ▶ 자존심과 명예를 걸고 싸우고 있습니다
  - ▶ 집짓기에 자존심과 명예를 걸었습니다
  - ▶ 자존심과 명예를 걸었다! 전통의 맛 지키기

유의어 ➡ ○○에 도전, 프라이드를 걸고, 자긍심을 갖고, 긍지를 갖고

182 만족 ○○ 선언

효과적인 사용법 고객의 요구에 부응했다는 점을 명확하게 표현해서 신뢰도를 높인다.

- **예**
  - ▶ 만족 100% 선언! 분명 맘에 쏙 드실 겁니다!
  - ▶ 만족 수면 보장! 깊은 잠을 선사하는 ○○
  - ▶ 고객 만족 우선 선언!

유의어 ➡ 모든 것은 고객을 위한 ○○, ○○ 만족 보장

183 비교해보세요!

효과적인 사용법 비교해서 살펴봐도 탁월하게 좋다는 자신감을 어필해서 신뢰성과 안심감에 객관적인 근거가 있음을 강조한다.

- **예**
  - ▶ 구매 전 반드시 비교해보세요!
  - ▶ 비교해보세요! 촉감 차이가 주는 의미
  - ▶ 비교해보세요! 넓은 실내와 절묘한 밸런스

유의어 ➡ 따져보세요!, 꼼꼼히 살펴보세요!, 저울질해보세요!

184 ×××가 선택한 ○○

효과적인 사용법 그 분야에 정통한 사람을 가리키는 표현을 사용하고, 그 사람이 인정했다는 의미를 담아 신뢰도를 높인다.

- **예**
  - ▶ 감별사가 선택한 순도 높은 ○○
  - ▶ 미슐랭 스타 셰프가 선택한 숨겨진 맛집
  - ▶ 전문의가 선택한 건강을 위한 ○○

유의어 ➡ ×××가 엄선한 ○○, 실패 없는 ○○, 틀림없는 ○○

【A. 특장점】

# B

깨달음
고객에게 깨달음을 준다

고객이 자신의 욕망이나 니즈를 인지하고 있는지에 관계없이 고객 자신의 내면(마음)에 '깨달음'을 느낄 수 있는 계기를 선사하자.

고객은 자신에게 유의미한 정보와 그렇지 않은 정보를 명확하게 분류한다. 정보를 분류하는 행동은 의식적으로 이루어지기도 하고 무의식적으로 이루어지기도 한다. 이렇게 분류한 두 가지 정보 중에서 자신에게 의미 있는 것만 받아들인다.

세일즈나 마케팅 상황에서 가장 필요한 것은 고객에게 제공하는 정보의 유의미함을 강조하고 그것을 깨닫도록 어필하는 것이다. 고객에게 깨달음을 주는 방법에는 단순히 가치가 있다고 어필하는 방법과 고객의 마음속에 있는 욕망이나 불안 등을 자극하는 방법이 있다. 더 나아가서는 고객의 사고를 교란해서 깨달음을 주는 방법도 있다.

이번 장에서는 고객에게 깨달음과 흥미를 주는 방법으로 '알림·깨달음 주기', '제3자의 의견·고객의 평가 활용하기', '욕망·쾌감·희망 자극하기', '불만·불안 요소 활용하기', '지식욕·지적 호기심 자극하기', '역설적인 표현 활용하기'를 준비했다. 여기서 소개하는 키워드를 잘 활용해서 전달하려는 정보가 고객에게 유의미하다는 사실을 어필하자.

알림·깨달음 주기

고객은 상품이나 서비스의 존재를 모르거나, 알아야 할 필요성을 느끼지 못하는 경우가 많다. 그러므로 직접적으로 알려서 깨닫게 하거나 잊고 있던 정보를 떠올리게 하여 관심과 필요성을 어필할 수 있다.

185 ○○가 ××할 때

효과적인 사용법 신경 쓰이는 요소나 불안한 상황을 떠올리게 만드는 표현이다. 이러한 요소나 상황이 친근한 것이거나 주변에 있는 일이라면 더 임팩트가 크다.

예
▶ 여름철 피부가 비명을 지를 때
▶ 자녀가 초등학교에 입학할 때 알아야 할 것
▶ 구취가 신경 쓰일 때, 그 원인은 ○○

유의어 ➡ ○○가 ××되면, ○○된 경우, ○○되었다면?

186 ○○가 확실히 있다

효과적인 사용법 바라던 것이 분명히 존재한다는 사실을 '단정적으로 표현'해 임팩트를 주어 시선을 끈다.

예
▶ 여기에는 행복이 확실히 있다!
▶ 자녀의 웃는 얼굴이 확실히 있다!
▶ 찾는 것이 확실히 있다!

유의어 ➡ ○○가 여기에 있다, ○○가 분명히 존재한다

187 ○○가 확 좋아진다

효과적인 사용법 좋아지기를 바라는 것이 '눈에 띄게 급격히 개선된다'라는 인상을 줘서 관심을 유도한다.

예
- ▶ 집중력이 확 좋아진다!
- ▶ 피부 광택이 확 좋아진다!
- ▶ 단기간에 실감! 나온 배가 확 줄어든다!

유의어 ➡ ○○가 점점 좋아진다, 순식간에 ○○된다, ○○가 부쩍 좋아진다

188 ○○가 중요

효과적인 사용법 중요한 요소를 직접적으로 어필하여 그 중요성을 강조하여 표현한다.

예
- ▶ 시작이 중요하다! 기초부터 시작하는 ○○
- ▶ 매일 케어가 중요하므로 내일부터라도 시작하자!
- ▶ 칼슘이 중요! 손쉽게 보충하는 방법은 ○○

유의어 ➡ ○○가 포인트, ○○가 핵심, ○○가 소중

189 ○○ 문제없을까?

효과적인 사용법 문제를 제기해서 잊고 있던 어떠한 요소가 중요함을 일깨운다.

예
- ▶ 내 생활 패턴에 문제는 없을까? 장수의 비결이 여기에
- ▶ 수면에 문제없을까? 고품질 수면을 위한 ○○
- ▶ 어두운 귀갓길 문제없을까? 24시간 안전망 확보

유의어 ➡ ○○ 문제없나?, ○○ 괜찮나?, ○○ 문제가 있다면?

190 ○○가 미래를 좌우한다

효과적인 사용법 '앞으로를 좌우하는 것은 이것이다'라는 방향성을 명확히 제시해 흥미를 유도한다.

예
- ▶ 매일의 한잔이 미래를 좌우한다!
- ▶ 어떤 칫솔을 쓰는지가 당신의 미래를 좌우한다!
- ▶ 얼굴 마사지가 미래를 좌우한다! 일상의 케어로 되돌리는 ○○

유의어 ➡ ○○는 ××부터 시작한다, ○○가 미래를 결정한다

191 ○○해보고 인정

효과적인 사용법 '어떤 행동을 해서 인정할 수 있는 결과를 봤다'라는 인상을 주어 그 행동에 대한 흥미를 유도한다.

예
- ▶ 시승해보고 인정! 타보지 않고는 알 수 없는 ○○
- ▶ 먹어보고 인정! 정말 맛있는 ○○
- ▶ 사용해보고 인정! 피부에 닿는 느낌이 지금까지와 다르다!

유의어 ➡ ○○해보고 대만족, ○○해보고 납득, ○○해보니 실감, ○○해보고 감사

192 ○○하는 사람과 ○○하지 않는 사람

효과적인 사용법 어떤 행동을 하는 사람과 그렇지 않은 사람 간에 큰 차이가 있다는 의미를 명확하게 표현해서 행동에 주목하게 만든다.

예
- ▶ 결혼하는 사람과 결혼하지 않는 사람의 결정적인 차이는?
- ▶ 영어를 할 수 있는 사람과 할 수 없는 사람은 이렇게 다르다!
- ▶ 독서하는 사람과 독서하지 않는 사람, 당신은 어느 쪽?

유의어 ➡ ○○하나요 아니면 ××하나요?, ○○하는가 하지 않는가?

193 ○○하시면 좋습니다

효과적인 사용법 어떤 행동에 대해 망설임이 있는 사람에게 행동을 하도록 어필한다.

예
- ▶ 테스트해보시면 좋습니다! 주 1회 ○○
- ▶ 비교해보시면 좋습니다! 당신이 원하는 ○○ 정보가 한가득!
- ▶ 가보시면 좋습니다! 즐거움이 가득한 ○○

유의어 ➡ ○○해도 좋아요, ○○가 좋다

194 ○○ 제로를 목표로

효과적인 사용법 '신경 쓰이던 것을 없애거나 줄인다'라는 점을 언급해서 그것에 관심이 있던 사람의 주의를 환기한다.

예
- ▶ 중성지방 제로를 목표로! 체계적인 식생활 ○○
- ▶ 다크서클 제로를 목표로! 30살부터 시작하는 ○○
- ▶ 탈모 제로를 목표로! 모근에 생기를 불어넣는 ○○

유의어 ➡ ○○는 필요 없다, ○○를 줄이자, ○○를 없애자

195 ○○ 정말인가요?

효과적인 사용법 장점과 관련된 어떤 문제에 대해 사실관계를 직접 질문하는 표현으로 시선을 끈 다음 '해결책'을 제시해 관심을 유도한다.

예
- ▶ 시간 가는 줄 모른다는 말, 정말인가요? 코지한 디자인의 ○○
- ▶ 달걀보다 낮은 칼로리 정말인가요? 재료부터 다른 ○○
- ▶ 바다가 보인다는 게 정말인가요? 확 트인 창문 너머로 펼쳐진 ○○

유의어 ➡ ○○ 진짜?, 어째서 ○○인가요?, 정말 ○○인가요?

196 ○○에서 대활약

효과적인 사용법 어떠한 상황에서 활약한다는 이미지를 표현해 관심을 유도한다.

예
- ▶ 캠프에서 대활약! 작고 편리한 ○○
- ▶ 욕조에서 대활약! 힐링을 선사하는 입욕제
- ▶ 겨울철 오피스에서 대활약! 하체 방한 대책

유의어 ➡ ○○에서 도움, ○○에서 편리, ○○에서 존재감

197 ○○로 정했다

효과적인 사용법 망설이는 사람에게 '결정'해야 할 요소를 제시하여 관심을 유도한다.

예
- ▶ 레드로 정했다! 올해 가을 트렌드 컬러
- ▶ 분위기로 정했다! 고백 성공률 100%
- ▶ 맛으로 결정한다! 왠지 자꾸만 손이 가는 ○○

유의어 ➡ ○○로 결정, ○○가 핵심, ○○로 당첨

198 ○○로 승부

효과적인 사용법 '승부'라는 말을 활용해서 어떤 요소를 부각하거나 '선택할 용기를 내는 계기'를 제공한다.

예
- ▶ 너비로 승부한다! 어른 4명도 충분한 ○○
- ▶ 인기로 승부한다! 가장 핫한 아이템만 선별하여 구비
- ▶ 색으로 승부해봐! 새하얀 광택 피부를 위한 ○○

유의어 ➡ ○○로 도전, ○○로 챌린지, ○○로 경쟁

199 ○○ 괜찮나요?

효과적인 사용법 불안하게 느끼는 요소와 직접적으로 관련된 질문으로 몰랐던 내용을 알려주며 관심을 유도한다.

예
- ▶ 이중 턱 괜찮나요? 지금부터 시작하면 된다!
- ▶ 이렇게 가벼워도 괜찮나요? 경량이지만 내구성 짱짱한 ○○
- ▶ 아이 동반 괜찮나요? 온 가족이 즐기는 패밀리 온천

유의어 ➡ ○○ OK?, 당신의 ○○ 괜찮은가?, ○○ 필요하지 않나요?

200 ○○에 필요한 ××

효과적인 사용법 어떤 분야에서 필요한 요소를 직접적으로 어필하면서 '문제의식'을 느끼게 하여 해결책에 주목하도록 한다.

예
- ▶ 내 집 선택에 필요한 자녀 학군 대책!
- ▶ 여름방학에 필요한 자기 주도 학습법은?
- ▶ 제과제빵에 필요한 기본 기술을 배우자!

유의어 ➡ ○○에 필수인 ××, ○○에 중요한 ××, ○○의 핵심인 ××

201 ○○라고 느낀다면

효과적인 사용법 마음속 바람이나 불만을 드러내는 표현으로 깨달음을 주고 해결책에 대한 흥미를 유도한다.

예
- ▶ 기력 회복이 잘 안 된다고 느낀다면 ○○ 개선이 필요
- ▶ 조용한 시간을 갖고 싶다고 느낀다면 한적한 농촌 마을 체험 ○○
- ▶ 매번 같은 점심에 질렸다고 느낀다면 독특한 감각의 레스토랑 ○○

유의어 ➡ ○○라고 생각한다면, ○○라면 ××, ○○라는 사실

202 ○○라고 단정 짓지 말자

효과적인 사용법 어떠한 이유로 '포기하거나 고정관념에 사로잡힌 사람'에게 다시 생각해보기를 유도하는 표현이다.

예
- ▶ 틀렸다고 단정 짓지 말자! 이제부터 시작하는 ○○
- ▶ 시다고 단정 짓지 말자! 음식은 조합하기 나름
- ▶ 아이 동반은 무리라고 단정 짓지 말자! 키즈존 완비

유의어 ➡ ○○ 아직 괜찮다, 다시 한 번 ○○해보자

203 ○○라면 만사형통

효과적인 사용법 해결책을 제시해서 단번에 불안 요소에서 해방된다는 인상을 준다.

예
- ▶ ○○ 자동 서비스라면 만사형통! 사고 대비책으로 완벽한 플랜
- ▶ 전원주택이라면 만사형통! 야외 체험 학습 ○○
- ▶ ○○여행이라면 만사형통! 귀찮은 여권 신청부터 ○○까지

유의어 ➡ ○○라면 일사천리!, ○○라면 문제 해결, 고마운 ○○

204 ○○에 맡기세요

효과적인 사용법 어떤 분야에 대한 지식이나 정보가 적은 사람을 타깃으로 전문가에게 맡기는 것이 좋다는 점을 강조한다.

예
- ▶ 전문가에게 맡기세요! 여행 중 일어나는 이런저런 일들에 모두 완벽 대응
- ▶ 가구 디자이너에게 맡기세요! 사용법부터 소재까지 전문 지식 공개
- ▶ 트레이너에게 맡기세요! 초보자도 안심하는 ○○

유의어 ➡ ○○가 담당합니다, 무엇이든 물어보세요, ○○가 대신합니다

205 ○○라면 어떡하나요?

효과적인 사용법 어떤 요소에 대해 '문제가 없는지 질문'하여 그 문제를 자각하고 해결책을 찾도록 깨달음을 준다.

예
- ▶ 피부가 건조하면 어떡하나요? 30대부터 시작하는 ○○
- ▶ 운전 중 허리 통증이 발생할 때는 어떡하나요? ○○ 자세 교정으로 해결
- ▶ 다리 부종이 잦으면 어떡하나요? 피로한 발에 효과 높은 ○○

유의어 ➡ ○○라면?, ○○라면 문제없나요?, ○○라고 생각하지 않나요?

206 ○○ 흥미 있나요?

효과적인 사용법 흥미나 관심 여부를 질문해서 주의를 환기한다. 질문받으면 생각하게 된다는 심리를 활용한다.

예
- ▶ 호화 여행에 흥미 있나요? 가끔은 사치스러운 기분을 만끽해보자
- ▶ 직접 짓는 통나무집에 흥미 있나요?
- ▶ 다이어트에 흥미 있나요?

유의어 ➡ ○○ 알고 있나요?, ○○ 어떤가요?, ○○에 끌리지 않나요?

【 B. 깨달음 】

207 ○○는 안 될 거야

효과적인 사용법 원하지 않는 상황을 강한 의지로 거부하여 관심을 유도한다.

예
- ▶ 비만은 안 될 거야! 식단 관리부터 PT까지
- ▶ 올해는 까맣게 타지 않을 거야! 효과 만점 선크림
- ▶ 아저씨는 안 될 거야! 몸도 마음도 젊게 건강하게 ○○

유의어 ➡ ○○는 안 돼, ○○만은 싫어!, ○○가 될 순 없어

208 ○○에는 이유가 있다

효과적인 사용법 해당 상품에 '나름의 이유(의미)가 있다'라는 점을 어필해 시선을 끈다.

예
- ▶ 가격이 높은 것에는 이유가 있다! 세 가지 특별 성분 배합
- ▶ 쓴맛에는 이유가 있다! 녹황색 채소의 ○○ 영양소가 가득!
- ▶ 우아한 향기에는 이유가 있다! 엄선된 원료로 만든 ○○

유의어 ➡ ○○에는 가치가 있다, ○○의 높은 가치, 가치 높은 ○○

209 ○○ 공지

효과적인 사용법 알리고 싶은 사실을 직접적으로 어필한다. 주로 긴급함이나 새로움을 가리키는 키워드와 연결해서 관심을 유도한다.

예
- ▶ 긴급 공지! 체크해야 할 핵심은 ○○
- ▶ 행사 상품 공지! 놓칠 수 없는 가격
- ▶ 신작 공지! 방금 나온 따끈따끈한 ○○

유의어 ➡ ○○ 알림, ○○ 통지, ○○ 안내, ○○ 보고

210 ○○는 ××한다

효과적인 사용법 이상적인 상태를 유지하기 위해 어떤 노력을 하는지를 단순화하여 표현함으로써 시선을 끈다.

예
- ▶ 아이돌들이 사용한다! 최신 인기 화장 아이템 대공개
- ▶ 줄 서는 식당은 모두 한다! 신선한 재료를 공급받는 노하우
- ▶ 건강한 몸은 놓치지 않는다! 하루 한 알 비타민 ○○

유의어 ➡ ○○는 ××로 산다, ○○는 ××를 활용한다

211 ○○는 지금이다!

효과적인 사용법 '행동을 나타내는 말'과 '지금'이라는 절호의 타이밍을 의미하는 말을 조합하여 행동에 대한 즉각적인 관심을 유도한다.

예
- ▶ 기회는 지금이다! 살아봐야 비로소 알 수 있는 진가 ○○
- ▶ 힐링이 필요한 때는 지금이다! 마음먹었다면 떠나자!
- ▶ 관리는 지금이다! 손상된 모발을 감쪽같이 복구하는 ○○

유의어 ➡ ○○ 스타트, 지금 할 수 있는 ○○, 일단 시작하는 ○○

212 ○○는 여기에 있다

효과적인 사용법 '찾고 있던 이상적인 것이 여기에 존재한다'라는 의미를 담아서 시선을 끈다.

예
- ▶ 이상적인 주거지는 여기에 있다. 설계부터 인테리어까지
- ▶ 힐링의 공간은 여기에 있다. 산속 깊은 곳에 자리 잡은 ○○
- ▶ 합격의 비결은 여기에 있다! 달인이 직접 전수하는 ○○

유의어 ➡ 이것이 포인트!, ○○의 비결은, ○○의 요령은

213 ○○는 어떻게 될까?

효과적인 사용법 '앞으로의 예측(예상)'을 묻는 질문으로 지금 상황에 대한 관심을 유도한다.

예
- ▶ 우유 시장은 어떻게 될까? 신선함을 유지하는 시스템 ○○
- ▶ 30대의 결혼관은 어떨까?최신 빅데이터를 보유한 결혼정보회사 ○○
- ▶ 대형 액정 화면의 미래는? 화면의 선명도가 좌우하는 ○○

유의어 ➡ ○○는 어떨까?, 앞으로 어떻게 되나?, ○○의 미래는?

214 ○○는 불안하다

효과적인 사용법 불안을 느낄 수 있는 요소를 직접적으로 강조하여 그 요소에 어떻게 대응할지 생각하도록 유도한다.

예
- ▶ 혼자 떠나는 해외여행은 불안하다. 그래서 필요한 ○○
- ▶ 장거리 운전은 불안하다. 긴급 상황에 대비해 ○○
- ▶ 이직은 불안하다. 인사 담당자가 말하는 ○○

유의어 ➡ 불안 가득한 ○○, 안심할 수 없는 ○○, ○○는 걱정이다

215   ○○ 주의

효과적인 사용법   주의를 환기하는 표현으로 시선을 끌고, 해결책이나 설명에 관심을 보이도록 유도한다.

예
- ▶ 에어컨 사용 주의! 전기세를 절약하려면 ○○
- ▶ 건조한 환경 주의! 피부를 망치는 영향은 ○○
- ▶ 모기 주의! 맨살을 노출해야 한다면 ○○ 필수

유의어 ➡ ○○ 경고, ○○ 조심, ○○ 확인

216   ○○를 응원합니다

효과적인 사용법   고객을 응원한다는 표현으로 친밀감을 높여서 관심을 유도한다.

예
- ▶ 겨울철 액티비티를 응원합니다! 방풍·방한용품 특별 세일
- ▶ 일하는 여성을 응원합니다. 단기간 재택 아르바이트 ○○
- ▶ 아침 식사를 응원합니다. 몸에 필요한 영양을 골고루 ○○

유의어 ➡ ○○를 돕겠습니다. ○○를 서포트합니다. ○○를 지원합니다.

217   ○○를 함께 나누자

효과적인 사용법   함께 기억을 공유하자는 의미로 감성적인 연대감을 조성해 관심을 유도한다.

예
- ▶ 추억을 함께 나누자. 우연을 필연으로 ○○
- ▶ 감동의 결혼식을 함께 나누자. 프로가 연출하는 웨딩 플랜
- ▶ 미래를 함께 나누자. 당신의 꿈을 실현하는 ○○

유의어 ➡ 함께 ○○, 같이 ○○, 함께 ○○합시다

218   ↓(화살표)

효과적인 사용법   화살표 같은 기호로 문장 중에 변화를 줘서 주의를 끌고 싶은 부분에 관심을 보이도록 유도한다. 손글씨로 그린 기호도 효과적이다.

예
- ▶ → 여기부터가 포인트!
- ▶ 어떻게 배치할까? →→→ 고객 중심의 설계
- ▶ ↓↓↓ 신청 방법은 매우 간단

유의어 ➡ ★(별 표시), O(동그라미 표시), ◎(이중 동그라미 표시)

219 포기할 이유는 없다

효과적인 사용법 '포기할 이유는 없다'라는 말로 관심을 유도하고 이제부터라도 아직 늦지 않았음을 깨닫게 하고 격려한다.

예
- ▶ 포기할 이유는 없다! 나이는 중요하지 않다!
- ▶ 포기할 이유는 없다! 지불 방법은 ○○
- ▶ 포기할 이유는 없다! 운동을 싫어하시는 분도 부담없이 가능한 ○○

유의어 ➡ 아직 괜찮다, 포기하지 않아도 된다, 포기하지 말고 ○○

220 앗! ○○

효과적인 사용법 문장 첫머리에 놀라움을 나타내는 감탄사를 써서 시선을 끌고 다음에 이어질 내용에 주목시킨다.

예
- ▶ 앗! 소문이 사실이었다
- ▶ 앗! 이렇게 간단한 일이었다니
- ▶ 앗! 이런 기분은 처음

유의어 ➡ 어?, 이런!, 우와!, 뭐?

221 이런 게 있으면 좋겠어! ○○

효과적인 사용법 '이런 게 있으면 좋겠어'라는 말로 시선을 끌고 이후에 나오는 구체적인 내용에 관심을 보이도록 유도한다.

예
- ▶ 이런 게 있으면 좋겠어! 주부 중심 주방 설계
- ▶ 이런 게 있으면 좋겠어! 겨울철 입맛 살리는 메뉴
- ▶ 이런 게 있으면 좋겠어! 애완동물 동반 입장 가능 카페 오픈

유의어 ➡ 이런 건 없나? ○○, 이런 걸 원해요! ○○, 이런 건 어때요? ○○

222 당신은 어느 쪽?

효과적인 사용법 고객의 '무관심'을 질문을 통해 '선택 판단'으로 유도한다. 질문받으면 답하려는 심리를 이용해 관심을 유도한다.

예
- ▶ 당신은 어느 쪽? 와인파? 소주파? 뭐가 좋은가요?
- ▶ 살고 싶은 곳, 당신은 어느 쪽? 주택? 아파트?
- ▶ 여름 휴가지, 당신은 어느 쪽? 바다? 산?

유의어 ➡ 당신의 선택은?, 어느 쪽이 좋은가요?, 무엇이 좋을까?

223 만일의 경우 ○○

효과적인 사용법 만일의 사태가 발생했을 때를 떠올리게 하여 '필요성'을 느끼도록 관심을 유도한다.

예
- ▶ 만일의 경우를 위한 준비, 더 늦기 전에 ○○
- ▶ 만일의 경우를 위한 대비, 간단한 정비는 내 손으로
- ▶ 만일의 경우를 위해 실시하는 점검 서비스

유의어 ➡ 긴급 시 ○○, 유사시 ○○, 위급할 때 ○○

224 후회하지 않는 ○○

효과적인 사용법 실패하거나 후회하고 싶지 않다는 기본적인 인간 심리를 이용한 표현으로 관심을 유도한다.

예
- ▶ 후회하지 않는 가전 선택 요령은 ○○
- ▶ 후회하지 않는 아이템, 하나만 고르라면 ○○
- ▶ 후회하지 않는 선물, 감동을 선사하는 ○○

유의어 ➡ 실패 없는 ○○, 틀림없는 ○○, 후회 없는 ○○

225 ○○ 웃는 얼굴을 위해

효과적인 사용법 사랑하는 사람의 웃는 얼굴을 떠올리게 하여 긍정적인 감정을 유도하고 나 자신이 아닌 '그 사람을 위한 행동'으로 이어지도록 한다.

예
- ▶ 아이의 웃는 얼굴을 위해 지금부터 해야 할 일
- ▶ 사랑하는 사람의 웃는 얼굴을 위해! 단단히 마음먹고 시작하는 ○○
- ▶ 가족들의 웃는 얼굴을 위해 엄마는 힘을 낸다! 그런 멋진 ○○

유의어 ➡ ○○의 행복을 위해, ○○의 기쁨을 위해, ○○ 웃는 얼굴 보려고

226 대박 ○○

효과적인 사용법 시선을 단번에 사로잡는 단정적인 표현으로 주의를 끌어 전하고 싶은 말을 강조한다. 짧은 말과 조합하면 임팩트를 더 크게 줄 수 있다.

예
- ▶ 대박 식감! 야들야들한 느낌이 참을 수 없다
- ▶ 대박 절경! 한 번 보면 잊을 수 없는 풍경
- ▶ 대박 마블링! 최상급 한우의 품격

유의어 ➡ 완전 ○○, 역시 ○○, 미친 ○○

227 이왕이면 ○○

효과적인 사용법 '어차피 할 거라면 이렇게 하는 것이 좋다'라는 제안의 표현으로 행동을 유도한다.

예
- ▶ 이왕이면 도전해보자! 직접 해보지 않으면 모른다
- ▶ 이왕이면 한번 맛보자! 사르르 녹는 식감
- ▶ 이왕이면 근사하게 살고 싶다! 세련된 디자인 ○○

유의어 ➡ 어때? ○○, 어차피 ○○라면, 고민할 시간에 ○○

228 ○○ 임박

효과적인 사용법 어떠한 상황이 급하다는 표현으로 긴급성을 어필하여 행동을 유도한다.

예
- ▶ 새로운 제도 임박! 바뀌기 전에 챙기자! ○○
- ▶ 마감 임박! 아직 시간이 있다!
- ▶ 여름 임박! 하계 용품 특별 세일

유의어 ➡ 머지않아 ○○, 다가오는 ○○, 곧 ○○

229 큰일 났어요!

효과적인 사용법 '큰일이 났다'라는 자극적인 표현으로 상황을 강조해 주의를 끈다. 뒤에 큰일에 대한 대책까지 언급하면 더욱 효과적이다.

예
- ▶ 큰일 났어요! 폐점합니다. 점점 몽땅 세일 개시
- ▶ 큰일 났어요! 피부가 엉망! 촉촉함 유지에는 ○○
- ▶ 대박 사건! 설레는 ○○ 아이돌 팬미팅 개최

유의어 ➡ 대박 사건!, 어떡해요!, 위험합니다!, 시선 집중!

230 이래서 ○○

효과적인 사용법 선택에는 이유가 있다는 의미를 담아서 그 이유에 관심을 보이도록 유도한다.

예
- ▶ 이래서 납득! 이 맛과 이 가격
- ▶ 이래서 선택했다! 압도적인 가성비
- ▶ 이래서 결혼 예물은 다이아몬드가 좋아요

유의어 ➡ 그래서 ○○, 그러니까 ○○, 역시 ○○

231 　올바른 ○○ 아시나요?

효과적인 사용법　어떤 일에 대해 올바른 방법이나 노하우를 아는지 질문하고 흥미를 유도한다. 유익한 정보를 제공하면 효과적이다.

예
- ▶ 올바른 파스타 삶는 법 아시나요? 유명 셰프가 말하는 ○○
- ▶ 올바른 연말정산 방법 아시나요? 모르면 손해 ○○
- ▶ 올바른 식사 예절 아시나요? 호감을 주는 ○○

유의어 ➡ ○○ 아시나요?, 좋은 ○○ 아시나요?, 손쉬운 ○○ 아시나요?

232 　○○란 말이야

효과적인 사용법　장점을 친근하고 귀여운 표현으로 언급함으로써 감정에 호소하여 관심을 유도한다.

예
- ▶ 달콤하단 말이야! 사랑을 전하는 ○○
- ▶ 사용하기 편리하단 말이야! 탁월한 조작감 ○○
- ▶ 어디에 둬도 잘 어울린단 말이야! 실패 없는 인테리어 ○○

유의어 ➡ ○○인걸요, ○○ 말이에요, 어머! ○○예요

233 　편리하다! ○○

효과적인 사용법　누구나 관심이 많은 '편리성'이라는 가치를 한마디로 강조하고 그 뒤의 설명까지 읽도록 유도한다.

예
- ▶ 편리하다! 자꾸만 손이 가는 주방 용품
- ▶ 편리하다! 휴대가 편한 ○○
- ▶ 편리하다! 장마철 습기 제거는 ○○

유의어 ➡ 유익하다! ○○, 도움이 된다! ○○, 유용하다! ○○

234 　준비 완료! ○○

효과적인 사용법　'기대하던 것이 드디어 완성되었다'라는 의미를 담아 기대감을 상승시킨다.

예
- ▶ 준비 완료! 새로운 맛! 제철 과일을 사용한 ○○
- ▶ 준비 완료! 노천 온천! 특별한 서비스까지 즐기는 ○○
- ▶ 준비 완료! 지역별 햅쌀 판매 개시

유의어 ➡ 준비 끝! ○○, 완성! ○○, 완비! ○○

235 왜 ○○ 못하죠?

효과적인 사용법 하고 싶은데 잘 안되는 것에 대해 '왜 못하는지' 질문하고 해결책을 제시하여 흥미를 유발한다.

예
- ▶ 왜 결혼을 못하죠? 결혼 못하는 남성의 공통점 다섯 가지 ○○
- ▶ 왜 합격 못하죠? 수험생에게 필요한 ○○
- ▶ 왜 믿지 못하죠? 투명하고 공정한 정보를 제공합니다 ○○

유의어 ➡ 어째서 ○○ 못하나요?, 왜 ○○하지 않나요?, ○○ 못하는 이유는?

236 무엇을 기준으로 선택하는가?

효과적인 사용법 '선택 기준'이 무엇인지 직접적으로 질문해 생각할 기회를 제공한다.

예
- ▶ 무엇을 기준으로 선택하는가? 손해 보지 않는 ○○
- ▶ 무엇을 기준으로 선택하는가? 오랫동안 사용해보고 얻은 ○○
- ▶ 무엇을 기준으로 선택하는가? 민감한 피부에도 ○○

유의어 ➡ 어떤 기준으로 선택하나?, 비교 기준은 무엇인가?, 당신의 선택 기준은?

237 시작하자 ○○ 혁명

효과적인 사용법 '혁명이라고 할 정도로 쇄신할 수 있는 일을 하자'라는 의미를 담아 강하게 호소하여 행동 유발을 도모한다.

예
- ▶ 시작하자 욕실 혁명! 샤워만으로 놀랍게 바뀌는 ○○
- ▶ 시작하자 체질 혁명! 모든 것의 기준인 체질을 바꾸자!
- ▶ 시작하자 물류 혁명! IT 기술을 활용한 효율적인 배송 ○○

유의어 ➡ 시작하자 ○○ 혁신, 시작하자 ○○ 변화, 시작하자 ○○ 개선

238 설마 ○○

효과적인 사용법 '그럴 리 없다'라는 의미로 놀라움을 함께 표현해 순간적으로 시선을 끈다.

예
- ▶ 설마 병에 걸린 건가? 의심되면 곧장 방문 ○○
- ▶ 설마 이렇게 맛있다니? 이렇게 맛있다면 ○○
- ▶ 설마 그렇게까지 해준다고? 감동의 서비스 ○○

유의어 ➡ 생각지도 못한 ○○, 그럴 리가 없다!, ○○이라고?

239　아직 모르시나요?

효과적인 사용법　'모르면 안 된다, 모르면 부끄러운 일이다'라는 의미를 담아서 표현하여 관심을 유도한다.

예
- ▶ 학부모님, 아직 모르시나요? 초등학생이 직면한 ○○
- ▶ 네? 아직 모르시나요? 장안의 화제를 모은 ○○
- ▶ 아직 모르시나요? 온라인 동영상 강좌 ○○

유의어 ➡ 모르면 안 됩니다!, 아직 사용 못해봤나요?, 아직 못했다고요?

240　아직 늦지 않은 ○○

효과적인 사용법　'지금 시작해도 된다'라는 의미를 담아서 안심감을 주고, 앞으로의 행동에 관심을 보이도록 유도한다.

예
- ▶ 아직 늦지 않은 내장 지방 대책! 오늘부터 시작하는 ○○
- ▶ 아직 늦지 않은 경영 혁신! 실적을 껑충 높이는 ○○
- ▶ 아직 늦지 않은 의식 개혁! 매일 실천하는 ○○

유의어 ➡ 아직 괜찮은 ○○, 더 늦기 전에 ○○, 다시 시작하는 ○○

241　경험해보셨나요?

효과적인 사용법　체험 전이라면 한번 체험해보기를 직접적으로 권유해 시선을 집중시킨다.

예
- ▶ 경험해보셨나요? 대기업도 사용하는 ○○
- ▶ 경험해보셨나요? 아기 피부에도 사용하는 ○○
- ▶ 경험해보셨나요? 일단 해보면 누구나 할 수 있는 ○○

유의어 ➡ 한번 해보셨나요?, 사용해보셨나요?, 드셔보셨나요?

242　잊지 않았나요?

효과적인 사용법　직접적인 질문으로 기억을 되살리고 위기감을 고조시켜 관심을 유도한다.

예
- ▶ 잊지 않았나요? 이번 시즌에 꼭 해야 할 ○○
- ▶ 잊지 않았나요? 긴급사태 대비용 ○○
- ▶ 정말 중요한 것, 잊지 않았나요? 가정 필수품 ○○

유의어 ➡ 이제 생각나셨나요?, 뭔가 찜찜하지 않나요?

제3자의 의견·고객의 평가 활용하기

고객은 상품이나 서비스에 관한 정보를 가능한 한 많이 수집하려고 한다. 하지만 판매자가 알려주는 정보는 쉽게 신뢰하지 않는다. 그래서 판매자 이외에 제3자의 의견이나 감상, 다른 고객의 평가나 코멘트를 활용해서 정보를 제공하면 효과적이다.

243 ○○가 보증한

효과적인 사용법 '유명인이나 어떤 분야에서 활약하는 특정인이 인정하는 것'이기 때문에 가치가 있음을 어필한다.

예
▶ 연예인이 보증한 고급 스포츠 클럽
▶ 세계적인 인플루언서가 보증한 브랜드 총집합
▶ 프로야구 선수가 보증한 ○○ 정형외과

유의어 ➡ 인기 ○○가 말하는, 프로 ○○가 추천하는, ○○가 공인한, ○○가 인정한

244 ○○가 효과를 인정한 ××

효과적인 사용법 유명인이나 인플루언서 등의 체험을 어필하여 신뢰도를 높인다.

예
▶ 공식 기관이 효과를 인정한 새로운 성분을 배합했다!
▶ 스포츠 선수가 효과를 인정한 영양식
▶ 유명 강사가 효과를 인정한 암기법

유의어 ➡ ○○가 효과를 검증한, ○○가 효과를 체감한, ○○가 효과를 실감한

245　○○한 것은 역시 ××

효과적인 사용법　'이런 이유가 있기 때문에 결과가 이렇다'라는 표현으로, 생생한 사용 후기나 경험담을 활용하여 설득력을 높인다.

예
- ▶ 시간을 충분히 들인 것은 역시 맛있다!
- ▶ 숙성한 것은 역시 부드럽다! 납득할 수 있는 ○○
- ▶ 신기술을 접목한 것은 역시 뛰어나다!

유의어 ➡ ○○은 역시 ××, ○○한 것이 역시 ××

246　○○가 주목하는

효과적인 사용법　특정 인물이나 그룹이 주목하는 것으로 소개하여 높은 가치를 쉽게 강조할 수 있다.

예
- ▶ 잘나가는 사회인이 주목하는 이탈리아 브랜드
- ▶ 명성 높은 투자 전문가가 주목하는 벤처 ○○
- ▶ 다둥이 어머니들이 주목하는 가정 요리

유의어 ➡ ○○에게 주목받는, ○○에게 지지받는, ○○의 관심을 끈

247　○○라고 들었어요

효과적인 사용법　제3자에게 들었다고 표현하여 장점을 객관화해서 어필한다.

예
- ▶ 나이보다 어려 보인다고 들었어요. 사용해보면 점점 더 실감할 수 있습니다
- ▶ 아침에 훨씬 개운하다고 들었어요. 숙면을 돕는 ○○
- ▶ 야경이 멋지다고 들었어요. 별이 빛나는 밤하늘이 펼쳐진 ○○

유의어 ➡ ○○해졌다고 들었어요, ○○라고 칭찬받았어요

248　○○로 알게 됐다. 원하는 ××

효과적인 사용법　고객의 의견이나 조사 결과를 활용해서 '제안하는 상품이나 서비스가 고객이 바라는 것'임을 강조해 표현한다.

예
- ▶ 의견 조사로 알게 됐다. 원하는 게스트하우스는 조식 포함 ○○
- ▶ 고객의 의견으로 알게 됐다. 원하는 공간 디자인은 ○○
- ▶ 문의로 알게 됐다. 원하는 아파트의 조건

유의어 ➡ ○○로 판명됐다, 필요한 ××, ○○로 밝혀졌다, 바라는 ××

249 ○○와 ××의 조합이 최고!

효과적인 사용법 두 가지를 조합해서 가치를 높였다는 사실을 감정을 담아서 전한다.

예
- ▶ 과일과 찹쌀떡의 조합이 최고! 의외의 식감이 일품인 ○○
- ▶ 여행과 모험의 조합이 최고! 남해안의 무인도 탐방
- ▶ 헤어스타일과 메이크업의 조합이 최고! 한 번에 해결하는 뷰티 ○○

유의어 ➡ ○○와 ××의 조화가 최고!, ○○와 ××가 금상첨화!

250 ○○라는 선택

효과적인 사용법 '어떤 사람이 고민 끝에 내린 선택'이라는 의미를 담아 그 선택에 주목시킨다.

예
- ▶ 정원이 있는 집으로 선택, 그 이유는 바로 ○○
- ▶ 채식주의라는 선택! 채소 본연의 우수함을 알리는 ○○
- ▶ NO라는 선택! NO라고 말한 이유는 ○○

유의어 ➡ ○○라는 결단, ○○라는 판단, ○○할 결심

251 ○○와는 전혀 다르다

효과적인 사용법 다른 것과 비교하여 '차이가 매우 크다는 사실을 제3자가 인정한다'라는 식으로 표현한다.

예
- ▶ 도시와는 전혀 다르다! 한 발짝만 나가도 대자연을 만끽
- ▶ 유사품과는 전혀 다르다! 정품만의 존재감을 실감할 수 있는 ○○
- ▶ 지금까지의 세제와는 전혀 다르다! 표백의 차원이 다름을 체감하라

유의어 ➡ ○○와는 매우 다르다, ○○와의 큰 차이, ○○와 완전히 다르다

252 ○○한 인상의 ××

효과적인 사용법 제3자가 느끼는 인상을 표현하고, 구체적인 이유나 설명으로 관심을 유도한다.

예
- ▶ 엄청나게 사치스러운 인상의 호텔이 특별함을 선사한다
- ▶ 스포티한 인상의 프런트 디자인이 도시와 어울린다
- ▶ 궁전을 떠올리게 하는 인상의 리조트 ○○

유의어 ➡ ○○한 이미지의 ××, ○○한 느낌의 ××, 어디에서 봐도 ○○

253   ○○라는 말이 떠올라요

효과적인 사용법   제3자가 '슬쩍 한 말이나 생각'을 표현하면서 가치가 높음을 어필한다.

예
- ▶ 우아하다는 말이 떠올라요! 힐링을 원하는 여성에게는 ○○
- ▶ 행복이라는 말이 떠올라요! 단란한 가족이 소중히 여기는 ○○
- ▶ 믿음이라는 말이 떠올라요! 장인의 고집이 만들어낸 ○○

유의어 ➡ ○○라는 인상이 떠올라요, ○○라는 생각이 들어요

---

254   ○○에게 들어봤습니다!

효과적인 사용법   '제3자의 의견을 모아 장점으로 승화했다'라는 표현으로 관심을 유도한다.

예
- ▶ 마트에서 장을 보는 여성 100명에게 들어봤습니다!
- ▶ 초등학생에게 들어봤습니다! 부모가 바라는 ○○
- ▶ 회사원에게 들어봤습니다! 배우고 싶은 상사의 조건

유의어 ➡ ○○에 묻다!, ○○는 어떻게 생각할까?, ○○에게 물어봤습니다

---

255   ○○로 결정해서 다행

효과적인 사용법   '뭔가를 선택하고 실패하지 않았거나 득을 봤을 때' 느끼는 기쁜 감정을 담아서 표현한다.

예
- ▶ 소문의 레스토랑으로 결정해서 다행! 재료 본연의 맛을 살린 ○○
- ▶ 흰색으로 결정해서 다행! 어떤 색과도 잘 어울리는 ○○
- ▶ 대형 TV로 결정해서 다행! 크면 클수록 좋다

유의어 ➡ ○○해서 다행, ○○로 선택해서 다행

---

256   ○○ 요긴하다

효과적인 사용법   제품이 꼭 필요했거나 중요했던 경험을 표현하여 가치가 있음을 자연스럽게 어필한다.

예
- ▶ 바쁜 아침에 요긴하다! 간편 조리식 ○○
- ▶ 수험생 야식으로 요긴하다! 간단하고 영양 만점 ○○
- ▶ 선택을 망설일 때 요긴하다! 손해 보지 않기 위한 ○○ 체크

유의어 ➡ ○○ 편리하다, ○○ 도움 된다, ○○ 금상첨화

257 ○○의 말씀에 힘입어

효과적인 사용법 제3자의 지지에 부응한다는 의미를 담아 표현한다.

예
- ▶ 고객님의 말씀에 힘입어 앞으로 계속 노력하는 ○○
- ▶ 감사의 말씀에 힘입어 항상 새로운 서비스로 보답하겠습니다
- ▶ 따뜻한 말씀에 힘입어 판매 실적 향상! ○○

유의어 ➡ ○○의 목소리에 힘입어, ○○의 말씀으로 ××합니다, ○○의 칭찬에 힘입어

258 ○○ 밸런스가 최고

효과적인 사용법 두 가지 특징이 서로 잘 어울린다고 한 제3자의 평가를 어필한다.

예
- ▶ 주거와 사무 공간의 밸런스가 최고! 재택 업무에 최적 ○○
- ▶ 색과 향기의 밸런스가 최고! 힐링 입욕제 ○○
- ▶ 품질과 가격의 밸런스가 최고! 오가닉 ○○

유의어 ➡ ○○ 밸런스가 매력, ○○ 밸런스가 호평, ○○ 절묘한 조화

259 ○○ 신비로움

효과적인 사용법 제3자가 신기하다고 평가한다는 점을 표현하여, 그 의미에 흥미를 보이도록 유도한다.

예
- ▶ 보라색의 신비로움, 식물 본래의 색을 그대로 구현한 ○○
- ▶ 재구매 속출의 신비로움, 고객의 마음을 사로잡은 ○○
- ▶ 매진 사례 신비로움! 역시 전문가의 손길이 ○○

유의어 ➡ ○○ 놀라움, 자꾸 ○○하게 된다, 신기한 ○○

260 ○○는 이제 옛말

효과적인 사용법 '최근까지 유행한 것이 지금은 옛날이 되었다'라는 표현으로, 소개하는 상품이나 서비스가 가장 최신임을 어필한다.

예
- ▶ 귀농은 이제 옛말, 도시와 농촌을 동시에 즐기는 ○○
- ▶ 별장은 이제 옛말, 앞으로는 회원제 ○○
- ▶ 차 소유는 이제 옛말, 필요할 때만 빌려 타는 ○○

유의어 ➡ ○○는 벌써 옛날이야기, ○○는 이제 유행 끝, ○○는 이제 과거 일

261 ○○도 애용하는

효과적인 사용법 제3자가 즐겨 사용한다는 점을 어필하여 소개하는 상품이나 서비스의 가치를 높인다. 제3자가 유명할수록 효과적이다.

예
- ▶ 유명 셰프도 애용하는 압력솥 대공개
- ▶ 교사도 애용하는 입시 준비 필수 참고서
- ▶ 여성도 몰래 애용하는 남성용 향수

유의어 ➡ ○○도 기뻐하는, ○○도 즐기는, ○○도 사랑하는

262 평생 쓰고 싶은 ○○

효과적인 사용법 '가능하면 평생 사용하고 싶을 정도로 좋다'라는 세간의 높은 평가와 신뢰도를 표현한다.

예
- ▶ 평생 쓰고 싶은 손목시계! 질리지 않는 디자인 ○○
- ▶ 평생 쓰고 싶은 핸드크림! 한번 써보면 그 차이를 안다
- ▶ 평생 쓰고 싶은 식칼! 손에 착 감기는 그립감

유의어 ➡ 평생 애용하고 싶은 ○○, 영원히 사용하고 싶은 ○○, 계속 쓰고 싶은 ○○

263 칭찬의 목소리가 ○○

효과적인 사용법 제3자의 호평을 '칭찬의 목소리'라는 단어로 표현해서 상품이나 서비스의 우수함을 어필한다.

예
- ▶ 칭찬의 목소리가 멈추지 않는다! 계속 매진되는 이유
- ▶ 칭찬의 목소리가 들린다! 감동의 고객 평가가 속출하는 ○○
- ▶ 칭찬의 목소리가 인기 비결! 매진 임박!

유의어 ➡ 고객의 목소리로 알 수 있는 ○○, 감사의 목소리가 ○○, 기쁨의 목소리가 ○○

264 고객이 몰리는 ○○

효과적인 사용법 '고객이 자연스럽게 몰린다'라는 표현을 사용해 고객의 평가를 전해주면서 그 이유를 어필한다.

예
- ▶ 고객이 몰리는 변두리 맛집! 아직도 변함없는 ○○
- ▶ 고객이 몰리는 노포의 맛! 3대가 이어온 ○○
- ▶ 고객이 몰리는 지역 명물! 장인의 꼼꼼이 인기의 비결

유의어 ➡ 관심이 몰리는 ○○, 행렬이 멈추지 않는 ○○

265 **몸도 기뻐하는 ○○**

효과적인 사용법 '건강에 좋은 요소'가 함께 존재한다는 평가를 강조해서 표현한다.

예 ▶ 몸도 기뻐하는 레스토랑! 맛과 건강을 동시에 ○○
　　▶ 몸도 기뻐하는 비즈니스 호텔! 저렴하고 숙면에 좋은 ○○
　　▶ 몸도 기뻐하는 ○○ 체험! 휴가와 신체 단련을 동시에 ○○

유의어 ➡ 몸에 좋은 ○○, ○○로 건강해진다!, 건강에 좋은 ○○

266 **결과에 깜짝!**

효과적인 사용법 '실제로 경험해보니 그 결과가 상상 이상으로 좋았다'라는 인상을 표현한다.

예 ▶ 결과에 깜짝! 엄청난 효과 입증 ○○
　　▶ 결과에 깜짝! 데이터로 증명된 놀라운 ○○
　　▶ 놀라운 깜짝! 상상 이상의 보습 기능이 장시간 ○○

유의어 ➡ 놀라운 결과, 결과에 경악, ○○ 효과에 깜짝!

267 **이래 봬도 ○○입니다**

효과적인 사용법 '보기보다 가치가 높음'을 역설적으로 표현해 가치를 높인다.

예 ▶ 이래 봬도 40대입니다! 나이가 느껴지지 않는 ○○
　　▶ 이래 봬도 초보자입니다! 처음 경험하는 사람도 능숙하게 ○○
　　▶ 이래 봬도 중고품입니다! 세월의 흔적을 찾아볼 수 없는 ○○

유의어 ➡ 보기보다 ○○입니다, 의외로 ○○입니다

268 **이것이 최애 포인트**

효과적인 사용법 좋아하는 포인트를 명확히 표현한다. '좋아하는 이유'를 추가하면 효과적이다.

예 ▶ 이것이 최애 포인트! 한정된 공간을 효과적으로 활용하는 ○○
　　▶ 이것이 최애 포인트! 귀여운 오브제로 장식된 ○○
　　▶ 최애를 만드는 포인트! 청순한 뒷모습의 비결은 ○○

유의어 ➡ 그런 점이 좋다, 이것이 포인트, 인기 포인트

269 이런 ○○가 있었나?

효과적인 사용법 '뜻하지 않게 장점을 발견했다'라는 놀라운 감정을 담아서 장점을 강조한다.

예
- ▶ 이런 경치가 있었나? 가장 특별한 휴가를 보낼 수 있는 ○○
- ▶ 이런 사용법이 있었나? 놀라운 활용법이 숨겨진 ○○
- ▶ 이런 주점이 있었나? 반가운 사람과의 모임은 ○○

유의어 ➡ 이런 ○○가 있다니!, 이런 ○○는 처음, 설마 ○○라니!

270 세월이 느껴지지 않는 ○○

효과적인 사용법 '오래된 것이지만 오래되었다고 느껴지지 않는다'라는 평가를 표현한다.

예
- ▶ 세월이 느껴지지 않는 디자인! 레트로가 각광받는 이유
- ▶ 세월이 느껴지지 않는 경영법, 여전히 효과적!
- ▶ 세월이 느껴지지 않는 참신한 색감이 오히려 트렌드를 이끈다!

유의어 ➡ 세대를 넘어서 사랑받는 ○○, 시간이 흘러도 변함없는 ○○

271 그래! ○○에게 물어보자!

효과적인 사용법 '상품이나 서비스의 가치를 해당 분야의 전문가에게 질문해본다'라는 표현으로 흥미를 유발하고 그에 대한 답변을 덧붙인다.

예
- ▶ 그래! 실제 구매자에게 물어보자! 사서 사용해보니 ○○
- ▶ 그래! 프로에게 물어보자! 프로의 눈으로 엄선한 ○○
- ▶ 그래! 소믈리에에게 물어보자! 식사할 때 딱 맞는 ○○

유의어 ➡ ○○라면 무엇을 선택할까?, ○○에게 질문, ○○에게 질문하자

272 그래서 나는 선택했다

효과적인 사용법 최종 판단을 명확한 의사 표시와 함께 당당하게 표현한다. 당당한 표현이 상품이나 서비스에 대한 가치를 높인다.

예
- ▶ 그래서 나는 선택했다! 진정한 여유가 느껴지는 ○○
- ▶ 그래서 나는 선택했다! 가족 모두가 마음껏 즐길 수 있는 ○○
- ▶ 친절하고 정중해서 나는 선택했다! 처음이라 불안했는데 안심 ○○

유의어 ➡ 그래서 나는 결정했다, 그래서 나는 구입했다

273 편리함에 ○○한다

효과적인 사용법 '아주 편리하다'라는 의미를 표현하면서 어떤 장점으로 이어지는지까지 설명한다.

예
- ▶ 편리함에 시간 가는 줄 모른다. 청소가 즐거워지는 ○○
- ▶ 편리함에 누구나 사용한다. 한 번 이용하면 계속 쓰게 되는 ○○
- ▶ 편리함에 자꾸 손이 간다. 요리가 쉬워지는 ○○

유의어 ➡ 압도적인 편리함!, 사용감이 특별하다, 손쉬움에 ○○한다

274 사용해보니 좋았다

효과적인 사용법 '사용해보니 좋았다'라는 긍정적인 감정을 직접적으로 표현하여 가치를 어필한다.

예
- ▶ 사용해보니 좋았다! 점점 편해지는 사용감
- ▶ '써보니 좋았다' 3천 개 후기가 보장! 스킨케어 ○○
- ▶ 발라보니 최고였다는 화제의 베이비 용품 소개

유의어 ➡ 사용하고 좋았다, 막상 써보니 좋았다, 사용하기를 잘했다

275 모두에게 알리고 싶은 ○○

효과적인 사용법 경험을 나누고 싶다는 감정을 표현한다. 흥미를 유발해 그 이유를 추가로 설명한다.

예
- ▶ 모두에게 알리고 싶은 감동! 일상을 잊고 지내는 휴일에는 ○○
- ▶ 모두에게 알리고 싶은 감동의 경치! 처음 보는 광경에 ○○
- ▶ 모두에게 알리고 싶은 맛! 신선한 채소의 풍미

유의어 ➡ 나누고 싶은 ○○, 모두에게 말하고 싶은 ○○, 이것만큼은 말하고 싶은 ○○

276 역시 ○○가 없으면 안 돼

효과적인 사용법 '반드시 있어야 하는 상품이나 서비스'임을 직접적으로 표현한다.

예
- ▶ 역시 노천탕이 없으면 안 돼! 여행의 피곤을 날리는 ○○
- ▶ 역시 선루프가 없으면 안 돼! 운전 중 해방감이 필요할 때
- ▶ 역시 개인실이 없으면 안 돼! 집중력 향상에 진심인 ○○

유의어 ➡ ○○가 필요해요, 역시 ○○가 필요, 필수 ○○

욕망·쾌감·희망 자극하기

고객의 마음속에는 자신이 인지하고 있는지와는 무관하게 다양한 욕망과 희망이 존재한다. 그러한 고객의 마음속 욕망이나 희망을 자극해서 깨달음을 주고, 판매하고 싶은 상품이나 서비스에 관심을 보이도록 유도한다.

277 ○○ 향취의

효과적인 사용법 장점을 향기에 비유하여 안정된 인상과 함께 마음속에 피어오르는 욕망을 감각적으로 자극한다.

예 ▶ 고혹적인 향취의 분위기가 남성의 욕망을 자극한다
▶ 남성적인 향취의 품격이 새로운 가치를 낳는 ○○
▶ 이탈리안 레스토랑의 향취가 물씬 풍기는 가구 ○○

유의어 ➡ 향기가 나는 ○○, ○○가 퍼지는, ○○의 향기가 퍼지는

278 ○○ 효과를 기대한다면?

효과적인 사용법 '이런 효과가 있으면 좋겠다'라는 의미를 담아서 효과에 대한 기대감을 표현하여 희망을 자극한다.

예 ▶ 미백 효과를 기대한다면? 피부를 가리는 겨울철에 철저한 케어!
▶ 식욕을 줄이는 효과를 기대한다면? 식사 전에 마시는 ○○
▶ 온천의 어떤 효과를 기대하고 있나요? 몸속 깊은 곳 피로까지 풀어주는 ○○

유의어 ➡ ○○ 효과 발군, ○○가 목표, ○○ 결과가 기대되는

279 ○○ 완벽 복구

효과적인 사용법   과거에 만족했을 때로 되돌렸다는 표현으로 희망을 자극한다.

예
- ▶ 마치 신축처럼 완벽 복구! 새집으로 만들어주는 ○○ 인테리어
- ▶ 매끈한 피부 완벽 복구! 1주일 집중 대책이 효과적!
- ▶ 느긋한 기분 원상복구! 도시를 떠나서 즐기는 ○○

유의어 ➡ ○○ 회복, 원래대로 ○○, ○○ 원상복구

280 ○○ 하고 싶다

효과적인 사용법   직접적으로 희망이나 바람을 어필하여 주의를 끌고 상세 내용으로 유도한다.

예
- ▶ 세련된 생활을 하고 싶다! 공간을 단숨에 바꿔주는 가구 ○○
- ▶ 여름에 여행을 하고 싶다! 태양 아래에서 스트레스 해소
- ▶ 예쁘게 리폼하고 싶다! 지금의 라이프스타일에 가장 잘 어울리는 ○○

유의어 ➡ ○○ 희망!, ○○ 바란다, ○○ 원한다

281 ○○ 하고 싶어진다

효과적인 사용법   바라는 점을 우회적으로 부드럽게 어필해서 주의를 끌고 감정에 호소한다.

예
- ▶ 자꾸 외출하고 싶어진다! 파스텔풍 봄 원피스
- ▶ 소중한 사람과 식사하고 싶어지는 숨겨진 맛집
- ▶ 차려입고 싶어지는 계절! 사랑의 예감 ○○

유의어 ➡ ○○ 사고 싶어진다, ○○ 가고 싶어진다, ○○ 즐기고 싶어진다

282 ○○ 만족할 수 없다

효과적인 사용법   '부족함'을 표현하여 만족시킬 수 있는 방법이나 아이디어, 바람을 이루기 위한 제안으로 흥미를 유도한다.

예
- ▶ 식사만으로 만족할 수 없다! 멕시코 분위기를 그대로 옮긴 ○○
- ▶ 마사지만으로 만족할 수 없다! 몸속 독소를 배출하는 ○○
- ▶ 남들과 같아서는 만족할 수 없다! 당신을 주인공으로 만들어주는 아이템 ○○

유의어 ➡ ○○ 참을 수 없다, ○○ 납득할 수 없다, ○○ 불만

283   ○○하는 계절

효과적인 사용법   '희망을 이루기에 절호의 계절 또는 타이밍'이라는 표현으로 깨달음을 준다.

예
- ▶ 사랑하는 계절에 안성맞춤! 시트러스 향기가 매력적인 ○○
- ▶ 심기일전하는 계절! 처음부터 시작하는 ○○
- ▶ 여름을 만끽하는 계절! 자외선 대책은 ○○

유의어 ➡ ○○하는 시즌, ○○하는 순간, ○○의 최적기

284   ○○하길 바란다면

효과적인 사용법   제3자가 그리는 이상적인 모습을 구체적으로 이미지화하고 '이상적인 모습을 위한 방법'으로 유도한다.

예
- ▶ 계속 멋지길 바란다면, 나이와 관계없이 사용하는 ○○
- ▶ 늘 건강하길 바란다면, 자기 전에 한 알 ○○
- ▶ 모두가 웃는 얼굴이길 바란다면, 단란한 가족에게 필수 ○○

유의어 ➡ ○○하기 원한다면, ○○하기 희망한다, ○○하면 좋겠다

285   ○○도 급상승

효과적인 사용법   이상에 가까워지는 것을 '○○도'로 수치처럼 느껴지도록 표현하여 흥미를 끈다.

예
- ▶ 청결도 급상승을 위한 인기 청소 용품
- ▶ 주목도 급상승! 남자의 시선을 모으려면 ○○
- ▶ 매출 달성도 급상승! 영업 사원을 위한 말하기 기법 ○○

유의어 ➡ ○○가 향상된다, ○○가 올라간다, ○○가 좋아진다

286   ○○라는 말을 듣고 싶다

효과적인 사용법   남들에게 바라는 시선을 직접적으로 표현하여 감정을 자극한다.

예
- ▶ 예쁘다는 말을 듣고 싶다! 여심을 만족시키는 ○○
- ▶ 멋진 집이라는 말을 듣고 싶다! 손님 접대가 즐거워지는 ○○
- ▶ 말주변이 좋다는 말을 듣고 싶다! 커뮤니케이션의 기초 ○○

유의어 ➡ ○○로 보이고 싶다, ○○가 되고 싶다, ○○로 인식되고 싶다

287 　○○한 생활을 동경해요

효과적인 사용법　동경하는 생활을 표현하여 그런 생활을 이루고 싶다는 욕구를 자극한다.

예
- ▶ 느긋한 생활을 동경해요. 주말농장에서 즐기는 ○○
- ▶ 안정된 생활을 동경해요. 미래의 자산 관리는 ○○
- ▶ 자유로운 생활을 동경해요. 자존감을 키워주는 ○○

유의어 ➡ ○○한 생활이 좋다, ○○한 생활을 보내고 싶다, 동경하는 ○○ 생활

288 　○○한 인생을 보내고 싶다

효과적인 사용법　이상적인 인생을 표현하여 그런 인생을 보내고 싶다는 욕구를 자극한다.

예
- ▶ 부유한 인생을 보내고 싶다! 지금부터 준비하는 노후 ○○
- ▶ 사랑받는 인생을 보내고 싶다! 인간관계를 좋게 만드는 ○○
- ▶ 개성 넘치는 인생을 보내고 싶다! 좋아하는 일을 마음껏 ○○

유의어 ➡ ○○하게 살고 싶다, ○○한 방식으로 살고 싶다, ○○한 생애를 보내고 싶다

289 　○○로 변신

효과적인 사용법　이상적인 모습으로 단번에 변하고 싶다는 마음속의 욕망을 자극한다.

예
- ▶ 최고의 나로 변신! 한 단계 더 빛나는 ○○
- ▶ 스타일리시하게 변신! 세련된 코디로 ○○
- ▶ 인기남으로 변신! 남자도 윤기 나는 피부 ○○

유의어 ➡ ○○로 체인지, ○○로 변화, ○○로 변모, ○○로 쇄신

290 　○○를 똑똑하게 써먹는 법

효과적인 사용법　무슨 일이든 손해 보지 않는 현명한 사람이 되고 싶다는 욕망을 자극한다. 도움이 되는 정보를 제공하면 보다 효과적이다.

예
- ▶ 은행을 똑똑하게 써먹는 법! 모르면 손해 보는 은행의 ○○
- ▶ 보험을 똑똑하게 써먹는 법! 어떻게 사용하느냐에 따라 가치가 천차만별!
- ▶ 바쁜 아침 시간을 똑똑하게 써먹는다! 단 3분이면 ○○

유의어 ➡ ○○로 현명하게 산다, 슬기로운 ○○ 사용법, ○○ 잘 활용하기

291 ○○ 이기자!

효과적인 사용법 '어떤 승부에서 승리한다'라는 인상을 표현해서 그 요소를 극복하고자 하는 바람을 자극한다.

예
- ▶ 여름을 멋지게 이기자! 노출의 계절이야말로 ○○
- ▶ 졸음을 이기자! 졸음 극복! 운전 중에 씹는 ○○
- ▶ 게으름을 이기자! 하루에 한 번 실천하는 ○○

유의어 ➡ ○○ 극복하자, ○○와 승부하자, ○○ 승리!

292 ○○를 자극하는 ××

효과적인 사용법 도움 되는 자극이 있다는 식으로 단순하게 표현한다.

예
- ▶ 두뇌를 자극하는 정보가 가득한 ○○
- ▶ 남심을 자극하는 페로몬이 넘치는 ○○
- ▶ 근육을 자극하는 마사지 기기로 하루의 피로를 ○○

유의어 ➡ 자극적인 ○○, ○○를 매료시키는, 에너지 넘치는 ○○

293 ○○를 만끽

효과적인 사용법 '동경하던 것을 즐긴다'라는 의미를 담아서 바람을 자극한다.

예
- ▶ 대자연을 만끽! 호숫가에 마련된 편안한 ○○
- ▶ 최신 기능을 만끽! 초박형 TV의 미래 ○○
- ▶ 지중해의 분위기를 만끽! 바닷바람이 기분 좋게 불어오는 ○○

유의어 ➡ ○○ 대만족, ○○를 즐기다, 질릴 정도로 ○○

294 ○○를 만든다

효과적인 사용법 이상적인 모습을 명확하게 표현하여 그것에 매력을 느끼는 사람의 관심을 유도한다.

예
- ▶ 속까지 멋진 여성을 만든다! 겉모습만으로는 마음을 사로잡지 못한다!
- ▶ 살고 싶은 집을 만든다! 안락하고 편리한 ○○
- ▶ 숙면 환경을 만든다! 깊은 잠으로 인도하는 ○○

유의어 ➡ ○○가 된다, ○○에 도전한다, ○○를 낳는다, ○○를 생산한다

295 ○○ 독점

효과적인 사용법 '일반적으로 독점할 수 없는 것을 독점했다'라는 의미를 담아서 바람을 자극한다.

예
- ▶ 꿀정보 독점! 나만을 위한 투자가 가능한 ○○
- ▶ 드넓은 백사장을 독점! 프라이빗 비치에서 즐기는 사치스러운 ○○
- ▶ 시선 독점! 패션도 전략이다

유의어 ➡ 나만을 위한 ○○, 누구에게도 방해받지 않는 ○○, ○○ 선점

---

296 ○○ 되돌리자

효과적인 사용법 '잃어버린 것이나 동경하던 것'을 상기시킨다. 되돌릴 수 있는 방법까지 조합해서 표현하면 효과적이다.

예
- ▶ 가족의 정을 되돌리자! 가족과 느긋한 시간을 보낼 수 있는 ○○
- ▶ 아기 피부로 되돌리자! 탱글탱글한 피부를 위해 ○○
- ▶ 근육질 몸매로 되돌리자! 단기 집중으로 핫한 여름에 대비

유의어 ➡ ○○ 되돌리기, ○○ 복귀, ○○ 회복

---

297 ○○를 부추기는

효과적인 사용법 '누구나 마음속 열정을 자극하는 것이 있음'을 어필해서 흥미를 유도한다.

예
- ▶ 주부의 마음을 부추기는 주말 세일! 신선한 식료품 다량 입하
- ▶ 여심을 부추기는 여행! 크루즈와 쇼핑의 만남 ○○
- ▶ 모험심을 부추기는 오지 트레킹!

유의어 ➡ ○○ 설레게 하는, ○○ 들뜨게 하는, ○○를 자극하는

---

298 한번 해보고 싶었다

효과적인 사용법 '하고 싶은 일'에 대한 욕망을 표현하여 관심을 유도한다.

예
- ▶ 한번 해보고 싶었다! 남자도 가끔은 ○○
- ▶ 한번 해보고 싶었다! 이번 휴가는 국토 종주
- ▶ 한번 해보고 싶었다! 여자 혼자서도 안전하게 즐기는 산행

유의어 ➡ 꿈이었다, 한 번만이라도 ○○하고 싶다, 반드시 해보고 싶다

【B. 깨달음】

299 동경하던 ○○가 궁금하다

효과적인 사용법 동경하는 것의 정보를 알고 싶다는 심리를 직접적으로 표현해서 주의를 끌고 그 정보에 대한 관심을 유도한다.

예
- ▶ 동경하던 호화 여객 여행이 궁금하다!
- ▶ 동경하던 리조트 호텔이 궁금하다! 드디어 사전 예약 개시
- ▶ 동경하던 업계가 궁금하다! 현역 전문가에게 듣는 ○○

유의어 ➡ 동경하던 ○○에 가고 싶다, 동경하던 ○○를 갖고 싶다, 알고 싶다! ○○

300 당신을 ○○하게 보여준다

효과적인 사용법 이상적인 모습을 떠올리게 하는 표현으로, 그 모습을 실현하기 위한 방법에 흥미를 갖도록 유도한다.

예
- ▶ 당신을 아름답게 보여준다! 심플한 디자인이 자아내는 ○○
- ▶ 당신을 매력적으로 보여주는 정품 브랜드
- ▶ 당신을 지적으로 보여준다! 럭셔리 소지품 모음전

유의어 ➡ 당신을 ○○로 만든다, 마치 ○○처럼 보여준다

301 나이를 먹어도 ○○이고 싶다

효과적인 사용법 나이를 먹어도 이상적인 모습이고 싶다는 표현으로 '미래의 모습에 대한 바람'을 자극한다.

예
- ▶ 나이를 먹어도 여자이고 싶다. 항상 아름다움을 추구하는 ○○
- ▶ 나이를 먹어도 아름답고 싶다. 마흔을 넘긴 당신에게 ○○
- ▶ 나이를 먹어도 연인이고 싶다. 둘이서 보내는 휴일을 아름답게

유의어 ➡ 언제까지나 ○○처럼, 언제까지나 ○○이고 싶다

302 한 번 써보면 ○○

효과적인 사용법 한 번 사용해보면 실감할 수 있는 장점이 있다는 것을 '사용 후기'와 조합해서 표현한다.

예
- ▶ 한 번 써보면 계속 쓰게 된다! 착 감기는 그립감이 예술 ○○
- ▶ 한 번 써보면 그만둘 수 없다! 바쁜 아침 시간에 필수인 ○○
- ▶ 한 번 써보면 체감할 수 있다! 말캉한 젤리의 식감이 일품인 ○○

유의어 ➡ 한 번 가보면 ○○, 한 번 사용해보면, 한 번 먹어보면 ○○

303 언제까지나 ○○하고 싶다

효과적인 사용법 '앞으로도 계속하고 싶다'라는 이상적인 모습을 직접적으로 표현한다.

예
- ▶ 언제까지나 남기고 싶은 추억! 소중한 기념일에는 ○○
- ▶ 언제까지나 멍 때리고 싶다. 도시의 분주함을 잊고 ○○
- ▶ 언제까지나 건강하고 싶다! 그런 바람을 담아서 ○○

유의어 ➡ 쭉 ○○하고 싶다, 이대로 ○○하고 싶다

304 쾌감이 ○○

효과적인 사용법 '쾌감'이라는 말로 주의를 끌고 '왜 기분이 좋은지' 상세하게 표현한다.

예
- ▶ 쾌감이 치솟는다! 미끈거리지 않는 ○○
- ▶ 운동 후 쾌감이 산뜻함으로 이어진다! 땀과 피로를 말끔히 없애주는 ○○
- ▶ 이 쾌감이 여성을 아름답게 한다! 빛나는 나로 돌아가는 ○○

유의어 ➡ 상쾌함이 ○○, 만족감이 ○○, 기쁨이 ○○

305 쾌적한 ○○

효과적인 사용법 '기분을 좋게 해주는 것들'을 떠올리는 단어를 사용해서 가치를 어필한다.

예
- ▶ 쾌적한 주거 공간 계획! 살기 편리한 ○○
- ▶ 탁 트인 쾌적한 공간! 환기 걱정 없는 ○○
- ▶ 쾌적한 여행은 항공사 선택부터 시작된다!

유의어 ➡ 이상적인 ○○, 안락한 ○○, 상쾌한 ○○, 기분 좋은 ○○

306 스릴이 느껴지는 ○○

효과적인 사용법 '다소 위험한 것에 끌리는 심리'를 자극하여 표현한다.

예
- ▶ 스릴이 느껴지는 만남. 휴가지에서 즐기는 연애 프로그램
- ▶ 스릴이 느껴지는 사람이 되자! 마음을 끌어당기는 묘한 매력
- ▶ 스릴이 느껴지는 야간 산행! 뜨거운 여름을 오싹하게 해줄 ○○

유의어 ➡ 호기심을 자극하는 ○○, 마음이 두근거리는 ○○, 매혹적인 ○○

307 기분은 ○○

효과적인 사용법 어떤 기분인지를 직접적으로 표현하여 구체적인 바람을 자극한다.

예
- ▶ 기분은 공주님! 손님맞이에 진심인 ○○
- ▶ 기분은 스페인! 열정 넘치는 춤과 스페인 요리가 ○○
- ▶ 기분은 최고! 온천과 식사를 함께 즐기는 ○○

유의어 ➡ ○○가 된다, 마치 ○○가 된 것 같아, 마음은 ○○

308 작년과 전혀 다르다

효과적인 사용법 어떤 행동으로 인해 1년 전과 전혀 달라졌다는 의미를 담은 표현으로 욕망을 자극한다.

예
- ▶ 인상이 작년과 전혀 다르다! 자신감이 변화시킨 ○○
- ▶ 작년과 전혀 다르다! 피부 미백에 효과적인 ○○
- ▶ 작년과 전혀 다른 몸매! 여름이 기다려지는 ○○

유의어 ➡ ○○가 달라졌다, 내년이 기대된다, 미래가 변한다

309 사랑에 빠질 정도로 ○○

효과적인 사용법 '사랑'이라는 특별한 말이 주는 마음속 울림을 자극한다.

예
- ▶ 사랑에 빠질 정도로 매력적! 반짝 빛나는 ○○
- ▶ 사랑에 빠질 정도로 귀여운 디자인! 심쿵하는 ○○
- ▶ 사랑에 빠질 정도로 멋진 풍경! 언젠가 연인과 함께 ○○

유의어 ➡ 사랑에 빠질 듯한 ○○, 사랑을 느낄 정도로 ○○

310 좋아하는 일을 마음껏 즐기는 ○○

효과적인 사용법 좋아하는 일을 즐기고 싶다는 욕망을 자극하여 그 욕망을 달성하기 위한 조건이나 방법에 흥미를 보이도록 유도한다.

예
- ▶ 좋아하는 일을 마음껏 즐기는 리조트 라이프! 개개인에 맞춘 ○○
- ▶ 좋아하는 일을 마음껏 즐기는 시간, 자신만의 세계로 떠나는 ○○
- ▶ 좋아하는 일을 마음껏 즐기기 위한 밑바탕, 주거 설계는 ○○

유의어 ➡ 좋아해서 즐기는 ○○, 좋아하는 만큼 즐기고 싶은 ○○

311 섹시한 ○○

효과적인 사용법 본래 성적인 매력을 표현하는 말인 '섹시'라는 표현을 활용해 시선을 끌거나 매력적인 상황에 관심을 보이게 한다.

예
- ▶ 남자도 섹시한 엉덩이를 원한다! 스타일을 살려주는 ○○
- ▶ 파티에 어울리는 섹시한 패션! 주목도 급상승!
- ▶ 섹시한 색감이 매력적! 올해 유행하는 ○○

유의어 ➡ 섹시&큐티, 대담한 ○○, 귀여운 ○○

---

312 손에 넣고 싶은 ○○

효과적인 사용법 원하는 것이나 이상적인 모습을 직접적으로 표현하여 욕망이나 희망을 깨달을 수 있도록 유도하거나 가치를 높인다.

예
- ▶ 손에 넣고 싶은 광택 피부! 20대 때의 느낌 완벽 복원!
- ▶ 유명 제과점의 인기 제품을 손에 넣고 싶다! 매진 속출 ○○
- ▶ 반드시 손에 넣고 싶은 숙면 아이템 판매 개시

유의어 ➡ 사용해보고 싶은 ○○, 꼭 갖고 싶은 ○○

---

313 드라마 같은 ○○

효과적인 사용법 특별한 경험이나 상황을 '드라마 같은'이라고 표현해서 멋진 모습을 머릿속에 떠올릴 수 있도록 어필한다.

예
- ▶ 드라마 같은 풍경을 일생에 한 번은 즐기고 싶다! 창문 너머 펼쳐지는 장관
- ▶ 드라마 같은 일상 보내기! 도심 고급 호텔에서 즐기는 ○○
- ▶ 드라마 같은 단란한 가족! 3대가 함께 사는 공간 ○○

유의어 ➡ 영화와 같은 ○○, 소설과 같은 ○○, 영화의 한 장면 같은 ○○

---

314 미인의 ○○

효과적인 사용법 '미인'이라는 말에는 아름다움과 세련됨이라는 인상이 담겨있다. 이를 이용해서 마음속 바람을 자극한다.

예
- ▶ 미인의 삶을 살자! 일상생활 속 ○○
- ▶ 미인의 식사! 유기농 채소 중심의 오가닉 레스토랑
- ▶ 미인의 장신구! 더욱 아름답게 만들어주는 액세서리!

유의어 ➡ 아름다운 ○○, 미적인 ○○, 품격 있는 ○○

315 진지하게 만드는 ○○

효과적인 사용법 '진지하다'라는 표현으로 바람이나 욕망을 자극하고 '진지해질 정도로 가치가 있음'을 전한다.

예
- ▶ 여자를 진지하게 만드는 패션! 오늘은 내가 주인공
- ▶ 진지하게 만드는 입시 학원! 성적 즉시 향상!
- ▶ 요리사도 진지하게 만드는 맛! 놀라운 식감을 자랑하는 ○○

유의어 ➡ 애티튜드가 바뀌는 ○○, 본심이 드러나는 ○○, 표정이 바뀌는 ○○

---

316 착각할 정도로 ○○

효과적인 사용법 '착각할 정도로 평소와 다른 이상적인 모습이다'라는 의미를 담아서 이상적인 모습에 대한 욕구를 자극한다.

예
- ▶ 착각할 정도로 예뻐졌다! 눈부시게 아름다운 ○○
- ▶ 착각할 정도로 화려한 외관! 과거의 모습은 상상할 수 없는 ○○
- ▶ 착각할 정도로 투명해졌다! 마치 아기 피부 같은 얼굴 ○○

유의어 ➡ 잘못 볼 정도로 ○○, 180도 다른 ○○, 다른 사람처럼 ○○

---

317 매혹적인 ○○

효과적인 사용법 대상이 사람의 마음을 매료할 정도라는 인상을 직접적으로 어필한다.

예
- ▶ 매혹적인 수제품! 섬세한 장인의 손놀림이 만든 ○○
- ▶ 매혹적인 아름다움을 손에 넣자! 더 이상 젊음만으로는 승부할 수 없다!
- ▶ 매혹적인 오브제에 마음이 요동친다! 고혹적인 분위기의 레스토랑에서 즐기는 ○○

유의어 ➡ 매혹의 ○○, ○○를 매료하는, 마음이 동요하는 ○○

---

318 훌쩍 ○○된다

효과적인 사용법 고생하며 천천히 성장하기보다는 '단번에 급격하게 성장하고 싶다'라는 욕망을 자극한다.

예
- ▶ 실력이 훌쩍 향상되는 영어 학습법!
- ▶ 건강이 훌쩍 개선된다! 숙면을 통한 자연스러운 ○○
- ▶ 요리 솜씨가 훌쩍 좋아진다! 일류 셰프의 간단 레시피

유의어 ➡ 순식간에 ○○된다, 점점 ○○된다, 부쩍 ○○된다

319 　추구하는 것은 ○○

효과적인 사용법　'이상적인 모습'을 상상하게 하고 그것을 '추구'하도록 유도한다.

예
- ▶ 추구하는 것은 댄디! 남성 헤어 제품 ○○
- ▶ 추구하는 것은 미니멀한 공간! 심플한 디자인으로 분위기를 ○○
- ▶ 추구하는 것은 건강하고 날씬한 몸매! 요요 없는 다이어트 ○○

유의어 ➡ 우리는 ○○를 추구합니다, 추구미는 ○○, 목표는 ○○

320 　한 번 더 ○○하고 싶다

효과적인 사용법　무언가에 대한 좋은 경험을 '다시 해보고 싶다'라는 바람을 자극한다.

예
- ▶ 한 번 더 도전하고 싶다! 당신의 레벨에 맞춘 ○○
- ▶ 한 번 더 방문하고 싶은 숙소, 친절한 접객과 깔끔한 시설
- ▶ 한 번 더 맛보고 싶은 해산물 특선! 주방장이 엄선한 재료와 최고의 조합

유의어 ➡ 다시 ○○하고 싶다, 또 한 번 ○○하고 싶다, 한 번만 더 ○○

321 　더욱 빛나는 ○○

효과적인 사용법　'빛이 닿아 환하게 빛나는 듯한 인상'을 떠올리게 하여 이상적인 이미지를 어필한다.

예
- ▶ 더욱 빛나는 인생! 지금부터 새로 시작해도 문제없다!
- ▶ 더욱 빛나는 여성이 되자! 몸과 마음을 윤택하게 ○○
- ▶ 더욱 빛나는 미소 만들기! 단란한 가족의 지름길은 ○○

유의어 ➡ 밝게 빛나는 ○○, 매혹적인 ○○, 빛이 나는 ○○, 주목받는 ○○

322 　인기인이 되는 ○○

효과적인 사용법　'인기 있는 사람이 되고 싶다는 바람'을 자극하고 그 방법을 구체적으로 어필한다.

예
- ▶ 인기인이 되는 패션은 바로 이것! 아이템 하나로 첫인상을 멋지게
- ▶ 인기인이 되는 레스토랑! 오늘 저녁은 나도 미슐랭 심사위원
- ▶ 인기인이 되는 컴퓨터 활용법! 상사에게 쉽게 점수 따는 비결

유의어 ➡ 호감받는 ○○, 히어로가 되는 ○○, 사랑받는 ○○

323　기다리던 ○○

효과적인 사용법　'오랫동안 기다릴 정도로 가치 있는 것'을 원하는 욕망을 자극한다.

예
- ▶ 기다리던 신작이 드디어 개봉!
- ▶ 기다리던 전설의 소주! 인기 ○○주가 이 가격!
- ▶ 기다리던 결혼식을 더욱 빛내줄 아이템 ○○

유의어 ➡ 기다리고 기다리던 ○○, 손꼽아 기다리던 ○○, 열망하던 ○○

불만·불안 요소 활용하기

어떤 요소나 상황에 불만이나 불안을 느끼는 고객이 있다. 고객은 대부분 불만이나 불안에 관한 정보에 특히 민감하게 반응하므로 불편한 점을 떠올릴 수 있는 표현으로 관심을 끌 수 있다.

324 ○○ 단번에 해소

효과적인 사용법 불안이나 불만을 유발하는 요소와 조합해서 쉽게 해결할 수 있음을 어필한다.

예
▶ 스트레스 단번에 해소! 땀 흘리고 기분 전환 ○○
▶ 입안 고민을 단번에 해소! 세균을 막는 약용 치약 ○○
▶ 얼굴 붓기 단번에 해소! 아침에 3분이면 싹 빠지는 ○○

유의어 ➡ ○○ 한 번에 해소, ○○ 고민 해결, ○○ 고민 해소

325 ○○가 부족하다면

효과적인 사용법 '부족한 것이나 불안 요소가 있는 것'을 어필하여 부족감을 깨닫게 하고, 그 대응책을 제시해서 관심을 유도한다.

예
▶ 칼슘이 부족하다면? 여성에게 부족하기 쉬운 칼슘 보충 ○○
▶ 자금이 부족하다면? 은행 융자 상담까지 친절하게 대응하는 ○○
▶ 운동이 부족하다면, 1주 단 1번으로 쉽고 빠르게 운동 효과 극대화 ○○

유의어 ➡ ○○가 충분하지 않다면, ○○가 없다면, ○○가 적다면

326 ○○ 불필요

효과적인 사용법 불만 요소가 있을 수 없거나 있더라도 사라질 것이라는 점을 강조해 주의를 끈다.

예
- ▶ 정기적인 관리 불필요! 전문 스태프가 직접 방문
- ▶ 청소 불필요! 자동 세척 기능 탑재
- ▶ 귀찮은 신청 불필요! 이제 원클릭으로 구매하세요

유의어 ➡ ○○는 필요 없다, ○○는 필요하지 않음, ○○는 없어도 된다

327 ○○ 격퇴!

효과적인 사용법 '불만을 느끼는 요소를 완전히 없앤다'라는 의미로 '불만 요소'와 '격퇴'라는 표현을 조합하여 사용한다.

예
- ▶ 상속 트러블 격퇴! 상속 전문 변호사가 ○○
- ▶ 뜨거운 요리로 감기 격퇴! 몸속 깊은 곳까지 데워주는 ○○
- ▶ 여드름 격퇴! 자극이 적은 크림형 ○○

유의어 ➡ ○○ 침몰!, ○○를 줄인다, ○○를 저지, ○○를 공격

328 ○○ 증후군

효과적인 사용법 '어떤 일이 비슷한 시기에 많이 발생하는 증상'을 '증후군'이라고 표현한다. 이런 상황에 주의하도록 어필한다.

예
- ▶ 내장 지방 증후군 급증 중! 지금부터 실천하는 ○○
- ▶ 월요병 증후군 말끔히 해소! 주말을 알차게 즐기는 ○○
- ▶ 만성피로 증후군에 빠지지 말자! 무료 전화 고민 상담은 ○○

유의어 ➡ ○○ 징후, ○○병, ○○ 위험 신호

329 ○○ 대작전

효과적인 사용법 '불만 요소를 크게 개선한다'라는 의미를 담아서 강하게 어필한다.

예
- ▶ 신체 개조 대작전! 겨울 시즌 체질 개선 프로젝트
- ▶ 거실 개조 대작전! 안락한 공간으로 변신
- ▶ 관리 시스템 개선 대작전! 불필요한 인력을 대폭 줄인 획기적인 개선

유의어 ➡ ○○ 대개조, ○○ 개조 계획, ○○ 대개혁, ○○ 대변혁

330　○○만으로는 부족하다

효과적인 사용법　'부족한(불만인) 요소'를 직접적으로 표현하여 부족한 부분을 확실하게 채워줄 수 있음을 어필한다.

예
- ▶ 보조 식품만으로는 부족하다! 필수 영양소는 음식으로 ○○
- ▶ 선크림만으로는 부족하다! UV 차단 티셔츠 ○○
- ▶ 설명서만으로는 부족하다! 전화 질문 24시간 대응

유의어 ➡ ○○로는 부족하다, ○○만으로는 의미 없다, ○○로는 무의미

331　○○만으로 안심할 수 있나요?

효과적인 사용법　'현재 상황으로 안심할 수 있는지'를 질문해서 '아직 깨닫지 못한 불안 요소'를 어필한다.

예
- ▶ 학원만으로 안심할 수 있나요? 집에서 실천하는 ○○
- ▶ 사진만으로 안심할 수 있나요? 실물을 직접 만져보고 선택하는 ○○
- ▶ 이사, 청소만으로 안심할 수 있나요? 공기 청정까지 책임지는 ○○

유의어 ➡ 정말 ○○만으로 괜찮나요?, ○○만으로 불안하지 않나요?

332　○○ 위협 차단

효과적인 사용법　'피해나 불쾌감'을 '위협'이라는 말로 강조하고, 그 피해로부터 '보호받으려면 어떻게 해야 하는지' 어필한다.

예
- ▶ 여름 자외선의 위협 완벽 차단! UV 차단 효과 ○○
- ▶ 폭우의 위협 원천 차단! 건물 방수 처리 ○○
- ▶ 발열의 위협 차단! 완벽한 냉각 시스템 완비 ○○

유의어 ➡ ○○ 데미지로부터 보호, ○○ 위기에서 보호, 방심 금물

333　○○는 아깝다

효과적인 사용법　'후회할지도 모른다'라는 의미를 '아깝다'라는 간결한 단어로 표현해 어필한다.

예
- ▶ 1회 체험만으로는 아깝다! 효과를 실감하려면 ○○
- ▶ 이게 B급이라니 아깝다! 상처는 있지만 맛은 그대로!
- ▶ 버리기는 아깝다! 환경도 살리는 재활용 ○○

유의어 ➡ ○○는 아쉽다, ○○는 안타깝다, ○○로는 의미가 없다

334 ○○을 고민하기보다는 ××

효과적인 사용법 '고민을 직접적으로 지적'하여 시선을 끌고, 뒤에 그 고민의 해결책을 어필해 행동으로 이어지게 한다.

예
- ▶ 육아법을 고민하기보다는 대화하는 시간을 늘리자! 아이와 함께 공부하는 ○○
- ▶ 이직을 고민하기보다는 냉정하게 자신을 되돌아보는 것이 중요!
- ▶ 대출, 혼자 고민하기보다는 무료로 상담이라도 해보자! 전문가와 함께하는 ○○

유의어 ➡ ○○로 고민한다면 ××, ○○로 힘들다면 ××, ○○로 곤란하다면 ××

335 ○○에 특효약

효과적인 사용법 '곤란할 때나 고민이 있을 때 활력을 주는 존재'라는 의미를 담아서 표현한다.

예
- ▶ 스트레스가 많은 직장인의 특효약! 피로를 풀어주는 디너 오마카세 ○○
- ▶ 무더위에 특효약! 더위를 이겨내는 냉감 소재의 ○○
- ▶ 지친 심신에 특효약! 따뜻한 위로를 선물할 아이템 ○○

유의어 ➡ ○○ 해소!, ○○의 영양제, ○○의 비타민

336 ○○의 시그널

효과적인 사용법 '어떤 사건이 발생하기 전의 징후'라는 의미를 담아 불안 요소를 알아채도록 어필한다.

예
- ▶ 노화의 시그널! 마흔부터 시작하는 ○○
- ▶ 주가 상승의 시그널! 전문가와 함께하는 재테크 ○○
- ▶ 스트레스 발생의 시그널! 기분전환이 필요할 때 바로 ○○

유의어 ➡ ○○ 주의보, ○○ 경보, 다가오는 ○○

337 ○○는 ××의 천적

효과적인 사용법 소중한 것이 '어떤 요소에 의해 위기에 직면했다'라는 의미를 담아서 표현한다. 위기의 요인과 함께 해결책까지 강조하면 효과적이다.

예
- ▶ 자외선은 피부의 천적! 태양으로부터 소중한 피부를 지키는 ○○
- ▶ 흰개미는 주택의 천적! 최신 예방 대책 ○○
- ▶ 졸음은 안전 운전의 천적! 자극적인 맛이 뇌를 깨운다!

유의어 ➡ ○○는 ××의 표적, ○○는 강력한 라이벌, ○○는 ××의 원인

338 ○○ 비밀 대처법

효과적인 사용법 비밀로 해왔던 '불만 해소를 위한 대처법'을 공개한다는 의미를 담아 표현하여 주의를 끈다.

예
- ▶ 뽀루지 비밀 대처법! 흔적 없이 제거하는 ○○
- ▶ 벌레 물림 비밀 퇴치법! 벌레로부터 피부를 보호하는 ○○
- ▶ 오십견 비밀 대처법! 혼자서도 가능한 마사지 ○○

유의어 ➡ ○○ 은밀한 대처법, ○○ 완벽 대처, ○○ 비밀 퇴치법

339 ○○를 지배하는 것은 ××

효과적인 사용법 '싫어하는 것이나 해소하고 싶은 고민을 멋지게 해결해줄 무언가가 있다'는 의미를 담아서 표현한다.

예
- ▶ 여름을 지배하는 것은 끈적임 없는 ○○
- ▶ 올해 디저트를 지배하는 것은 전통의 ○○
- ▶ 시장을 지배하는 것은 혁신적인 기술이 집약된 ○○

유의어 ➡ ○○를 휘어잡는 것은 ××, ○○의 구세주 ××, ○○의 정답

340 ○○를 바로잡다

효과적인 사용법 '불만이나 불안을 느끼는 요소를 해결하고 개선한다'라는 의미를 담아서 표현한다.

예
- ▶ 손상된 모발을 바로잡다! 윤기 나는 모발을 위한 ○○
- ▶ 느슨한 조직을 바로잡다! 경영의 본질은 ○○
- ▶ 가계를 바로잡는 절약법! 매일 실천하는 ○○

유의어 ➡ ○○를 되돌리다, ○○를 고치다, ○○를 개선한다

341 ○○를 리셋

효과적인 사용법 '원상 복구해서 원래대로 돌린다'라는 의미를 담아 그 방법에 주목하도록 어필한다.

예
- ▶ 스트레스 리셋! 새로운 기분으로 스타트
- ▶ 틀어진 몸을 리셋! 자세 교정으로 건강을 되찾는 ○○
- ▶ 잘못된 공부법 리셋! 지금까지의 방법을 개선하는 ○○

유의어 ➡ ○○를 원상 복구, ○○ 정상화, ○○ 되돌리기

342 　안티 ○○

효과적인 사용법　'안티'라는 말과 '불만 요소'를 조합해 활용한다. '불만 요소에 적극 맞선다'라는 의미로 어필한다.

예
- ▶ 안티 에이징! 나이 들수록 효과적인 관리가 필요 ○○
- ▶ 안티 햇볕! 백옥처럼 흰 피부가 매력적인 ○○
- ▶ 안티 다이어트! 건강한 먹거리로 건강한 삶을 ○○

유의어 ➡ ○○는 싫다, ○○ 반대, ○○ 거부

343 　언제까지 계속될까? ○○

효과적인 사용법　'불만 상황이 언제까지 이어질 것인지'를 어필해 오랫동안 개선되지 않고 쌓여온 불만을 해결할 수 있음을 강조한다.

예
- ▶ 언제까지 계속될까? 열대야! 체온을 확 낮춰주는 침구 ○○
- ▶ 언제까지 계속될까? 변비! 체질 개선에는 ○○
- ▶ 언제까지 계속될까? 먹거리 불안! 생산자에게 직접 구매하는 ○○

유의어 ➡ 아직 끝나지 않았나? ○○, ○○는 지친다, 아직도 계속? ○○

344 　걱정할 것 없는 ○○

효과적인 사용법　'불만을 완전히 해소할 능력이 있음'을 전하기 위해 마치 '큰 문제가 아니라는 인상'을 어필한다.

예
- ▶ 걱정할 것 없는 집 고르기! 고객이 납득할 때까지 ○○
- ▶ 걱정할 것 없는 피부 유지! 무첨가 자연 원료 ○○
- ▶ 걱정할 것 없는 탈모 요법! 아무도 알아차리지 못하는 ○○

유의어 ➡ 문제없는 ○○, ○○를 이겨내는 ××, ○○는 완벽

345 　좀 더 빨리 ○○했다면

효과적인 사용법　무언가를 '빨리 하지 못했다는 후회'를 강조하여 행동으로 이어지게 어필한다.

예
- ▶ 좀 더 빨리 상담했다면 좋았을 것이라는 후기
- ▶ 좀 더 빨리 교환했다면! 무료로 제공하는 정기 점검
- ▶ 좀 더 빨리 구매했다면! 이제라도 늦지 않은 ○○

유의어 ➡ 일찍 ○○했다면, 처음부터 ○○했다면, 곧바로 ○○했다면

346 제멋대로인 ○○를 ××하다

효과적인 사용법 '좀처럼 마음먹은 대로 되지 않는 상황'을 '제멋대로'라는 단어로 표현해서 '불만 요소의 해결법'을 어필한다.

예
▶ 제멋대로인 아이들이 자연스레 집중한다! ○○ 키즈 카페
▶ 제멋대로인 30대 여성의 입맛을 사로잡았다! 품격 높은 레스토랑
▶ 제멋대로인 꿈을 현실화하는 진로상담 최고 전문가 ○○

유의어 ➡ 마음대로인 ○○를, 마구잡이인 ○○를, 뜻대로 되지 않는 ○○를

지식욕·지적 호기심 자극하기

고객이 가진 욕망에는 지식욕도 있다. 남이 알고 있는 것은 물론이고 남이 모르는 것까지도 알고 싶어 한다. 그런 감정이나 욕망을 자극하여 흥미를 끄는 정보를 제공해보자.

347 ○○의 뒷이야기

효과적인 사용법 어떤 것에 대한 알려지지 않은 정보를 '뒷이야기'라는 말로 표현해 호기심을 자극한다.

예
- ▶ 연예계 뒷이야기! 남들이 모르는 놀라운 정보를 제공하는 ○○
- ▶ 주택 건축의 뒷이야기! 프로만이 알 수 있는 알짜 정보 ○○
- ▶ 호텔 업계의 뒷이야기! 베테랑에게 듣는 재미있는 에피소드와 노하우까지

유의어 ➡ ○○의 뒷소문, ○○의 숨겨진 정보, ○○의 알려지지 않은 이야기

348 ○○ 놀라운 활용법

효과적인 사용법 '일반적으로는 알기 힘든 것'을 '놀라움'으로 표현하여 그에 대한 설명에 관심을 보이도록 유도한다.

예
- ▶ ○○보험의 놀라운 활용법! 이렇게 도움 되는 활용법이 있다니!
- ▶ 욕실의 놀라운 활용법! 집 안 욕실에서 가능한 ○○
- ▶ 잡지의 놀라운 활용법! 어디에서든 쉽게 구할 수 있는 ○○

유의어 ➡ ○○ 놀라운 기술!, ○○ 놀라운 이용법, ○○ 놀라운 사용법

349 ○○에게 배운 ××

효과적인 사용법 '프로나 전문가에게 시간을 들여 배운 것'이라는 인상을 줘서 정보의 가치를 높인다.

예
- ▶ 판매왕에게 배운 팔리는 상품 구분법!
- ▶ TV 방송에서 배운 질리지 않는 ○○법
- ▶ 전문의에게 배운 기초 체질 개선 ○○

유의어 ➡ ○○에게 얻은 ××, ○○에서 습득한 ××, ○○에서 체득한 ××

350 ○○ 연구 보고

효과적인 사용법 '연구를 거듭한 결과'라는 의미를 담아서 정보의 신뢰도를 높이고 흥미를 유발한다.

예
- ▶ 주거지 쾌적성 연구 보고! 편리한 삶을 위한 ○○
- ▶ 겨울철 건조한 피부 대책 연구 보고! 건조한 공기로부터 피부를 지키는 과학 ○○
- ▶ 맛집 연구 보고! 요리 장인들의 숨겨진 비법 ○○

유의어 ➡ ○○ 연구, 놀라운 ○○ 연구 결과, ○○ 연구 성과 발표!

351 ○○ 정보 총정리

효과적인 사용법 '여러 가지 정보를 모아두고 그중에서 좋아하는 것만 고를 수 있다'라는 의미로 사용한다.

예
- ▶ 시즌 과일 정보 총정리! 지금 먹어야 하는 ○○
- ▶ 지역 축제 정보 총정리! 휴가철 즐길 수 있는 ○○
- ▶ 인기 패션 정보 총정리! 취향별로 골라 입는 ○○

유의어 ➡ ○○ 정보 총집합, ○○ 정보 대공개, ○○ 정보 한눈에 보기

352 ○○ 전부 보여드립니다

효과적인 사용법 '일반적으로는 숨겨진 정보를 한정적으로 오픈한다'라는 인상을 줘서 흥미를 유발한다.

예
- ▶ 건축 공정 전부 보여드립니다! 안심할 수 있는 자재와 비용 ○○
- ▶ 호텔 청소 비법 전부 보여드립니다! 이래서 침구가 깨끗하구나!
- ▶ 주방을 전부 보여드립니다! 눈과 혀로 즐기는 ○○

유의어 ➡ ○○ 모두 보여드립니다, ○○ 숨김없이 알려드립니다, ○○ 낱낱이 알려드립니다

353 ○○ 대공개

효과적인 사용법 '지금까지 소중히 간직하던 것을 널리 공개한다'라는 의미로 귀중한 정보임을 어필한다.

예
- ▶ 보험 내역 대공개! 알기 힘든 내용까지 상세히 ○○
- ▶ 신형 차 내부 대공개! 첨단 기능 탑재 ○○
- ▶ 인기 아이템 대공개! 1년간 판매 순위를 알 수 있는 ○○

유의어 ➡ ○○ 독점 공개, ○○ 전격 공개, ○○ 최초 공개, ○○ 오픈

354 ○○ 특집

효과적인 사용법 '그동안 수집한 정보를 망라한다'라는 의미로 사용한다. 정보가 매우 많다는 인상을 주고 싶을 때 특히 효과적이다.

예
- ▶ 실용품 특집! 가정에서 널리 쓰이는 아이템을 전국에서 모았다
- ▶ 여름에 효과적인 다이어트 특집! 나만의 다이어트법을 찾아보자!
- ▶ 조식 포함 게스트하우스 특집! 아침을 든든히 먹고 즐기는 여행

유의어 ➡ ○○ 대전, ○○ 총정리, ○○ 집대성

355 ○○ 대예측

효과적인 사용법 '흥미로운 정보'에 대해 '여러 가지 정보를 수집하여 앞으로의 일을 예측한다'라는 인상을 줘서 흥미를 유발한다.

예
- ▶ 겨울 트렌드 대예측! 여성 잡지 편집장이 직접 고른 ○○
- ▶ 주부가 기뻐하는 신기능 대예측! 가사 부담을 줄이는 ○○
- ▶ 숙면 아이템 대예측! 편안한 잠자리를 보장하는 ○○

유의어 ➡ ○○ 예상, ○○ 예고, ○○ 대예언

356 ○○만 알고 있는

효과적인 사용법 '한정된 사람만이 알고 있는 귀중한 정보'라는 표현으로 호기심을 자극한다.

예
- ▶ 관계자만 알고 있는 비법! 이것만 알면 ○○
- ▶ 사용자만 알고 있는 진정한 가치! 후기 필독!
- ▶ 라면 마니아만 알고 있는 조리법! 따라 해보고 싶은 ○○

유의어 ➡ ○○만의 비밀, ○○에게만 공개, 비밀의 ○○

357 ○○ 능숙하게 활용하는 법

효과적인 사용법 일반적인 사용법이 아니라 더욱 '효과적으로 사용하는 방법이나 정보를 담고 있다'라는 의미를 전해 흥미를 유발한다.

예
- ▶ 제철 과일 능숙하게 활용하는 법! 재료의 맛을 제대로 이끌어내는 ○○
- ▶ 전자레인지 능숙하게 활용하는 법! 어떻게 쓰는지에 따라 ○○
- ▶ 스마트폰 카메라 능숙하게 활용하는 법! 사진 전문가에게 배우는 ○○

유의어 ➡ ○○ 최대 활용법, ○○ 능통하게 사용하는 법, ○○ 200% 활용법

---

358 ○○ 트레이닝

효과적인 사용법 평소 바라던 어떤 요소를 제대로 '배울 수 있는 환경'임을 어필하여 학습 의욕을 자극한다.

예
- ▶ 비즈니스 영어 트레이닝! 영업에 활용 가능한 영어만 쏙쏙 ○○
- ▶ 요리 기초 트레이닝! 요리 초보에게 희소식
- ▶ 메이크업 트레이닝! 자연스러운 피부 톤을 유지하는 ○○

유의어 ➡ ○○ 레슨, ○○ 특훈, ○○ 훈련, ○○ 연습

---

359 ○○ 일기

효과적인 사용법 '일상생활을 숨김없이 기록했다'라는 의미로 내밀한 호기심을 자극한다.

예
- ▶ 점장 일기, 이것이 우리 가게의 최고 인기 메뉴!
- ▶ 마사지 체험 일기, 오늘은 ○○ 첫 경험!
- ▶ 내 집 짓기 일기! 드디어 기초 공사 완료!

유의어 ➡ ○○ 일지, ○○ 기행, ○○기, ○○ 블로그, ○○ 기록

---

360 ○○인 이유

효과적인 사용법 어필하고 싶은 장점에 대해 '명백한 이유가 있음'을 강조한다.

예
- ▶ 맛집인 이유! 비법 양념으로 절인 ○○
- ▶ 인기 있는 이유! 프랑스 출신 요리사가 직접 개발한 ○○
- ▶ 원조인 이유! 100년 동안 대를 이어온 ○○

유의어 ➡ ○○에는 근거가 있다, ○○의 정체, ○○인 까닭

361 ○○에 숨겨진 ××

효과적인 사용법 '지금까지 비밀이었던 것을 이제야 밝힌다'라는 인상을 줘서 시선을 끈다.

예
- ▶ 유명 리조트에 숨겨진 다섯 가지 진실! 매니저가 밝히는 ○○
- ▶ 인기 상품에 숨겨진 놀라운 효과! 인기가 많은 이유는 ○○
- ▶ 맛에 숨겨진 고난의 흔적! 창업 당시의 시행착오 최초 공개

유의어 ➡ ○○에 감춰진, ○○에 담긴, 비밀의 ○○

362 ○○ 핫한 정보

효과적인 사용법 어떤 요소나 바람에 관련된 '새로운 정보가 들어왔다'라는 뉴스를 전하면서 자연스럽게 호기심을 자극한다.

예
- ▶ 부동산 핫한 정보! 역세권 마지막 상가 분양 ○○
- ▶ 여름철 건강관리 핫한 정보! 제철 음식을 이용한 ○○
- ▶ 다이어트 핫 정보! 운동과 식사를 병행하는 ○○

유의어 ➡ ○○ 최신 정보, ○○ 뉴스, ○○ 알림

363 ○○의 깊은 뜻

효과적인 사용법 '깊은 뜻이 있는 중요한 내용'이라는 의미를 담아 호기심을 자극한다.

예
- ▶ 코디네이터의 깊은 뜻이 담긴 색감! 전체적으로 화려한 분위기를 연출하는 ○○
- ▶ 제면 장인의 깊은 뜻이 느껴진다! 최고의 식감을 제공하는 ○○
- ▶ 간병인의 깊은 뜻! 환자의 마음을 읽고 대응하는 ○○ 서비스

유의어 ➡ ○○ 비법, ○○ 비결, ○○ 비술, ○○ 노하우

364 ○○의 공통점

효과적인 사용법 어떤 사안과 관련하여 '공통점이 있음을 발견했다'라는 표현으로 주의를 끈다.

예
- ▶ 급성장하는 레스토랑의 공통점! 인기 메뉴를 살펴보는 ○○
- ▶ 팔리는 부동산의 공통점! 실거주와 투자를 동시에 만족시킨 ○○
- ▶ 건전한 기업의 공통점! 경영자의 마인드 분석

유의어 ➡ ○○의 유사점, ○○의 공통 포인트, ○○ 필수 조건

365 ○○의 고백

효과적인 사용법 '어떤 분야에서 중요한 인물이 몰래 소개하는 정보'라는 인상을 줘서 시선을 끈다.

예
- ▶ 10만 팔로워 프렌치 셰프의 고백! 꽁꽁 숨겨둔 비법 레시피로 집에서도 간단히 ○○
- ▶ 유명 리조트 매니저의 고백! 고객의 감동을 이끄는 ○○
- ▶ 판매왕의 고백! 손쉽게 거래처를 확장하는 ○○

유의어 ➡ ○○의 속마음, ○○의 진심, ○○의 자백

366 ○○ 구조

효과적인 사용법 누구나 그 가치를 인정하는 것에는 '특별한 구조'가 있음을 소개함으로써 호기심을 자극한다.

예
- ▶ 아이들이 가장 즐거워하는 구조로 설계! 하루 종일 질리지 않고 놀 수 있는 ○○
- ▶ 단체 손님이 가장 선호하는 구조! 친절과 맛은 기본 ○○
- ▶ 재구매를 자연스럽게 이끌어내는 구조! 인기 아이템을 활용한 ○○

유의어 ➡ ○○ 시스템, ○○ 방식, ○○ 장치

367 ○○ 실천 법칙

효과적인 사용법 효율적으로 목적을 달성하는 데 필요한 법칙 중에서 실제로 사용할 수 있는 알짜를 골라 소개한다는 인상을 전한다.

예
- ▶ 고객 만족 실천 법칙! 곧바로 활용 가능한 ○○
- ▶ 집에서 가능한 다이어트 실천 법칙! 매일 10분만으로 ○○
- ▶ 투자에 성공하는 100가지 실천 법칙! 기초부터 응용까지 ○○

유의어 ➡ ○○ 실천법, ○○ 실천 노하우, ○○ 실천 비법

368 ○○의 조건

효과적인 사용법 목적을 실현하기 위해 필요한 조건이 있음을 전하여 시선을 끈다.

예
- ▶ 자녀들이 좋아하는 리조트의 조건! 부모도 함께 즐기는 ○○
- ▶ 실패 없는 자동차 보험의 조건! 비교해보고 고르세요 ○○
- ▶ 구두 선택의 조건! 남성미 물씬 풍기는 비즈니스맨의 ○○

유의어 ➡ ○○의 필수 조건, ○○의 대전제, ○○의 요건

369　○○의 진실

효과적인 사용법　'진실성을 어필하고 싶다'라는 마음을 직접적으로 표현해 시선을 끈다.

예
- ▶ 종신 보험의 진실! 무엇을 선택하느냐가 앞으로의 ○○
- ▶ 휴가철 리조트의 진실! 합리적인 가격으로 승부 ○○
- ▶ 초슬림 TV의 진실! 판매율 상위 5위 비교 ○○

유의어 ➡ ○○의 정체, ○○의 팩트, ○○의 올바른 이해

370　○○의 수수께끼

효과적인 사용법　궁금증을 자아내는 '수수께끼'라는 말을 사용해서 전하고 싶은 장점에 임팩트를 주어서 호기심을 자극한다.

예
- ▶ 놀라운 미백 효과의 수수께끼! 3가지 자연 성분을 배합한 ○○
- ▶ 인기 중식도의 수수께끼! 시대를 뛰어넘는 장인의 숨결을 느낄 수 있는 ○○
- ▶ 깊은 맛의 수수께끼! 대를 이어 전해오는 종갓집만의 ○○

유의어 ➡ ○○의 신비로움, ○○가 알고 싶다, ○○의 의문, ○○의 경이로움

371　○○의 한마디

효과적인 사용법　'혼잣말처럼 내뱉는 말'이라는 인상을 줘서 '진실성이 높은 정보'임을 어필한다.

예
- ▶ 편집부의 한마디! 재미와 교훈을 모두 담은 ○○
- ▶ 판매원의 한마디! 대박 예상 아이템 ○○
- ▶ 여직원의 한마디! 실제 사용하는 입장을 반영한 ○○

유의어 ➡ ○○의 후기, ○○의 메시지, ○○의 혼잣말

372　○○의 비밀

효과적인 사용법　'지금까지 숨겨져 있던 비밀을 공개한다'라는 의미를 담아서 호기심을 자극한다.

예
- ▶ 즉시 완판의 비밀을 철저히 규명! 잘 팔리려면 ○○
- ▶ 인기 브랜드 탄생의 비밀! 동네 구멍가게부터 시작한 ○○
- ▶ 면접 시험 필승의 비밀! 대기업 면접관이 말하는 합격의 길

유의어 ➡ ○○의 수수께끼와 비밀, ○○의 숨겨진 비밀, ○○의 비결

373　○○가 전수한 ××

효과적인 사용법　'어떤 분야의 전문가'가 설명하거나 지도한 '중요한 기술'이라는 인상을 줘서 흥미를 자극한다.

예
- ▶ 25년 경력 서비스 프로가 전수한 첫인상을 좋게 만드는 비법
- ▶ 현역 컨설턴트가 전수한 고객에게 감동을 주는 ○○
- ▶ 구두 장인이 전수한 비법으로 생산한 ○○

유의어 ➡ ○○에게 배운, ○○에 의한 ××강좌, ○○의 가르침

374　○○ 대응책

효과적인 사용법　'어떤 원인에 의해 발생한 영향과 그 대응책을 알린다'라는 의미로 그 내용에 관심을 보이도록 유도한다.

예
- ▶ 도장면이 태양광에 부식되는 현상 완전 대응책! 내구성을 확 높이는 ○○
- ▶ 아이 스마트폰 과다 사용 대응책! 반드시 알아야 할 ○○
- ▶ 자꾸 나오는 불량품 완벽 대응책! 만일의 경우에 대비한 ○○

유의어 ➡ ○○ 대처법, ○○ 극복법

375　○○를 이겨내는 꿀팁

효과적인 사용법　'곤경이나 경쟁을 이겨낼 힌트 또는 구체적인 방법을 전한다'라는 의미로 호기심을 자극한다.

예
- ▶ 부부 불화를 이겨내는 꿀팁! 첫 만남의 기억을 그대로 되살리는 ○○
- ▶ 라이벌을 이겨내는 꿀팁! 자기 계발을 통한 ○○
- ▶ 불황을 이겨내는 꿀팁! 브랜드의 가치를 높이는 경영 ○○

유의어 ➡ ○○에 지지 않는 요령, ○○에 맞설 무기, ○○에서 살아남는 법

376　○○를 검증한다

효과적인 사용법　'진위를 확인한다'라는 표현으로 관련 분야에 관심 있는 사람의 시선을 끈다. 검증 결과를 조합하면 더욱 효과적이다.

예
- ▶ 인기 스포츠 클럽을 검증한다! 일단 시설과 분위기를 체험해보자!
- ▶ 표백 효과를 검증한다! 가정에서 테스트한 후 곧바로 결과 공개
- ▶ 운전 중 안전성을 검증한다! 4인 가족의 실사용 후기

유의어 ➡ ○○를 철저 검증, ○○를 알아본다, ○○ 조사

377 　○○를 떠받치는 ××

효과적인 사용법　'보이지 않는 곳에서 지지하는 존재'가 있음을 직접적으로 표현하여 호기심을 자극한다.

예
- ▶ 신용을 떠받치는 원료에 대한 고집! 대자연에서 구한 ○○
- ▶ 경영을 떠받치는 다섯 가지 철칙! 인재를 육성하는 ○○
- ▶ 보안을 떠받치는 정보 시스템! 상황별 빅데이터 취합 ○○

유의어 ➡ ○○를 지탱하는, ○○를 유지하는, ○○를 보조하는

378 　○○를 어떻게 읽을 것인가?

효과적인 사용법　관심 분야에 대해 '앞으로 어떻게 될 것인지'를 질문 형식으로 표현해 호기심을 자극한다.

예
- ▶ 봄 패션 트렌드를 어떻게 읽을 것인가? 미리 만나보는 ○○
- ▶ 패밀리 카에 필요한 기능과 변화상, 어떻게 읽을 것인가?
- ▶ 중국 경제를 어떻게 읽을 것인가? 요점만 분석해 빠르게 알려주는 ○○

유의어 ➡ ○○를 어떻게 전망할 것인가?, ○○는 어떻게 될 것인가?, ○○ 예측

379 　**당신이 몰랐던 ○○**

효과적인 사용법　지적 호기심을 자극해서 전하고 싶은 내용(정보)에 관심을 보이도록 유도한다.

예
- ▶ 당신이 몰랐던 맛집! 현지인만 찾는 숨겨진 ○○
- ▶ 당신이 몰랐던 다한증 대책! 시간이 걸려도 확실한 개선 효과 ○○
- ▶ 당신이 몰랐던 숨겨진 남해안 피서지! 미공개 해수욕장에서 즐기는 ○○

유의어 ➡ 숨겨진 ○○, 알려지지 않은 ○○, 미공개 ○○

380 　○○ **의외의 속마음**

효과적인 사용법　'관계자가 일반적으로 듣기 어려운 정보를 털어놓는다'라는 인상을 줘서 호기심을 자극한다.

예
- ▶ 전자 제품 판매원이 들려주는 의외의 속마음! 기능과 가격을 만족시키는 ○○
- ▶ 입시 학원 강사가 알려주는 의외의 속마음! 입시에 필요한 것은 ○○
- ▶ 트레이너가 말하는 의외의 진실! PT만으로 충분하지 않은 ○○

유의어 ➡ ○○가 살짝 알려주는 이야기, ○○가 말하는 진실

381 ○○의 비결

효과적인 사용법 거의 알려지지 않은 방법을 공개한다는 의미를 담아 가치 있는 정보라는 인상을 어필한다.

예
- ▶ 질리지 않는 인테리어의 비결! 릴랙스할 수 있는 ○○
- ▶ 고객을 놓치지 않는 홈페이지의 비결!
- ▶ 주름이 생기지 않는 피부 케어의 비결! 샤워 후 반드시 ○○

유의어 ➡ ○○의 핵심, ○○의 법칙, ○○ 대응법

---

382 **국보급 ○○**

효과적인 사용법 '보물처럼 귀중한 가치가 있는 것'이라는 표현으로 흥미를 끌어 '국보급'에 해당하는 상품이나 서비스에 대한 관심을 유도한다.

예
- ▶ 잡지 기자가 모은 국보급 정보 대공개! 읽기만 해도 이득!
- ▶ 국보급 아이템 구매 찬스! 레어템 할인 ○○
- ▶ 국보급 주택! 토박이 중개인이 찾은 ○○

유의어 ➡ 보물 ○○, 레어한 ○○, 어렵게 구한 ○○

---

383 **금단의 ○○**

효과적인 사용법 '지금까지 의도적으로 금지해온 것이나 숨겨온 것'을 의미하는 말을 사용하여 그 내용에 대한 호기심을 자극한다.

예
- ▶ 고객이 울고 웃는 금단의 아이템 대공개! 남녀노소 모두 반응하는 ○○
- ▶ 금단의 필승 공부법! 명문 입시 학원에서 체계적으로 준비한 ○○
- ▶ 자극적인 금단의 맛! 한 번 맛보면 멈출 수 없다

유의어 ➡ 알려지지 않은 ○○, 정석 파괴 ○○, 까놓고 말하는 ○○

---

384 ○○ **현지 취재**

효과적인 사용법 '전하고 싶은 것이 있는 현장으로 가서 생생한 정보를 보고한다'라는 의미로 흥미를 유발한다.

예
- ▶ 오키나와 현지 취재 리포트! 겨울에 떠나는 뜨거운 휴가 ○○
- ▶ 분양 아파트 현지 취재! 주변 인프라부터 실내 공간까지 ○○
- ▶ 원료 생산지 현장 취재! 생산 농가의 고집이 느껴지는 ○○

유의어 ➡ ○○ 체험 르포, ○○ 체감 리포트, ○○ 현장 취재, ○○ 추적 보고

385 이것만큼은 알아두고 싶은 ○○

효과적인 사용법 '알면 이득이고 모르면 손해'라는 인상을 줘서 호기심을 자극한다.

예
- ▶ 이것만큼은 알아두고 싶은 주식 정보! 사소한 지식이지만 엄청난 도움을 주는 ○○
- ▶ 이것만큼은 알아두고 싶은 직장인 매너! 실수하기 전에 꼭 알아두자
- ▶ 이것만큼은 알아두고 싶은 간단 메이크업! 늦잠 잔 자도 문제없다!

유의어 ➡ 알아두면 도움 되는 ○○, ○○ 필수 지식, 알아두면 쓸데있는 ○○

386 알면 알수록 ○○

효과적인 사용법 '알면 알수록 결과가 어떠하다'라는 표현으로 호기심을 자극하고 그 내용에 흥미를 갖도록 한다.

예
- ▶ 알면 알수록 먹어보고 싶다! 여름을 이겨내는 보양식 ○○
- ▶ 알면 알수록 가보고 싶은 숙소! 구석구석 센스가 돋보이는 ○○
- ▶ 알면 알수록 가보고 싶다! 어린 시절로 돌아간 듯한 착각을 부르는 ○○

유의어 ➡ 알게 된 이상 ○○, 점점 더 알고 싶어지는 ○○

387 간단 수칙

효과적인 사용법 '이상적인 결과를 얻기 위한 철칙이나 방법이 매우 간단하고 실천하기도 쉽다'라는 표현으로 관심을 유도한다.

예
- ▶ 아이를 씩씩하게 키우는 간단 수칙! 인사 습관이 핵심?
- ▶ 해외 유학 성공을 위한 간단 수칙! 생활 환경은 이렇게
- ▶ 햅쌀로 맛있게 밥을 짓는 간단 수칙! 햅쌀만의 특징을 살리다

유의어 ➡ ○○ 기본 중의 기본, ○○ 간단한 포인트, ○○ 심플한 방식

388 특보

효과적인 사용법 '특별한 정보를 즉시 생생하게 제공한다'라는 의미를 담아서 호기심을 자극한다.

예
- ▶ 특보! 뉴욕발 인기 아이템이 드디어 상륙
- ▶ 특보! 매진 직전 긴급 입하!
- ▶ 특보! 여고생 사이에서 유행하는 최신 인기 ○○

유의어 ➡ 속보 ○○, 중대 사건 ○○, 대서특필 ○○, 호외 ○○

389   **아무도 언급하지 않은 ○○**

효과적인 사용법   '지금까지 철저히 비밀이던 정보'라는 인상을 줘서 내용에 흥미를 갖도록 한다.

- 예 ▶ 아무도 언급하지 않은 현지 어부만 아는 맛! 신선도가 관건인 ○○
  - ▶ 아무도 언급하지 않은 기능 대공개! 알아두면 편리한 ○○
  - ▶ 아무도 언급하지 않았던 인테리어의 진실! 업자가 말하는 ○○

유의어 ➡ 아무도 말하지 않은 ○○, ○○에는 없는, 아무도 모르는 ○○

390   **○○ 비밀을 알려드립니다**

효과적인 사용법   '지금까지 비밀이던 정보를 공개한다'라는 의미를 전하여 비밀을 알고 싶어 하는 심리를 활용한다.

- 예 ▶ 양념의 비밀을 알려드립니다! 주방 아주머니가 개발한 ○○
  - ▶ 혼자서 실천하는 운동법의 비밀을 알려드립니다! 다이어트에 효과적인 ○○
  - ▶ 맛집의 비밀을 알려드립니다! 맛집 탐방 전문가의 속내 대공개!

유의어 ➡ ○○ 몰래 공개, ○○ 훔쳐보기, ○○의 뒷이야기 공개

391   **놓칠 수 없는 ○○**

효과적인 사용법   '놓치면 손해다'라는 의미를 직접적으로 표현하여 해당 상품이나 서비스에 흥미가 생기도록 한다.

- 예 ▶ 놓칠 수 없는 엄선 디저트! 각양각색 달콤함을 즐기는 ○○
  - ▶ 놓칠 수 없는 근교 대형 카페 모음! 당일치기로 즐기는 ○○
  - ▶ 놓칠 수 없다! 유명 유튜버가 소개하는 화제의 ○○

유의어 ➡ 놓치지 마세요!, ○○만은 놓치지 말자, 놓치면 후회하는 ○○

역설적인 표현 활용하기

고객은 자신의 상식이나 예상과 다른 뭔가를 접하거나 상반된 조합을 만나 혼란한 상황에 빠지면 그 상품이나 서비스에 대한 관심도가 높아진다. 사고에 혼란을 주는 역설적인 표현을 활용하여 주의를 끌어보자.

---

392 ○○인가? 아니면 ××인가?

효과적인 사용법 상반되는 두 가지 선택지를 준비하여 하나를 선택하도록 한다. 의문형으로 주의를 끈다.

예
- ▶ 매매할 것인가? 아니면 임대할 것인가? 아파트 선택은 ○○
- ▶ 과일인가? 아니면 초코인가? 취향에 딱 맞춘 디저트 ○○
- ▶ 출근할 것인가? 아니면 재택할 것인가? 라이프스타일에 맞는 근무 환경

유의어 ➡ ○○? 아니면 ××?, ○○할까? 안 할까?

---

393 ○○가 없어도 ××할 수 있다

효과적인 사용법 '일반적으로 반드시 있어야 한다고 생각하는 요소가 없더라도 가능하다'는 표현으로 임팩트를 준다.

예
- ▶ 시간이 없어도 전자레인지로 조리할 수 있는 이탈리아 요리
- ▶ 자기 자본이 없어도 구입할 수 있다! 다양한 계약 플랜 완비
- ▶ 컴퓨터 지식이 없어도 접속할 수 있다! 편리한 사이트 이용 가이드

유의어 ➡ ○○가 없어도 괜찮다, ○○가 없어도 문제없다

394 ○○가 아니라서 부담 없다

효과적인 사용법 '힘들거나 어려운 일'이 '어떠한 이유로 편해진다'는 의미를 담아서 전한다.

예
- ▶ 처음부터 쓰는 게 아니라서 부담 없다! 마지막에 한 번만 사용하는 ○○
- ▶ 먼 곳이 아니라서 부담 없다! 마트 가듯이 떠나는 ○○
- ▶ 전면 리모델링이 아니라서 부담 없다! 가구 배치만 바꿔도 분위기가 ○○

유의어 ➡ ○○가 아니라서 좋다, ○○가 아니라서 편하다

395 ○○라고 해서 안심하면 안 된다

효과적인 사용법 역설적인 표현으로 마음을 놓고 있는 사람의 관심을 끈다.

예
- ▶ 장마가 끝났다고 해서 안심하면 안 된다! 습도가 높은 날에 주의해야 할 ○○
- ▶ 자연 식품이라고 해서 안심하면 안 된다! 제품의 품질은 ○○
- ▶ 한방약이라고 해서 안심하면 안 된다! 어떻게 복용하느냐에 따라 ○○

유의어 ➡ ○○라고 안심하지 말라, ○○만으로는 안심할 수 없다, 안심하기에는 이르다

396 ○○와 ××가 공존

효과적인 사용법 '일반적으로 양립하기 어려운 두 가지를 조합한다'라는 표현으로 관심을 유발한다.

예
- ▶ 일과 가사가 훌륭하게 공존한다! 삶에 강약을 주는 법
- ▶ 고급스러운 품질과 저렴한 가격이 공존! 새로운 공법으로 탄생한 ○○
- ▶ 바삭함과 촉촉함이 공존한다! 꿈의 디저트 ○○

유의어 ➡ ○○와 ××가 양립, ○○와 ××가 융합, ○○와 ××가 공생

397 ○○라는 생각은 이제 촌스럽다

효과적인 사용법 '이전의 사고방식은 이미 과거가 되었으므로 새로운 사고방식을 시도하자'라는 의미를 담아서 시선을 끈다.

예
- ▶ 땅을 산다는 생각은 이제 촌스럽다! 앞으로는 빌리는 시대 ○○
- ▶ 치료는 이제 촌스러운 방법이다! 예방을 통해 삶의 질을 높인다
- ▶ 건강해 보인다고? 이제는 촌스럽다! 햇볕에 그을린 피부 완벽 복원

유의어 ➡ ○○는 이제 과거, ○○는 이제 옛이야기, ○○는 과거의 유산

398 ○○라고 생각하기 힘든 ××

효과적인 사용법　'겉모습만 봐서는 도저히 상상하기 어렵다'라는 의미로 호기심을 자극한다.

예
- ▶ 한식집이라고 생각하기 힘든 모던한 인테리어
- ▶ 두부라고 생각하기 힘든 식감!
- ▶ 효도폰이라고는 생각하기 힘든 고성능 ○○

유의어 ➡ ○○라고 상상할 수 없는 ××, ○○라고 믿을 수 없다, 이게 정말 ○○라니!

399 ○○인데도 ××

효과적인 사용법　'반대의 의미를 지닌 두 가지 요소'를 조합하여 역설적으로 표현한다. 의문을 느끼도록 하여 흥미를 유발한다.

예
- ▶ 돌덩이인데도 존재감 넘치는 오브제로 넓은 공간을 꽉 채우는 ○○
- ▶ 귀여운데도 고급스러움이 흐른다! 올해 유행하는 패션은 ○○
- ▶ 섬세하면서도 대담한 색을 사용하여 존재감 넘치는 ○○

유의어 ➡ ○○임에도 불구하고 ××, ○○이지만 ××, ○○이면서도 ××

400 ○○에 있으면서 ××

효과적인 사용법　장소를 나타내는 표현과 조합하여 '일반적으로 그 장소에서는 불가능한 것이 가능하다'라는 인상을 준다.

예
- ▶ 도시에 있으면서도 자연의 힐링을! 몸과 마음을 치유해주는 ○○
- ▶ 집에 있으면서 비즈니스 스킬 쌓기! 온라인 강좌로 배우는 ○○
- ▶ 회사에 있으면서 집에 있는 가전 제품을 마음껏 조작한다!

유의어 ➡ ○○에 있지만 ××, ○○에 있다는 사실을 잊게 해주는 ××

401 ○○를 뒤엎는다

효과적인 사용법　'기존 관념과는 전혀 다른 이미지'라는 표현으로 전과는 비교가 불가하다는 것을 강조한다.

예
- ▶ 지금까지의 여행을 뒤엎는다! 고객이 바라는 ○○
- ▶ 노트북의 한계를 뒤엎는 튼튼한 본체!
- ▶ 요구르트의 이미지를 뒤엎는 색과 맛의 ○○

유의어 ➡ ○○와 전혀 다르다, ○○의 이미지를 확 바꾼다

402   ○○에도 좋다

효과적인 사용법   '일반적으로는 나쁜 상황이지만 그것을 이겨낸다'라는 표현으로 놀라움을 강조한다.

예
- ▶ 일상 업무에도 좋다! 캐주얼 정장 ○○
- ▶ 비 오는 날에도 좋다! 차분하지만 돋보이는 색감 ○○
- ▶ 폭염에도 좋다! 피부의 온도를 내려주는 특수 소재로 제작한 ○○

유의어 ➡ ○○에도 놀랍다, ○○에도 좋은 느낌, ○○에도 문제없다

403   ○○의 문제점을 ××한다

효과적인 사용법   '깜빡하거나 간과하기 쉬운 일도 놓치지 않게 해준다'라는 표현으로 관심을 유발한다.

예
- ▶ 기존 스마트폰 기능의 문제점을 극복! 물속에서도 완벽하게 자유로운 ○○
- ▶ 중고 노트북의 문제점을 철저하게 테스트! 새것처럼 사용할 수 있다
- ▶ 보안 시스템의 문제점을 개선한 새로운 프로그램

유의어 ➡ ○○의 결점을 ××한다, ○○의 맹점을 ××한다

404   ○○도 상관없다

효과적인 사용법   '강력한 장해가 있음에도 그것을 이겨냈다'라는 의미를 전하여 관심을 유도한다.

예
- ▶ 겨울의 추위도 여름의 더위도 상관없다! 가혹한 상황에서도 오류 없는 ○○
- ▶ 강렬한 햇볕도 상관없다! 강력한 자외선 차단 효과 ○○
- ▶ 위험한 산길도 상관없다! 아름다운 절경에 피곤이 사라진다!

유의어 ➡ ○○라도 관계없다, ○○라도 질 수 없다, ○○는 아무것도 아니다

405   굳이 ○○

효과적인 사용법   '보통이라면 하지 않을 일을 이번에는 일부러 한다'라는 결의를 표현하여 그만큼 가치가 있음을 어필한다.

예
- ▶ 굳이 멀리서 올 정도로 소문이 퍼진 ○○
- ▶ 힘들지만 굳이 체험해볼 정도로 놀랍다! 삶에 깊은 의미를 찾는 ○○
- ▶ 다른 것과 굳이 비교해봤다!

유의어 ➡ 일부러 ○○, 의도적으로 ○○, 알지만 ○○

406 필요한 것은 ○○가 아니라 ××

효과적인 사용법 어떤 것에 대해서 일반적으로 필요한 것을 부정하고 '다른 올바른 것이 있다'라고 어필하여 흥미를 끈다.

예
- ▶ 당신에게 필요한 것은 휴식이 아니라 운동! 적당한 운동으로 휴식까지 챙기자
- ▶ 필요한 것은 시간이 아니라 결단! 처음부터 차근차근 실천하는 ○○
- ▶ 필요한 것은 영양이 아니라 보습! 빛나는 피부를 위한 ○○

유의어 ➡ 중요한 것은 ○○가 아니라 ××, 소중한 것은 ○○가 아니라 ××

407 의외의 ○○

효과적인 사용법 다른 '비슷한 것과의 차이'를 명확히 어필하여 관심을 유도한다.

예
- ▶ 이런 실내 장식이 의외로 잘 어울린다! 한 번 방문해보면 곧바로 다시 찾고 싶은 ○○
- ▶ 의외의 색상! 촉촉하고 빛나는 ○○
- ▶ 의외의 조합이 절묘하다! 두 가지 맛이 하나로 어우러진 ○○

유의어 ➡ 뜻하지 않은 ○○, 생각지도 못한 ○○, 예상 밖의 ○○

408 이런 ○○는 그만!

효과적인 사용법 더 이상 계속되어서는 안 된다는 점을 어필하여 시선을 끌고, 즉각적인 '개선책'을 알려서 관심을 유도한다.

예
- ▶ 이런 연설은 그만! 연설은 3분 이내가 핵심!
- ▶ 이런 마케팅은 그만! 고객의 마음까지 사로잡는 진정한 ○○
- ▶ 이런 숙소는 그만! 바가지 요금은 이제 없다!

유의어 ➡ 이런 ○○는 여기까지, 이런 ○○은 스톱, 더 이상 ○○하지 말자

409 실패하지 않는 ○○

효과적인 사용법 '잘하기 위함'이 아니라 '실패하지 않는 방법'을 소개하여 소극적인 태도의 고객에게 흥미를 유발한다.

예
- ▶ 실패하지 않는 전셋집 고르기! 거금이 들어가는 일인 만큼 철저히 체크하자
- ▶ 데이트에 절대 실패하지 않는 레스토랑! 모든 커플이 만족한 ○○
- ▶ 실패하지 않는 프랜차이즈 경영법! 절대 손해 보지 않는 ○○

유의어 ➡ 손해 보지 않는 ○○, 실패하지 않기 위한 ○○, 후회하지 않는 ○○

410 상식을 깨는 ○○

효과적인 사용법　강력한 임팩트가 있음을 어필한다. 근거와 조합해서 표현하면 효과적이다.

예
- ▶ 상식을 깨는 기술! 첨단 기술을 뛰어넘는 장인만의 ○○
- ▶ 상식을 깨는 당도! 최상급 과일을 맛을 즐기는 ○○
- ▶ 상식을 깨는 촉감! 단단한 동시에 부드럽기까지 한 ○○

유의어 ➡ 상식을 뛰어넘는 ○○, 상식 파괴 ○○, 이례적인 ○○, 생각할 수 없는 ○○

411 때로는 ○○, 때로는 ××

효과적인 사용법　두 가지 다른 이미지를 조합해서 '평소와 다른 변화상'을 즐긴다는 의미를 어필하여 관심을 유도한다.

예
- ▶ 때로는 숙녀, 때로는 악녀! 그녀의 연기가 보여주는 매력
- ▶ 때로는 호쾌하게 때로는 섬세하게! 장인이 펼쳐내는 ○○
- ▶ 때로는 화려하게 때로는 담백하게! 변화무쌍한 풍경을 즐기는 ○○

유의어 ➡ 평소에는 ○○, 가끔은 ××, 평소와는 다른 ○○, 기분을 바꿔서 ○○

412 정말로 존재한 ○○

효과적인 사용법　처음에는 믿지 않았지만 어떤 계기로 믿게 되었다는 인상을 표현하여 시선을 끈다.

예
- ▶ 정말로 존재한 놀라운 효과! 처음에는 불신했지만 ○○
- ▶ 정말로 존재한 소문의 레스토랑! 드디어 ○○
- ▶ 정말로 존재한 놀라운 풍경! 밤하늘에 펼쳐진 별들의 축제

유의어 ➡ 거짓말 같은 ○○, 꿈만 같은 ○○, 지어낸 것 같은 ○○

C

강조
우수한 점을 어필하여 효과적으로 전달한다

팔려는 상품이나 서비스가 본래 지닌 가치를 보다 정확하고 효율적으로 전하기 위해 '고객이 느끼는 가치나 요소'를 명확하게 표현하고 대담하게 강조해보자.

같은 상품도 제공하는 가치를 어떻게 어필하는지에 따라 고객이 느끼는 가치는 크게 다르다. 아무리 뛰어난 장점을 제공하는 상품이나 서비스일지라도 그것이 정확하게 전달되지 않으면 장점이 존재하지 않는 것과 다름없다. 우수한 부분이나 요소가 존재한다면 그 부분을 더 명확히 강조하여 효과적으로 전해야 한다.

다른 상품이나 서비스와의 차이점을 어필할 때는 어떻게 하면 그 장점을 가장 잘 강조할 수 있느냐가 무엇보다 중요하다. 단순히 장점을 강하게 전하는 게 능사가 아니다. 장점의 내용이나 종류에 따라 최적의 전달법은 달라진다.

이번 장에서는 '임팩트를 주거나 강조하고 싶을 때', '취향·특별함 표현하기', '부가가치 표현하기', '비교 요소·비교 우위 어필하기'의 요소를 바탕으로 장점을 강조할 때 효과적인 키워드를 소개한다. 이들 키워드를 활용하여 판매하려는 상품이나 서비스의 우수한 점에 초점을 맞춰 최대한 도드라지게 어필하자. 지금까지와는 놀라울 정도로 다른 반응을 경험할 수 있을 것이다.

임팩트를 주거나 강조하고 싶을 때

전하고 싶은 장점은 강조하지 않으면 다른 정보에 묻히고 만다. 임팩트를 주거나 특정 요소를 강조하면 전하고 싶은 요소를 보다 도드라지게 표현할 수 있다.

413 　○○ VS ××

효과적인 사용법　두 가지 선택지나 요소를 준비하고 'VS'라는 용어를 사용하여 대결하는 인상을 전한다. 결과적으로는 두 가지 요소 모두가 강조된다.

예
- ▶ 러블리 VS 시크, 유행하는 브랜드 대격돌!
- ▶ 호화로움 VS 단아함, 어느 쪽을 선택하든 최고의 경험 ○○
- ▶ 당신의 취향, 블랙 VS 화이트! 무엇을 고르든 후회 없는 선택

유의어 ➡ ○○와 ××가 대결, ○○ 대 ××, ○○와 ××가 격돌

414　압도적인 ○○

효과적인 사용법　상품 또는 서비스의 의미나 존재감이 엄청나다는 직접적인 표현으로 강력한 임팩트를 준다.

예
- ▶ 압도적인 미모! 놀랄 정도로 빛나는 아름다움 ○○
- ▶ 압도적인 재미! 어린 시절로 돌아간 듯한 기분으로 즐기는 ○○
- ▶ 압도적인 안락함! 주변 인프라부터 실내 공간까지 ○○

유의어 ➡ ○○ 압도적!, 절대적인 ○○, 비교할 수 없는 ○○

415   ○○ 이상 사용은 자제

효과적인 사용법 효과가 매우 강력하다는 점을 전하기 위해 '소량만 사용해도 충분하다'라는 의미를 표현한다. 강한 효과를 나타내는 말과 조합하여 사용하면 효과적이다.

예
- ▶ 두통에 최고! 하루 3알 이상 사용은 자제!
- ▶ 효과가 강력하므로 1개 이상 사용은 자제해주세요!
- ▶ 단 한 알로 충분하다! 그 이상 사용은 자제!

유의어 ➡ ○○까지만 사용 권장, 설명서를 잘 읽으시고 ○○까지만 사용

416   ○○ 한 방에

효과적인 사용법 한순간에 간단히 기분을 사로잡을 정도로 강렬한 임팩트가 있다는 인상을 표현한다.

예
- ▶ 남자의 마음을 한 방에 사로잡는 첨단 다기능 ○○
- ▶ 심장에 일격! 귀여운 게 최고
- ▶ 한 번 맛보면 누구라도 한방에 사로잡는 ○○

유의어 ➡ ○○의 숨통을 끊다, 일격에 ○○, ○○ 동요시키는

417   ○○ 방방곡곡

효과적인 사용법 '다양한 지역에 널리 퍼져 인기 있다'라는 의미를 전한다.

예
- ▶ 방방곡곡 지역 술 대축제! 전국에서 모인 ○○
- ▶ 방방곡곡에서 유행 중인 겨울 시즌 인기 아이템 ○○
- ▶ 방방곡곡! 전국 배송 시스템 완비

유의어 ➡ ○○ 전 지역, ○○ 전국구

418   ○○의 극치

효과적인 사용법 어떤 특징이 다른 것과 비교해서 매우 도드라진다는 인상을 직접적으로 표현하여 임팩트를 준다.

예
- ▶ 맛의 극치! 대를 이어 개선해온 전통의 맛 ○○
- ▶ 아름다움의 극치! 외모뿐만 아니라 마음까지 ○○
- ▶ 극상의 감동! 영원히 살고 싶을 정도의 절경이 펼쳐진 ○○

유의어 ➡ 극상의 ○○, 더할 나위 없는 ○○, 베스트 오브 베스트 ○○

419 ○○이야말로 ××의 핵심

효과적인 사용법 어떤 분야에서 중심을 이루는 요소를 제시하고 이에 자신 있음을 강하게 어필한다.

예
- ▶ 강력한 힘이야말로 수제 면의 핵심! 힘이 곧 맛!
- ▶ 흑발이야말로 미의 핵심! 빛나는 머릿결이 인상을 바꾸는 ○○
- ▶ 개방감이야말로 힐링의 핵심! 대자연 속에 펼쳐진 ○○

유의어 ➡ ○○이야말로 ××의 포인트, 정말로 중요한 점은 ○○

420 ○○하면 ××할수록

효과적인 사용법 경험이나 행동을 쌓을수록 임팩트가 커진다는 의미를 표현한다.

예
- ▶ 맛보면 맛볼수록 빠져든다! 자꾸만 손이 가는 맛 ○○
- ▶ 가까이 보면 볼수록 디테일의 완성도가 대박
- ▶ 사용하면 할수록 효과에 감탄! 집에서도 간단히 실천하는 ○○

유의어 ➡ ○○할수록 ××한다, 계속 ○○하다 보면

421 **최상급 ○○**

효과적인 사용법 어떤 요소와 '최상'이라는 말을 조합하여 그 요소가 매우 뛰어나다는 인상을 전한다.

예
- ▶ 최상급 치즈 케이크 특집! 이것을 먹지 않고서는 치즈 케이크를 논할 수 없다
- ▶ 최상급 힐링 효과! 세포 하나하나에 안락함이 전달되는 듯한 ○○
- ▶ 겨울철에 먹으면 최상급의 맛! 온몸 구석구석을 뜨끈하게 데우는 ○○

유의어 ➡ 최고급 ○○, 더할 나위 없는 ○○, 천하일미(천하일품) ○○

422 **○○ 선언**

효과적인 사용법 '선언'이라는 말로 강한 의지나 보증을 표명하여 임팩트를 준다.

예
- ▶ '매우 만족' 후기 100% 선언! 모든 고객이 기뻐하는 모습을 보여드리겠습니다
- ▶ 절대 만족 선언! 지내시는 동안 최상의 만족을 약속드립니다!
- ▶ 클레임 제로 선언! 고객 불만 제로에 도전하는 ○○

유의어 ➡ ○○ 선서, ○○ 맹세, ○○를 약속합니다

423　○○ 대폭발

효과적인 사용법　어필하고 싶은 장점에 자극적이고 강렬한 임팩트를 준다.

예
- ▶ 인기 대폭발! 매진 속출하는 브랜드 신상품 판매 개시
- ▶ 매운맛 대폭발! 알싸한 매운맛을 좋아하는 고객을 위한 ○○
- ▶ 부드러움 대폭발! 입에 넣는 순간 녹아내리는 식감

유의어 ➡ 폭발하는 ○○, ○○ 작렬, ○○ 대분출

424　○○도 ××와 관계없이

효과적인 사용법　일반적으로는 어떤 요소나 조건에 좌우되지만, 소개하는 상품이나 서비스는 그런 요소나 조건에 좌우되지 않는다고 표현하여 존재감을 강조한다.

예
- ▶ 30대도 40대도 나이와 관계없이 아름다운 피부
- ▶ 컴퓨터 초보자도 수준과 관계없이 상세히 지도
- ▶ 남성도 성별과 관계없이 사용할 수 있는 최강 보습 ○○

유의어 ➡ ○○와 상관없이, ○○가 필요없이, ○○를 무시하고 ×× 가능

425　○○도 200%

효과적인 사용법　어떤 장점을 강조하기 위해 그 장점의 효과가 2배가 될 정도라고 어필한다.

예
- ▶ 온천 만족도 200%! 객실에 갖춰진 개인 노천탕
- ▶ 레어도 200%! 이런 찬스는 쉽게 찾아오지 않습니다!
- ▶ 매력도 200%! 어두운 색상과 조합하면 시너지 증폭

유의어 ➡ ○○도 ××배, 발군의 ○○, 수준이 다른 ○○

426　○○에 홀딱 반한 이유

효과적인 사용법　어떤 요소에 대한 강렬한 애착을 나타내고 임팩트를 줘서 그 이유에 관심을 보이도록 유도한다.

예
- ▶ 이 손목시계에 홀딱 반한 이유! 세월이 흘러도 그 가치는 영원히 남는다
- ▶ 이 집에 홀딱 반한 이유! 입주자의 개성에 맞게 변경 가능한 ○○
- ▶ 시골 레스토랑에 홀딱 반한 이유! 대자연에서 직접 얻은 재료만을 이용한 ○○

유의어 ➡ ○○에 반한 이유, ○○에 진심인 이유, ○○에 빠진 이유

【C. 강조】

427   ○○에 강한

효과적인 사용법   돌려서 말하지 않고 직접적으로 표현하여 임팩트를 준다.

예
- ▶ 충돌에 강한 터프함! 남성미 물씬 풍기는 ○○
- ▶ 물에 강하다! 장시간 수영에도 안심할 수 있는 선크림
- ▶ 흔들림에도 강력한 내진 구조! 재난 위협에서 이제 해방

유의어 ➡ ○○에 강력한, ○○에 지지 않는, ○○에 매우 강한

428   ○○ 각오

효과적인 사용법   앞으로 있을 일에 맞서겠다는 강한 의지와 함께 긍정적인 결과까지 표현하여 주의를 끈다.

예
- ▶ 각오하고 선택하자! 일생에 한 번뿐인 ○○
- ▶ 줄 설 각오로 가는 맛집! 한 번 맛보면 잊지 못하는 ○○
- ▶ 리더의 각오로 경영이 달라진다! 리더십 향상을 위한 ○○

유의어 ➡ ○○ 결의, ○○ 마음가짐, ○○ 다짐

429   ○○의 역습

효과적인 사용법   평소에는 별로 생각하지 않은 무언가가 갑자기 쳐들어왔다는 표현으로 시선을 끌고, 그 이유나 대책에 관심을 보이도록 한다.

예
- ▶ 꽃가루의 역습! 봄철 호흡기 질환을 완화하는 ○○
- ▶ 교육비의 역습! 점점 늘어나는 교육비를 위한 ○○
- ▶ 주름의 역습! 나이와 함께 찾아온 불청객을 늦추는 ○○

유의어 ➡ ○○의 습격, ○○의 위협, ○○의 위기

430   ○○의 최고봉

효과적인 사용법   어떤 분야에 있어 최고 수준이라는 표현으로 임팩트를 주고 그것이 의미하는 바를 어필한다.

예
- ▶ 프렌치 레스토랑의 최고봉으로 불리는 ○○
- ▶ 남도 음식의 최고봉! 엄선한 현지 재료로 수십 가지 다채로운 조합을 맛보자
- ▶ 수제 가구의 최고봉! 경지에 오른 장인의 섬세함을 소유하다

유의어 ➡ ○○에서 가장 뛰어난, ○○의 최고 수준, ○○의 넘버원

431 ○○의 달인

효과적인 사용법 어떤 분야의 달인임을 드러내서 흥미를 끌고 달인만의 특별함을 어필한다.

예
- ▶ 수제 구두의 달인이 선택한 아이템!
- ▶ 리폼의 달인이 세세한 부분까지 신경 쓴 ○○
- ▶ 연출의 달인! 감동적인 결혼식을 위한 최고의 쇼

유의어 ➡ ○○의 장인, ○○의 명장, ○○의 명인

432 ○○의 정점

효과적인 사용법 어떤 분야의 정점에 있다는 강렬한 존재감을 나타내는 표현으로 시선을 끌고 그 의미에 관심을 보이도록 유도한다.

예
- ▶ 맛의 정점! 대를 이어 오로지 하나의 메뉴만 ○○
- ▶ 고급스러움의 정점에 선 브랜드! 누구나 동경하는 ○○
- ▶ 국산 낚싯대의 정점! 국내 환경에 적합한 기능을 총망라한 ○○

유의어 ➡ ○○의 끝판왕, ○○의 절정, 최상의 ○○, 더할 나위 없는 ○○

433 **비장의 ○○**

효과적인 사용법 '위급한 상황을 위해 소중히 간직하고 있다'라는 표현으로 그 내용에 관심을 보이도록 유도한다.

예
- ▶ 여름철에 더 잘 입을 수 있는 비장의 스웨터! 에어컨 바람 대비용 실속 아이템
- ▶ 긴급 시 비장의 에너지원! 하나만 넣고 다녀도 조난 시 생명을 지켜주는 ○○
- ▶ 어떤 요리도 풍미를 살려주는 비장의 방법!

유의어 ➡ 유사시의 ○○, ○○의 비밀병기, 고이 간직한 ○○

434 ○○의 박력

효과적인 사용법 '강한 충격을 받을 정도'라는 의미를 전달하여 주의를 끌고, 그 내용에 관심을 보이도록 유도한다.

예
- ▶ 끝없이 펼쳐진 대자연의 박력! 평생 잊지 못할 ○○
- ▶ 박력 넘치는 크기! 상식을 뛰어넘는 ○○
- ▶ 대형 화면의 박력을 체감해보자! 거대한 화면에서 펼쳐지는 아름다운 ○○

유의어 ➡ ○○ 메가톤급, ○○의 충격, 박력 있는 ○○, 임팩트 넘치는 ○○

【 C. 강조 】

435 ○○ 강화

효과적인 사용법 뭔가를 하기 위한 힘이나 효과가 한층 더 강해졌다는 점을 강조한다. 힘을 나타내는 말과 함께 사용하면 효과적이다.

예
- ▶ 표백력 강화! 소량만 사용해도 효과 최고
- ▶ 힐링 효과 강화! 부드러운 장미 향이 은은하게 퍼지는 ○○
- ▶ 이해력·문해력 강화! 각종 자격 시험을 준비 중인 분들에게 희소식

유의어 ➡ ○○ 레벨 업, ○○ 파워 확대, ○○ 파워 업

---

436 ○○ 속출

효과적인 사용법 상품을 둘러싸고 빈번하게 발생하는 어떤 현상을 어필하여 그 이유에 관심을 보이도록 한다.

예
- ▶ 고객 문의 속출! 판매 시작부터 인기를 끌고 있는 ○○
- ▶ 매진 속출! 오픈런을 각오해야 구할 수 있는 ○○
- ▶ 놀라움 속출! 실제 사용해보니 더욱 놀랍다!

유의어 ➡ 연이은 ○○, 잇따라 ○○, ○○ 빈발

---

437 ○○ 무제한

효과적인 사용법 전하고 싶은 장점이 무한하다는 표현으로 시선을 끌고, 그 내용에 관심을 보이도록 한다.

예
- ▶ 감동 무제한! 대자연의 장관을 마음껏 즐기세요!
- ▶ 쾌적함 무제한! 실내 디자인과 지형을 살린 설계 ○○
- ▶ 즐기는 법 무제한! 좋아하는 방식대로 마음껏 즐길 수 있는 ○○

유의어 ➡ 무한 ○○, 몇 번이나 ○○, 만족할 때까지 ○○

---

438 ○○도 사로잡다!

효과적인 사용법 경험이나 실력이 출중한 사람도 깜짝 놀란다는 표현으로 강한 임팩트를 준다.

예
- ▶ 단골은 물론 첫 방문 고객까지 사로잡다! 놀라움을 금치 못할 신메뉴 공개
- ▶ 유명 셰프도 사로잡다! 대를 이어온 맛의 완성도
- ▶ 경쟁자도 단번에 사로잡을 정도의 충실한 준비 상태

유의어 ➡ ○○도 놀라는, ○○도 감탄, ○○도 헉!

439 **○○를 훌쩍 높이다**

효과적인 사용법 어떤 장점을 어필하기 위해 그 효과가 급격히 높아진다는 표현을 써서 강조하고 상세 내용에 관심을 보이도록 한다.

예 ▶ 여성성을 훌쩍 높여주는 러블리한 디자인과 색상의 ○○
　 ▶ 재방문율을 훌쩍 높이는 점포 인테리어
　 ▶ 아이의 관심을 훌쩍 높인다! 놀며 배우는 학습법 ○○

유의어 ➡ ○○를 단번에 높인다, ○○를 촉진한다, 순식간에 ○○한다

---

440 **○○를 넘어서다**

효과적인 사용법 '머리로 생각하던 것을 초월한다'라는 의미로 강한 임팩트를 준다.

예 ▶ 예상을 넘어서는 절경에 말을 잃었다! 뇌리에 박힌 풍경이 여행의 재미를 증폭!
　 ▶ 상상을 넘어서는 스케일에 저절로 나오는 탄성
　 ▶ 한계를 넘어서는 속도가 남자의 마음을 자극한다!

유의어 ➡ ○○를 초월한다, 뜻밖의 ○○, ○○를 뛰어넘다

---

441 **○○를 뒤흔드는 충격**

효과적인 사용법 머리나 마음이 흔들리는 듯한 격한 충격이라는 표현으로 강한 임팩트를 줘서 그 내용에 관심을 보이도록 한다.

예 ▶ 심장을 뒤흔드는 충격! 절벽에 세워진 리조트에서 바라보는 ○○
　 ▶ 뇌를 뒤흔드는 충격! 한입 먹어보면 바로 느낄 수 있다
　 ▶ 욕망을 뒤흔드는 충격! 서늘한 금속 질감이 가슴에 스친다

유의어 ➡ 마음을 동요시키는 충격, 격한 충격이 ○○, 충격의 ○○

---

442 **○○를 부르는 ××**

효과적인 사용법 '이상적인 모습이나 일'이 생긴다는 표현을 써서 시선을 끌고 흥미를 유도한다.

예 ▶ 감동을 부르는 레스토랑! 마음이 담긴 서비스와 요리
　 ▶ 눈물을 부르는 감동적인 작품! 마음이 따스해지는 스토리 ○○
　 ▶ 행복을 부르는 집짓기! 가족의 동선을 고려한 ○○

유의어 ➡ ○○를 주는 ××, ○○가 넘치는 ××, ○○가 흐르는 ××

【C. 강조】

443 ○○를 리드하다

효과적인 사용법 '한 걸음 앞선 것'이라는 의미를 표현하여 그 구체적인 의미나 요령, 방법 등에 대한 관심을 유도한다.

예
▶ 시대를 리드하는 주식 투자! 새로운 스타일의 ○○
▶ 아파트 라이프를 리드한다! 친환경 ○○
▶ 패션 트렌드를 리드하는 잡지에서 주목받는 ○○

유의어 ➡ ○○를 이끌다, ○○의 선구자, ○○를 선도하다

444 백 년에 한 번 ○○

효과적인 사용법 '흔하지 않은 타이밍이나 기회'라는 의미를 담아서 그 내용까지 어필한다.

예
▶ 백 년에 한 번 벌어지는 광경! 평생의 추억으로 남겨보자
▶ 백 년에 한 번 있을까 말까 한 사람! 설레는 마음을 담은 ○○
▶ 백 년에 단 한 번뿐이라는 마음가짐으로 준비했습니다

유의어 ➡ 세기에 한 번 ○○, 천년에 한 번 ○○, 운명적인 ○○

445 360도 ○○

효과적인 사용법 '전방위'를 의미하는 표현으로 빈틈없이 완벽하다는 인상을 전한다.

예
▶ 360도 완벽 조사! 전국 고객의 바람을 단 하나도 놓치지 않고 캐치!
▶ 360도 파노라마 절경이 개방감을 최대한으로 높인다
▶ 360도 빈틈없는 보안! 최상급 시큐리티 시스템을 완비한 ○○

유의어 ➡ 빈틈없는 ○○, 물 샐 틈 없는 ○○, 전방위 ○○

446 가장 뜨거운 ○○

효과적인 사용법 '지금 가장 주목받고 있다'라는 의미로 즉각적인 임팩트를 준다.

예
▶ 지금 가장 뜨거운 곳은 바로 여기!
▶ 시내에서 가장 뜨거운 프렌치 레스토랑!
▶ 이번 봄 가장 뜨거운 패션! 매진 사례 속출!

유의어 ➡ 가장 핫한 ○○, 열광의 ○○, 화제의 ○○

447 입소문 자자한 ○○

효과적인 사용법 '명성을 얻고 있다'라는 의미로 임팩트를 주고 그 이유에 관심을 보이도록 유도한다.

예
- ▶ 입소문 자자한 짬뽕! 얼큰한 국물과 신선한 해산물이 일품
- ▶ 입소문 자자한 카페! 커피에 진심인 바리스타가 직접 개발!
- ▶ 입소문 자자한 립스틱! 시선을 집중시키는 촉촉함과 다양한 색상

유의어 ➡ 소문이 자자한 ○○, '좋아요' 세례 ○○, ○○로 화제

---

448 운명의 ○○

효과적인 사용법 '운명으로 느낄 정도로 강한 인상을 남긴다'라는 의미를 담아서 표현한다. 신비로운 인상도 줄 수 있다.

예
- ▶ 운명의 집을 만나다! 전원주택 전문 중개인이 추천하는 ○○
- ▶ 운명의 직업 찾기! 평생의 천직을 찾고 싶다면 ○○
- ▶ 운명의 액세서리! 소중한 만남에 가치를 더하는 ○○

유의어 ➡ 숙명의 ○○, 운명적인 ○○, 운명을 느끼는 ○○

---

449 엣지 있는 ○○

효과적인 사용법 세련되고 샤프한 인상을 주는 표현이다. 절제된 임팩트를 줘서 시선을 끈다.

예
- ▶ 엣지 있는 외관이 신선! 지금까지 경험하지 못한 세련된 ○○
- ▶ 엣지 있는 조합이 의외로 화제! 이번 가을 패션을 선도하는 ○○
- ▶ 엣지 있는 액세서리로 한층 주목도 높은 인상을 연출!

유의어 ➡ 샤프한 ○○, 세련된 ○○, 스타일리시한 ○○

---

450 아낌없는 ○○

효과적인 사용법 '전력을 다한다'라는 의미를 담아 전하고 싶은 내용을 강조한다.

예
- ▶ 아낌없는 찬사를 받은 명인의 술! 대대로 내려온 양조장의 전통 주조
- ▶ 아낌없는 사랑을 받아 온 아이템! 역사 속으로 사라지기 전에 지금 구매!
- ▶ 아낌없는 탐구심이 지금의 기술을 낳았다! 미래를 여는 ○○

유의어 ➡ 마음속 깊은 곳에서 ○○, 남김없이 ○○, 진심 어린 ○○

451 성스러울 정도로 ○○

효과적인 사용법   신성하거나 신비로운 느낌을 줄 정도로 고급스럽다는 인상을 표현하여 독특한 임팩트를 준다.

예 ▶ 성스러울 정도로 아름다운 석양을 볼 수 있는 ○○
   ▶ 성스러울 정도로 우아하다! 투명한 피부 톤이 눈부신 ○○
   ▶ 성스러울 정도로 빛나는 밤하늘 체험! 대자연 속 캠핑은 ○○

유의어 ➡ 신성한 ○○, 거룩한 ○○, 쉽게 다가서지 못할 정도로 ○○

452 화려한 ○○

효과적인 사용법   아름다운 것의 화려함을 더욱 어필하여 고급스러운 인상을 준다.

예 ▶ 화려한 궁전을 보는 듯한 리조트! 이번 휴가는 다소 사치스러운 ○○
   ▶ 화려한 손놀림에 눈까지 즐거운 요리! 오픈 키친이 주는 남다른 만족감
   ▶ 오늘밤은 화려한 파티에 초대합니다! 루프톱에서 맛보는 칵테일 ○○

유의어 ➡ 우아한 ○○, 빛나는 ○○, 거대한 ○○

453 궁극의 ○○

효과적인 사용법   '어떤 분야에 있어 더할 나위 없다'라는 의미다. 이 표현으로 가치가 높음을 어필한다.

예 ▶ 궁극의 몽블랑! 케이크라고 생각할 수 없는 식감
   ▶ 궁극의 비즈니스 툴, 스마트폰만으로 모든 것이 가능한 ○○
   ▶ 궁극의 맛을 마음껏 즐기는 해산물 전문점

유의어 ➡ 최상의 ○○, 특급의 ○○, 더할 나위 없는 ○○

454 경이로운 ○○

효과적인 사용법   '어떤 요소가 놀라울 정도로 멋지다'라는 의미로 시선을 끌어 구체적인 내용에 관심을 보이도록 유도한다.

예 ▶ 경이로운 침투력이 피부 속 깊은 곳까지 영양분을 전한다!
   ▶ 경이로운 식초의 파워가 피곤한 현대인을 깨운다!
   ▶ 경이로운 최첨단 기능 탑재! 자율주행이 주는 편리함

유의어 ➡ 상상 이상의 ○○, 상상을 초월하는 ○○, 놀라운 ○○

455 업계 충격

효과적인 사용법 업계 전체에 강한 충격을 줄 정도로 임팩트가 있다는 의미. 드라마틱한 변화나 충격적인 내용으로 강조한다.

예
▶ 건설 업계 충격! 새로운 공법으로 건설 혁명을 일으키다!
▶ 업계를 뒤흔드는 새로운 감각의 디저트가 시장을 주도한다!
▶ 업계 충격! 화장품 역사를 새로 쓰는 ○○

유의어 ➡ 업계 경악, 업계를 뒤흔드는 ○○, 업계가 요동치는 ○○

---

456 초강력 ○○

효과적인 사용법 작용이나 효과가 매우 강하다는 인상을 주기 위한 표현으로, 그 내용에 관심을 보이도록 유도한다.

예
▶ 초강력 피톤치드 파워가 실내를 쾌적하게!
▶ 초강력 탈취 효과! 애완동물을 키우는 집에서 인기인 ○○
▶ 초강력 진동이 혈류를 촉진! 지긋지긋한 만성 근육통도 개선할 수 있는 ○○

유의어 ➡ 굉장한 ○○, 파워풀 ○○, ○○ 임팩트, 강력 ○○

---

457 극적 ○○

효과적인 사용법 마치 '쇼나 드라마를 보는 듯한 착각에 빠진다'라는 인상을 표현하여 시선을 끌고, 그 설명에 관심을 보이도록 유도한다.

예
▶ 매출 극적 향상! 새롭게 각광받는 영업 스타일
▶ 극적인 절경! 신비로운 분위기가 연출하는 대자연의 ○○
▶ 새콤함과 달콤함의 극적 만남! 여름철 입맛 없을 때 강력 추천하는 ○○

유의어 ➡ 드라마틱한 ○○, 영화 같은 ○○, 소설 같은 ○○

---

458 이만큼 ○○하다

효과적인 사용법 어떤 요소가 '놀랄 정도로 대단한 변화를 불러온다'라는 표현으로 주의를 끌 수 있다.

예
▶ 화장 하나로 이만큼 젊어진다! 모르면 손해 보는 ○○ 활용법
▶ 밥솥에 따라 이만큼 밥맛이 달라진다!
▶ 이만큼 소문이 날 정도로 화제인 다이어트 비법 소개!

유의어 ➡ 이렇게 ○○하다, 이렇게나 ○○, 이렇게까지 ○○

【C. 강조】

459 이 이상의 ○○은 없다

효과적인 사용법 최상급이라는 의미를 강조하기 위해 부정형 표현을 사용하여 임팩트를 준다.

예
- ▶ 이 이상의 기쁜 일은 기대할 수 없다! 최고의 기쁨을 선사하는 ○○
- ▶ 이 이상의 예술품은 구할 수 없다! 장인이 혼신의 힘을 다해 제작한 ○○
- ▶ 이 이상의 사치는 없다! 눈앞에 펼쳐진 대자연을 혼자서 즐기는 ○○

유의어 ➡ ○○를 뛰어넘는 ××, 지금 이상의 ○○, 이 감동 이상의 ○○

460 최고 역작

효과적인 사용법 제공하는 상품이나 서비스가 '최고의 걸작'인 듯한 인상을 줘서 시선을 끌고 그 가치를 어필한다.

예
- ▶ 전통 소주의 최고 역작! 맛을 극한까지 끌어올린 장인의 ○○
- ▶ 조선 백자의 최고 역작을 엄선해 재현한 ○○
- ▶ 수제 구두의 최고 역작! 명품을 뛰어넘는 가죽의 품질

유의어 ➡ 최고봉, 최고 걸작, 최고 작품

461 세포 하나하나까지 ○○

효과적인 사용법 어떤 요소가 매우 섬세한 부분까지 작용한다는 표현을 써서 강력한 임팩트를 준다.

예
- ▶ 세포 하나하나까지 즐거운 맛! 짜릿한 식감의 ○○
- ▶ 세포 하나하나까지 전율을 일으키는 체감! 스릴 만점의 스키 코스를 즐길 수 있는 ○○
- ▶ 세포 하나하나까지 건강하게! 친환경 재료만 엄선한 ○○

유의어 ➡ 몸 구석구석까지 ○○, 말초신경까지 ○○, 머리부터 발끝까지 ○○

462 ○○의 주인공은 나

효과적인 사용법 '가장 눈에 띄는 존재가 된다'라는 인상을 줘서 흥미를 유발한다.

예
- ▶ 다이어트의 주인공은 나! 최신 기기 도입 완료!
- ▶ 이번 봄의 주인공은 나! 원색을 200% 활용한 ○○
- ▶ 화려한 의상과 강렬한 메이크업, 파티의 주인공은 나!

유의어 ➡ ○○의 주역은 나, ○○의 스타는 나

463 신선한 놀라움

효과적인 사용법 '지금까지 없던 새로운 발견이나 놀라움'을 표현한다. 주의를 끌어 그 내용에 관심을 보이도록 유도한다.

- **예**
  - ▶ 촉감이 달라지는 신선한 놀라움! 아침에 얼굴을 씻자마자 느끼는 변화
  - ▶ 귀농 체험이라는 신선한 놀라움! 휴가와 체험을 동시에 즐기는 ○○
  - ▶ 혼자 떠나는 여행의 신선한 놀라움! 마음 가는 대로 떠나자 ○○
- **유의어** ➡ 새로운 경험(설렘), 신통한 ○○, 깜짝 놀라는 ○○

464 세계 최고 ○○

효과적인 사용법 세상에서 가장 뛰어나다는 표현으로 강력한 임팩트를 주고 그 내용에 관심을 보이도록 유도한다.

- **예**
  - ▶ 세계 최고의 휴양지! 안락한 리조트와 자유로운 분위기 ○○
  - ▶ 세계 최고로 효과적인 교육법! 아이들의 재능을 발견하고 계발하는 데 탁월!
  - ▶ 세계 최고의 사과! 세계 각국으로 수출되는 명품 ○○
- **유의어** ➡ 세계 제일 ○○, 세상에서 최고 ○○, 세계 최강 ○○

465 절대 감동

효과적인 사용법 어떤 내용이 '반드시 감동을 줄 정도로 대단하다'라는 인상을 표현하여 임팩트와 신뢰성을 높인다.

- **예**
  - ▶ 절대 감동 레스토랑! 데이트 코스로 각광받는 ○○
  - ▶ 이 꽃다발을 받는다면 절대 감동! 기념일에는 빠질 수 없는 ○○
  - ▶ 틀림없이 절대 감동! 고객 메시지 각인 서비스 무료
- **유의어** ➡ 절대 감격, 절대 감탄, 반드시 감동하는 ○○

466 절묘한 ○○

효과적인 사용법 어떤 요소가 매우 뛰어나다는 표현으로 시선을 끌고, 그 내용에 관심을 보이도록 유도한다.

- **예**
  - ▶ 절묘한 식감이 인기의 비결! 달콤 쌉쌀한 커피와 함께 즐기는 ○○
  - ▶ 가벼움과 내구성의 절묘한 밸런스! 비즈니스 패션의 정수 ○○
  - ▶ 절묘한 팀워크가 고객 만족의 비결!
- **유의어** ➡ 굉장한 ○○, 정확한 ○○, 딱 들어맞는 ○○, 안성맞춤인 ○○

467 전례 없는 ○○

효과적인 사용법 '지금까지 사례가 없다', '지금까지 경험해본 적이 없다'라는 의미를 표현하여 참신하다는 인상을 준다.

예
- ▶ 전례 없는 강렬한 증정품! 구입하신 모든 분께 무조건 지급
- ▶ 전례 없는 독특한 서비스가 매력! 웃음이 떠나지 않는 ○○
- ▶ 전례 없는 사치스로움! 크루즈 여행으로 떠나는 세계 일주 ○○

유의어 ➡ 유례없는 ○○, 과거에는 없었던 ○○, 경험해보지 못한 ○○

468 대담하다

효과적인 사용법 용기 있게 추진한다는 뜻을 지닌 말을 사용하여 임팩트를 주고 변화와 새로움을 어필한다.

예
- ▶ 불필요한 부분은 대담하게 배제! 심플한 디자인의 최고봉 ○○
- ▶ 주가 폭락도 대담하게 예측! 주식 투자 컨설팅은 ○○
- ▶ 여성만을 위한 대담한 서비스! 여성 전용 ○○

유의어 ➡ 대범하다, 담대하다, 배짱 있다

469 예사롭지 않은 ○○

효과적인 사용법 보통이 아니라는 의미를 표현하여 '강렬한 것'임을 어필한다.

예
- ▶ 예사롭지 않은 분위기를 자아내는 중후한 외관! 특별한 날에는 ○○
- ▶ 예사롭지 않은 국물! 특제 사골 육수를 사용한 ○○
- ▶ 예사롭지 않은 다이어트 효과! 잘 짜인 프로그램에 따라 실천하는 ○○

유의어 ➡ 뭔가 다른 ○○, 범상치 않은 ○○, 흔하지 않은 ○○

470 단 한 ○○를 위해

효과적인 사용법 대상이 매우 적어도 아낌없이 비용이나 노력, 시간 등을 들인다는 의미로 임팩트를 전한다.

예
- ▶ 사랑하는 단 한 사람을 위해 만든 그림 같은 경치
- ▶ 단 한 자루를 위해 반년의 세월을 공들여 만든 만년필
- ▶ 단 한 사람을 위해 빌린 감동의 공간! 개인실에서 자유롭게 즐기는 데이트

유의어 ➡ 단지 ○○를 위해, 고작 ○○를 위해, 기껏 ○○를 위해

471 ○○력을 자랑하는

효과적인 사용법 어떤 분야에서 뛰어난 능력이 있음을 강하게 표현하고, 그 내용에 관심을 보이도록 유도한다.

예
- ▶ 창의력을 자랑하는 디자이너들이 완성한 호텔 인테리어
- ▶ 영업력을 자랑하는 전문 집단이 여러분의 제품을 대신 판매해드립니다!
- ▶ 튼튼한 내구력을 자랑하는 수제 가구! 외관뿐만 아니라 기능도 출중한 ○○

유의어 ➡ ○○ 능력 넘치는, 강력한 ○○, 넘치는 파워의 ○○

---

472 초○○

효과적인 사용법 장점을 나타내는 말을 첫머리에 둬서 보다 강한 임팩트를 준다.

예
- ▶ 초레어 상품 드디어 입하! 소문의 아이템을 구할 수 있는 절호의 기회
- ▶ 초인기 아이템만 모았습니다! 먼저 고르는 사람이 임자!
- ▶ 초호화 객실에 감격! 기간 한정 특별가로 제공!

유의어 ➡ 굉장한 ○○, 어마어마한 ○○, 엄청난 ○○

---

473 실감 나는 ○○

효과적인 사용법 '어떤 행동을 취하면 확실하게 체감할 정도로 달라진다'라는 인상을 주는 표현으로 관심을 높일 수 있다.

예
- ▶ 효과가 실감 나는 약용 성분 가득! 많은 후기가 보증하는 ○○
- ▶ 현지처럼 실감 나는 영어 회화 교실! 전원 자격증을 갖춘 원어민 강사로 이루어진 ○○
- ▶ 실감 나는 절약법! 누구라도 실천할 수 있는 손쉬운 ○○

유의어 ➡ 리얼한 ○○, 실제로 느껴지는 ○○, 손맛이 느껴지는 ○○

---

474 철저 ○○

효과적인 사용법 '어중간하게 끝내지 않고 마지막까지 완벽히 완수한다'라는 의미를 어필하여 안정감과 임팩트를 준다.

예
- ▶ 안전 점검 철저! 어린이도 즐길 수 있는 실내 풀장 완비!
- ▶ 고객 만족 철저 선언! 고객의 요구를 빠짐없이 반영한 ○○
- ▶ 엑셀 활용법 철저 마스터! 기본에서 응용까지 ○○

유의어 ➡ 완벽 ○○, 시작부터 끝까지 ○○, 빈틈없는 ○○

475   ○○가 경쟁하는 ××

효과적인 사용법 '치열한 경쟁을 통해 이룬 것'이라는 의미로, 대상의 가치를 높일 뿐만 아니라 시선을 끌 수 있다.

- **예** ▶ 인기 맛집 10곳이 경쟁하는 미식의 중심지!
  - ▶ 셰프들의 경쟁으로 탄생한 여름철 별미! 여름밤 축제에서 즐기는 ○○
  - ▶ 유명 아티스트가 경쟁하는 록의 향연! 한 장의 티켓으로 여러 아티스트의 히트곡을!

유의어 ➡ ○○끼리 경쟁하는 ××, ○○가 싸우는 ××, ○○가 겨루는 ××

476   특출난 ○○

효과적인 사용법 어떤 요소가 '압도적으로 우수하다'라는 의미의 표현. 품질이나 서비스의 수준이 최상급이라는 인상을 준다.

- **예** ▶ 특출난 감동을 체험하는 여행! 남국의 대자연 속에서 ○○
  - ▶ 특출난 잠자리가 숙면을 돕는다! 숙면을 위해 고안된 ○○
  - ▶ 특출난 신선도와 해산물 본연의 감칠맛을 느껴보세요

유의어 ➡ 월등한 ○○, 특별한 ○○, 남다른 ○○, 압도적인 ○○

477   뛰어넘는 ○○

효과적인 사용법 '일반적인 범위를 뛰어넘을 정도로 우수하다'라는 표현으로 임팩트를 주고, 그 설명에 관심을 보이도록 유도한다.

- **예** ▶ 예상을 뛰어넘는 감동! 방문객 전원이 만족하는 ○○
  - ▶ 진짜를 뛰어넘는 완성도! 현지의 맛을 넘어선 ○○
  - ▶ 이탈리아 현지를 뛰어넘는 레시피! 창작 요리로 새로운 맛을 개척하는 ○○

유의어 ➡ 넘나드는 ○○, 능가하는 ○○, 초월하는 ○○

478   최대의 ○○

효과적인 사용법 가장 크고 좋은 범주에 속한다는 표현으로 시선을 끈다.

- **예** ▶ 국내 최대의 스키장이 새롭게 오픈!
  - ▶ 최대의 감동을 당신에게! 리조트 감각의 펜션에서 즐기는 잊지 못할 시간
  - ▶ 공포 체험 최대로! 스릴 만점의 ○○

유의어 ➡ 사상 최강의 ○○, 최대 스케일의 ○○, 최강 클래스의 ○○

479 뿌리째 ○○하다

효과적인 사용법 근본까지 '모조리 없앤다'라는 강력한 표현으로 어떤 요소를 '제거하는 효과'에 중점을 두고 어필한다.

예
- ▶ 구취를 뿌리째 없앤다! 악취의 원인은 ○○
- ▶ 숨겨진 얼룩까지 뿌리째 세탁한다! 강력한 얼룩 분해 성분 ○○
- ▶ 궁금증을 뿌리째 해소한다! 고객 문의 100% 대응 시스템 완비

유의어 ➡ 근본부터 ○○하다, 송두리째 ○○하다, 남김없이 ○○하다

---

480 ○○ 척척

효과적인 사용법 '거침없는 모습'이나 '질서정연한 모습'을 의미하는 '척척'이라는 의성의태어를 써서 임팩트를 준다.

예
- ▶ 아이들도 척척! 혼자서 배우는 영어 교실
- ▶ 특별한 도구 없이 척척! 가정에서도 즐길 수 있는 레시피 대공개
- ▶ 초레어 상품도 척척! 한정 수량 입하!

유의어 ➡ ○○ 술술, ○○ 줄줄, ○○ 선뜻

---

481 플래티넘급 ○○

효과적인 사용법 고가임을 강조하기 위해 값비싼 이미지의 '플래티넘'이라는 말을 사용하여 표현한다.

예
- ▶ 플래티넘급 리조트에서 보내는 여름휴가!
- ▶ 플래티넘급 내장 설비가 고급스러운 인상을 연출!
- ▶ 플래티넘급 피부를 갖자! 매일 실천하는 스킨케어 ○○

유의어 ➡ 다이아몬드급 ○○, 주옥같은 ○○, 역대급 ○○

---

482 눈이 뒤집힐 정도 ○○

효과적인 사용법 '어떤 상황이 정신을 못 차릴 정도로 충격적'임을 표현하여 임팩트를 준다.

예
- ▶ 덕후 눈이 뒤집힐 정도의 굿즈 물량! 이만큼 수집하려면 꼭 필요한 ○○
- ▶ 눈이 뒤집힐 정도로 매력적인 각선미! 운동으로 만드는 ○○
- ▶ 눈이 뒤집힐 정도로 희귀한 아이템만 모았습니다!

유의어 ➡ 눈이 돌아갈 정도 ○○, 이성을 잃을 정도 ○○, 정신이 혼미할 정도 ○○

483 맹렬하게 ○○

효과적인 사용법 '굉장한 기세'를 나타내는 '맹렬'이라는 말로 강력한 임팩트를 표현한다.

예
▶ 맹렬하게 밀려오는 감동! 밤하늘에 펼쳐진 별들의 향연
▶ 맹렬하게 팔리는 기능성 식품! 마감 임박!
▶ 맹렬하게 가보고 싶다! 지상 낙원에서 즐기는 ○○

유의어 ➡ 엄청나게 ○○, 격하게 ○○, 거세게 ○○

---

484 겨우 ○○

효과적인 사용법 어떤 요소의 수치나 수량이 매우 작다(적다)는 점을 강조하여 그것이 지닌 가치를 높인다.

예
▶ 겨우 1센티미터인 초슬림 화면인데도 기능성은 최고!
▶ 뜨거운 물에 겨우 3분! 간단히 즐기는 ○○
▶ 겨우 한 알로 다음 날 숙취가 사라진다!

유의어 ➡ 단 ○○, 고작 ○○, 기껏해야 ○○

취향·특별함 표현하기

고객은 자신의 취향이거나 특별한 의미를 지닌 상품 또는 서비스에 높은 가치를 느낀다. 그러므로 어떤 요소에 대한 취향을 효과적으로 전하는 표현이나 특별함을 의미하는 표현으로 가치를 어필할 수 있다.

---

485   ○○ 기분을 맛볼 수 있다

효과적인 사용법 '이상적인 상황(모습)'을 실제로 경험(체감)할 수 있다는 인상을 줘서 가치를 어필한다.

예
- ▶ 셀럽 기분을 맛볼 수 있는 고급스러운 호텔 라운지!
- ▶ 해외에 온 기분을 맛볼 수 있는 국내 리조트
- ▶ 집에서 온천 기분을 맛볼 수 있다! 온천 성분이 함유된 ○○

유의어 ➡ ○○ 기분을 만끽, 마치 ○○한(인) 기분, ○○ 기분을 느낄 수 있다

---

486   ○○ 엄선

효과적인 사용법 소개하고 싶은 상품이나 서비스가 '정성 들여 선택한 것'이라는 인상을 줘서 가치를 어필한다.

예
- ▶ 장인이 엄선한 재료만을 판매합니다! 프로의 눈을 거친 ○○
- ▶ 특별 엄선 상품! 겨울 제철 해산물 직송!
- ▶ 전국에서 엄선한 인기 리조트 리스트 제공! 고품격 여행을 가장 쉽게 즐기는 법

유의어 ➡ ○○ 선정, ○○에서 뽑히다, ○○ 초이스

487 ○○ 연상시키는 ××

효과적인 사용법 '이상적인 모습이 떠오를 정도로 좋다'라는 표현으로 시선을 끈다.

예
- ▶ 커리어 우먼을 연상시키는 비즈니스 정장! 쉬는 날 외출에도 OK!
- ▶ 오자마자 재방문을 연상시키는 호텔! 최고급 서비스를 제공합니다
- ▶ 귀여운 병아리를 연상시키는 봄 메이크업! 상큼하고 발랄한 ○○

유의어 ➡ ○○를 떠올리게 하는 ××, ○○로 느껴지는 ××, ○○가 상상되는 ××

488 ○○만의 ××

효과적인 사용법 '어떤 독특한 요소(조건)'로 인해 특별한 가치가 부여된 존재임을 어필한다.

예
- ▶ 수제만의 독특한 맛! 섬세하게 가공된 ○○
- ▶ 홈쇼핑만의 엄선된 상품! 수량 한정 판매
- ▶ 노포에서만 느끼는 추억의 맛! 어릴 적 먹던 기억 속 그대로!

유의어 ➡ ○○ 본래의 ××, ○○ 특유의 ××, ○○ 단독 ××

489 ○○에 확신

효과적인 사용법 어필하고 싶은 장점에 자신이 있음을 직접적으로 표현하여 강조한다.

예
- ▶ 웃는 얼굴에 확신을 느끼도록! 마음에서 우러나는 미소로 고객님을 맞이하겠습니다!
- ▶ 맛에 확신 있습니다! 장시간 우려낸 육수를 활용한 ○○
- ▶ 뛰어난 기술로 확신한다! 세계에서도 통하는 기술 수준

유의어 ➡ 우수한 ○○, 실력파 ○○, 자신 있는 ○○

490 ○○ 대결!

효과적인 사용법 '뛰어난 것끼리 경합해서 더 뛰어난 것을 만든다'라는 인상을 전하여 엄청난 가치가 있음을 어필한다.

예
- ▶ 이탈리안 셰프의 자존심 대결! 최고급 호텔 주방장들이 펼치는 ○○
- ▶ 수제 버거 장인 대결! 예술로 승화시킨 기술의 대향연!
- ▶ 실내 인테리어 대결! 고객이 원하는 구조로 변경 가능한 ○○

유의어 ➡ ○○ 승부, ○○ 결전, ○○ 결정전

491 ○○ 삼박자

효과적인 사용법 전하고 싶은 요소를 '세 가지'로 좁히고 그 세 요소를 리듬감 있는 표현으로 전하여 효과적으로 강조한다.

예
- ▶ '빠르다, 싸다, 맛있다'의 삼박자! 직장인이 가장 즐겨 찾는 ○○
- ▶ 보고 먹고 즐기는 삼박자로 이번 휴가는 대만족!
- ▶ 맛, 식감, 양념의 삼박자가 만들어내는 ○○

유의어 ➡ ○○ 세 가지 요소, ○○ 세 가지 조건, ○○ 세 가지 요건

---

492 ○○의 진수

효과적인 사용법 '가장 중요한 부분'을 의미하는 '진수'라는 말로 특별한 가치를 전한다.

예
- ▶ 접객의 진수는 마음가짐에 있다! 고객이 편안하게 지낼 수 있도록
- ▶ 오가닉 요리의 진수! 순수 자연산 재료만 엄선한 ○○
- ▶ 광고의 진수! 목적을 어떻게 달성할 것인가?

유의어 ➡ ○○의 본질, ○○의 철학, ○○의 핵심, ○○의 정수

---

493 ○○ 오리지널리티

효과적인 사용법 '이것은 진짜다'라는 의미로 상품이 본래 지닌 가치에 집중하도록 한다.

예
- ▶ 가죽만의 오리지널리티! 최고급 가죽을 사용한 한정 아이템 ○○
- ▶ 육안으로만 확인 가능한 오리지널리티! 세세한 부분까지 놓치지 않은 디테일
- ▶ 박력 넘치는 오리지널리티! 대형 화면으로 즐기는 영상이 주는 특별한 경험

유의어 ➡ 진짜 ○○, 진정한 ○○, ○○ 아이덴티티

---

494 ○○식

효과적인 사용법 장점을 하나의 방식이나 계파로 표현하여 특별함과 신뢰성을 어필한다.

예
- ▶ 5성급 호텔식 접객법! 체계적인 매뉴얼을 바탕으로 진심 응대
- ▶ 모델식 패션 센스! 타고난 감각을 직접 들을 수 있는 ○○
- ▶ 미스코리아식 다이어트법! 굶지 않고 날씬한 몸매를 유지하는 법

유의어 ➡ ○○류, ○○파, ○○가문, ○○스타일, ○○타입

【C. 강조】

495 ○○를 추구하는 ××

효과적인 사용법 어떤 요소가 '이상적인 상태에 이르기 위한 것'이라는 점을 어필하여 가치를 높인다.

예
- ▶ 성공을 추구하는 라이프! 값진 인생을 위한 투자 컨설팅 ○○
- ▶ 쾌적한 생활을 추구하는 에코 하우스! 최신 기술 총집합 ○○
- ▶ 아름다운 도시의 모습을 추구하는 친환경 개발

유의어 ➡ ○○를 좇는 ××, ○○를 바라는 ××, ○○를 동경하는 ××

---

496 ○○를 응축한 ××

효과적인 사용법 소개하는 상품이나 서비스가 '어떤 긍정적인 요소를 응축한 것'이라는 의미로 특별한 가치를 강조한다.

예
- ▶ 축적해온 노하우를 응축한 신형 패밀리 카
- ▶ 고객의 요청을 응축한 세 가지 플랜을 준비했습니다!
- ▶ 영국의 매력을 응축한 수입 가구! 이국적인 분위기를 연출하는 ○○

유의어 ➡ ○○를 집대성한 ××, ○○를 농축한 ××, ○○의 엑기스

---

497 **어렵게 모은 ○○**

효과적인 사용법 '독자적인 취향으로 줄곧 수집한 것'이라는 의미로 특별한 인상을 어필한다.

예
- ▶ 점주가 어렵게 모은 스페인 장신구! 희귀한 아이템도 잔뜩
- ▶ 전국을 돌며 어렵게 모은 전통주 페어 개최!
- ▶ 세계 구석구석을 직접 찾아 어렵게 모은 작품! 보기만 해도 눈이 즐거운 ○○

유의어 ➡ 어렵게 수집한 ○○, 고생해서 모은 ○○, ○○ 수집광

---

498 **있는 그대로의 ○○**

효과적인 사용법 어떤 요소가 거짓이나 속임수가 아닌 본래의 모습임을 어필하여 '본질적인 가치'에 관심을 보이도록 유도한다.

예
- ▶ 있는 그대로의 자연을 계절마다 즐기자!
- ▶ 있는 그대로의 공정과 단가를 비교해보세요!
- ▶ 있는 그대로의 자연스러운 식감이 살아 있다!

유의어 ➡ 본연의 ○○, 그대로의 ○○, 변함없는 ○○

499 **센스가 남다른 ○○**

효과적인 사용법 세련되고 센스가 남다르다는 의미로 고상한 인상을 전한다.

예
- ▶ 남자의 센스가 남다른 셔츠! 개성이 물씬 풍기는 ○○
- ▶ 센스가 남다른 분위기의 이탈리아 레스토랑에서 색다른 ○○
- ▶ 센스가 남다른 어른들만의 공간! 스타일리시한 인테리어와 레이아웃

유의어 ➡ 멋진 ○○, 세련된 ○○, 품위 있는 ○○

---

500 **취향 저격**

효과적인 사용법 개인적인 관심사까지 완벽하게 꿰뚫었다는 의미로 시선을 끈다.

예
- ▶ 취향 저격! 특별 메뉴를 준비했습니다!
- ▶ 취향 저격! 지금까지 먹어본 짬뽕 중에 단연 최고
- ▶ 취향 저격! 장소를 가리지 않고 활용 가능한 ○○

유의어 ➡ 개인 맞춤 ○○, 안성맞춤 ○○, 금상첨화 ○○

---

501 **평소와 다른 ○○**

효과적인 사용법 '평소와 다르다'라는 말을 사용해서 특별하다는 인상을 주고, 흥미를 느낀 사람에게 그 의미를 전한다.

예
- ▶ 평소와 다른 분위기를 즐기자! 주말에는 기분 전환으로 ○○
- ▶ 평소와 다른 인상을 연출! 모델에게 배우는 실전 메이크업 ○○
- ▶ 기념일에는 평소와 다른 메뉴로! 소중한 사람과 멋진 시간을 ○○

유의어 ➡ 평상시와 다른 ○○, 보통과 다른 ○○, 기분 전환 ○○

---

502 **단골이 되고 싶은 ○○**

효과적인 사용법 '자주 방문하고 싶은 곳'이라는 이미지를 어필하여 특별함과 신뢰성을 준다.

예
- ▶ 지금이라도 단골이 되고 싶은 식당! 혼자서도 편안하게 ○○
- ▶ 단골이 되고 싶은 동네 카페! 휴일에는 번잡한 시내에서 벗어나 여유를 즐기자
- ▶ 단골이 되고 싶은 분위기! 연인과 함께 가면 호감도 상승!

유의어 ➡ 자주 가고 싶은 ○○, 익숙해지고 싶은 ○○, 단골이 좋아하는 ○○

503 감춰둔 ○○

효과적인 사용법 '프로의 기술을 숨기고 있다'라는 의미를 담은 표현으로 흥미와 가치를 높일 수 있다.

예
- ▶ 감춰둔 실력을 발휘해봤습니다! 집에서 간단하게 즐기는 유명 셰프의 레시피
- ▶ 프로가 감춰둔 기술 대공개! 선착순 한정!
- ▶ 장인의 감춰둔 만능 양념! 맛의 품격이 달라지는 ○○

유의어 ➡ 숨겨둔 ○○, 간직해둔 ○○, 비법의 ○○

504 기본은 ○○에 있다!

효과적인 사용법 '기본이 가진 가치'에 주목하여 탄탄한 기본이 오히려 특별함을 만든다는 인상을 준다.

예
- ▶ 기본은 토대 만들기에 있다! 기초공사가 중요한 이유
- ▶ 기본은 양념에 있다! 어떤 음식이든 비법 양념만 있으면 OK!
- ▶ 경영의 기본은 교육에 있다! 사원 육성 시스템 완비

유의어 ➡ 기초는 ○○, 처음처럼 ○○, 초심은 ○○

505 개성이 묻어나는 ○○

효과적인 사용법 독특한 감성이나 취향이 있다는 인상을 주는 표현으로 주의를 끌고 그 내용에 관심을 보이도록 유도한다.

예
- ▶ 고객의 개성이 묻어나는 건설사! 고객의 의견을 최우선으로 반영하는 ○○
- ▶ 주방장의 개성이 묻어나는 특별 요리! 철마다 달라지는 코스
- ▶ 지역의 개성이 묻어나는 향토 전통주! 지역색을 맛으로 표현한 ○○

유의어 ➡ 개성이 넘치는 ○○, 개성파 ○○, 취향이 묻어나는 ○○

506 인생을 녹인 ○○

효과적인 사용법 '특별한 인물의 삶을 반영했다'라는 의미를 전하기 위한 표현으로 강한 임팩트와 함께 개인의 취향을 전한다.

예
- ▶ 셰프의 인생을 녹인 요리! 기간 한정 특별 이벤트 중
- ▶ 인생을 녹인 디자인! 건축주의 스토리를 반영한 작품 같은 ○○
- ▶ 부모님의 인생이 녹아 있는 깜짝 선물! 어버이날을 위한 ○○

유의어 ➡ 삶을 반영한 ○○, 가치관이 녹아 있는 ○○, 삶의 방식을 반영한 ○○

507 소중히 간직하고 싶은 ○○

효과적인 사용법 '소중한 것이기 때문에 특별한 가치가 있다'라는 의미를 표현하여 심리적인 취향을 어필한다.

예
▶ 차분한 분위기를 소중히 간직하고 싶다! 둘이서 보내는 특별한 ○○
▶ 그곳에는 소중히 간직하고 싶은 풍경이 있다! 창 너머 펼쳐지는 ○○
▶ 소중히 간직하고 싶은 추억이 되기를! 감동을 선사하는 ○○

유의어 ➡ 아끼고 싶은 ○○, 값진 ○○, 귀한 ○○

508 만든 이의 온기

효과적인 사용법 '만든 이 고유의 취향과 정성'을 감각적으로 표현하여 독자적인 특별함을 어필한다.

예
▶ 만든 이의 온기가 느껴지는 주택!
▶ 정성 어린 요리에서 만든 이의 온기가 전해온다!
▶ 만든 이의 온기를 전하는 전통 공예품! 소박함이 매력적인 ○○

유의어 ➡ 장인의 마음, 저력이 느껴지는 ○○, 스태프의 정성

509 품을 들여 ○○

효과적인 사용법 작업이나 행동을 나타내는 말과 조합하여 사용한다. '시간과 수고를 아낌없이 들였다'라는 의미를 표현하여 강한 취향을 어필한다.

예
▶ 성장할 때까지 많은 품을 들여 키워낸 과일의 농밀한 달콤함
▶ 품을 들여 꼼꼼하게 만들었습니다! 정성이 가득 담긴 ○○
▶ 품을 들여 충분히 숙성해 풍미가 남다르다!

유의어 ➡ 시간을 들여 ○○, 수고를 들여 ○○, 꼼꼼하게 ○○

510 충분히 ○○하다

효과적인 사용법 어떤 요소에 충분한 정성을 들였다는 의미로 취향을 어필한다.

예
▶ 대자연을 충분히 활용했다! 멋진 경치가 풍경을 압도하는 ○○
▶ 실내에 충분한 자금을 투자했습니다! 럭셔리한 공간 ○○
▶ 충분히 커스터마이즈했습니다! 고객의 목소리에 귀를 기울이는 ○○

유의어 ➡ 마지막까지 ○○하다, 끈질기게 ○○하다, 고집스럽게 ○○하다

511 아껴둔 ○○

효과적인 사용법 '긴급 상황에 대비해 소중히 보관해둔 것'이라는 표현으로 그 가치를 강조한다.

예
- ▶ 아껴둔 여름 휴가! 가족과 함께 잊지 못할 추억을 만드세요
- ▶ 아껴둔 레시피 대공개! 가정에서도 손쉽게 ○○
- ▶ 아껴둔 비장의 아이템 판매 개시! 선착순 ○○

유의어 ➡ 간직해둔 ○○, 숨겨둔 ○○, 감춰둔 ○○

512 드라마틱한 ○○

효과적인 사용법 '드라마나 영화를 보고 있는 듯한 감정이 생긴다'라는 의미를 전하여 낭만과 호기심을 자극한다.

예
- ▶ 드라마틱한 사람을 위해! 멋진 호텔에서 보내는 ○○
- ▶ 드라마틱한 디자인이 돋보인다! 스토리가 녹아든 공간 설계
- ▶ 때로는 드라마틱한 하루를! 계획 없이 훌쩍 떠나는 여행 ○○

유의어 ➡ 영화 속 주인공처럼 ○○, 영화처럼 ○○, ○○는 드라마

513 화사한 ○○

효과적인 사용법 아름다움이 돋보인다는 인상을 나타낸다. 빛나고 눈에 확 띈다는 이미지를 줄 수 있다.

예
- ▶ 화사한 인상을 주고 싶다면! 성숙한 여성의 이미지를 연출하려면 ○○
- ▶ 숨 막히는 화사한 장식! 첫인상을 좌우하는 ○○
- ▶ 화사한 색상이 봄을 느끼게 한다! 색깔별로 준비한 ○○

유의어 ➡ 눈부신 ○○, 빛나는 ○○, 매력적인 ○○

514 진심으로 ○○

효과적인 사용법 취향에 대한 '진정성'을 표현하여 관심을 유도한다.

예
- ▶ 진심으로 개발했습니다! 고객의 작은 고민도 용납하지 않는 ○○
- ▶ 진심으로 고객을 위하는 마음! 모두가 납득할 때까지 ○○
- ▶ 진심으로 한 우물만 팠습니다! 쫄깃한 면발을 위한 비법과 노력들

유의어 ➡ 진정으로 ○○, 진지하게 ○○, 본심으로

515 **특별 ○○**

효과적인 사용법 '보통이 아니다'라는 의미로 특별한 가치를 간결하게 어필한다.

예
▶ 특별 메뉴가 한가득! 무엇을 선택하든 만족하고 즐길 수 있는 ○○
▶ 특별 플랜! 선착순 한정 다양한 체험을 제공합니다!
▶ 특별 온라인 강좌! 한 번 등록하면 무제한으로 시청할 수 있는 ○○

유의어 ➡ 특수 ○○, 최상급 ○○, 각별한 ○○

516 **괜찮은 ○○**

효과적인 사용법 '과하지 않고 적절하게 좋다'라는 절제된 표현으로 일반적인 것과는 다소 다르다는 인상과 함께 과장되지 않은 진정성을 어필한다.

예
▶ 집에서 즐기는 괜찮은 프랑스 요리!
▶ 의외로 괜찮은 맛! 양념을 최소화하여 건강한 맛을 최대한 ○○
▶ 괜찮은 액세서리! 허전한 목을 자연스럽게 채워줄 ○○

유의어 ➡ 나쁘지 않은 ○○, 썩 괜찮은 ○○, 적당한 ○○

【 C. 강조 】

부가가치 표현하기

고객은 일반적인 상품이나 서비스에는 별로 관심이 없다. 다른 상품이나 서비스와 비교해서 명백하게 다른 가치가 있거나 조금이라도 더 나은 가치를 느낄 때 흥미를 보인다. 부가가치를 통해 차별성을 알기 쉽게 전하면 고객의 관심을 끌 수 있다.

517 (유명한 지명)에서 ○○

효과적인 사용법 '유명한 지명의 가치'를 활용하여 그 지역에 관련된 상품이나 서비스에 새로운 가치를 부여한다.

예
- ▶ 노량진 시장에서 당일 직송! 신선도 유지에 진심인 ○○
- ▶ 청담동에서 시작된 패션 아이템! 셀럽이라면 누구나 ○○
- ▶ 신선한 해산물을 제주도에서 직접 공수하여 제공합니다!

유의어 ➡ (유명한 지명)에서 보내드립니다, (유명한 지명)산 ○○

518 ○○에서 선별

효과적인 사용법 '어떤 상품 중에서 좋은 것을 모았다'라는 표현으로 특별한 가치를 전한다.

예
- ▶ 제철 재료에서 철저하게 선별! 가을의 참맛을 느껴보세요
- ▶ 인기 여행지에서 선별! 먹고 마시고 즐기는 최고의 여름 휴가지 ○○
- ▶ 수확한 과일 중에서 선별된 특상품만 보내드립니다!

유의어 ➡ ○○에서 선택, ○○에서 고른, ○○에서 골라낸

519 ○○가 널리다

효과적인 사용법 '이곳에는 가치 있는 것이 여러 곳에 흔하게 존재한다'라는 의미를 표현한다. 가치 있는 것이 한데 모여 있다는 인상을 전한다.

예 ▶ 발길 닿는 곳마다 볼거리가 널렸다! 지방 축제의 재미
  ▶ 국보급 절이 널린 산! 산행과 역사를 함께 즐기는 ○○
  ▶ 마치 영화의 무대처럼, 오래된 가옥이 널린 동네에서 즐기는 ○○

유의어 ➡ ○○가 여기저기, ○○가 산재하다, ○○가 널리고 널리다

---

520 ○○를 더하다

효과적인 사용법 '어떤 긍정적인 요소를 더해서 가치가 돋보인다'라는 의미를 표현한다.

예 ▶ 샤프함에 중후한 느낌을 더하다! 남자의 이미지를 좌우하는 ○○
  ▶ 같은 제품에 고급스러움을 더하다! 기분 전환에는 ○○
  ▶ 미백에 보습 기능까지 더하다! 한 가지 제품으로 두 가지 기능을!

유의어 ➡ ○○를 플러스, ○○를 추가하다, ○○를 보강하다

---

521 ○○와 ××의 매칭

효과적인 사용법 '두 가지 다른 요소를 조합하여 새로운 가치를 탄생시킨다'라는 의미로 표현한다.

예 ▶ 화려함과 단아함의 매칭! 의외로 어울리는 ○○
  ▶ 달콤함과 짭짤함의 매칭! 자꾸만 먹게 되는 ○○
  ▶ 전통과 현대의 매칭! 미래 지향적인 디자인을 창조하는 ○○

유의어 ➡ ○○와 ××의 조합, ○○와 ××의 융합

---

522 ○○ 특전 포함

효과적인 사용법 특별하게 제공하는 아이템이 있음을 어필하여 대상에 대한 가치를 높인다.

예 ▶ 첫 신청 시 특전 포함! 처음 등록해주시는 분께는 빠짐없이 ○○
  ▶ 호화로운 세 가지 특전 포함! 이번 찬스를 놓치지 말자!
  ▶ 와인 1병 무료 특전 포함! 디너쇼 2인 예약 시 ○○

유의어 ➡ ○○ 특전 증정, ○○ 서비스, ○○ 사은품

523 ○○와의 콜라보

효과적인 사용법 '기존 가치에 다른 가치를 조합한다'라는 의미를 전하여 본래의 가치보다 더 나은 가치를 어필한다.

예
- ▶ 유명 레스토랑과의 콜라보! 소문의 메뉴를 재현!
- ▶ 인테리어 코디네이터와의 콜라보! 드라마에서 본 듯한 실내 ○○
- ▶ 치즈와 치킨의 콜라보! 입안에서 퍼지는 풍미 ○○

유의어 ➡ ○○와의 조합, ○○와의 협력, ○○와 손잡다

524 ○○로 풍부하다

효과적인 사용법 '어떤 요소가 충분히 많다'라는 표현으로 특별한 가치를 어필한다.

예
- ▶ 대자연의 향기로 풍부하다! 자연 속에서 느긋하게 즐기는 ○○
- ▶ 역사 유물로 풍부한 휴양지! 선조가 남긴 ○○
- ▶ 바다의 먹거리로 풍부하다! 해산물을 마음껏 ○○

유의어 ➡ ○○로 풍족하다, ○○로 가득하다, ○○로 풍성하다

525 ○○에 좋다

효과적인 사용법 어떤 요소(상황)에 대해 바람직하다는 특징을 하나의 가치로 간결하게 표현한다.

예
- ▶ 숙변에 좋은 요구르트! 아침 습관이 달라지는 ○○
- ▶ 건조한 피부에 좋은 스킨케어! 겨울에도 마음 놓고 다니자
- ▶ 지구에 이로운 소재를 이용한 친환경 ○○

유의어 ➡ ○○에 바람직하다, ○○에 이롭다, ○○에 무해하다

526 ○○의 새로운 매력

효과적인 사용법 기존에 존재하던 것에 대해 '다른 가치를 새롭게 발견했다'라는 표현으로 특별한 가치를 어필한다.

예
- ▶ 호주의 새로운 매력! 남반구 국가를 여행하는 ○○
- ▶ 한복의 새로운 매력 발견! 고전적 아름다움에 현대적 디자인을 접목한 ○○
- ▶ 지방 음식의 새로운 매력! 현지 재료로 맛을 낸 ○○

유의어 ➡ ○○의 새로운 가치, ○○의 몰랐던 매력, ○○의 새로운 장점

527 ○○ 힌트

효과적인 사용법   편리함이나 가치를 높이는 실마리를 '힌트'라고 표현하여 본래 가치와 다소 다른 인상을 어필한다.

예
- ▶ 섹시한 남자를 만드는 힌트! 호감도를 확 높이는 ○○
- ▶ 중국차를 즐길 때 필요한 작은 힌트도 제공합니다!
- ▶ 아름다운 몸매를 위해 간단하지만 중요한 힌트! 먹거리부터 시작하는 ○○

유의어 ➡ ○○ 실마리, ○○ 재주, ○○ 단서

528 ○○ 센스 업

효과적인 사용법   '어떤 요소나 분야에 대한 감성이 향상되었다'라는 표현으로 본래의 가치보다 높음을 어필한다.

예
- ▶ 글로벌 감각 센스 업! 국내를 넘어서는 사고방식 ○○
- ▶ 비즈니스 센스 업! 비즈니스에 도움 되는 정보가 ○○
- ▶ 첫인상 센스 업! 만나는 순간의 호감도를 증폭시킨다

유의어 ➡ ○○ 취향이 좋다, 센스를 키우는 ○○, ○○ 센스가 좋다

529 ○○에 변화를 주다

효과적인 사용법   '어떤 요소에 대해 간단한 변화를 줬더니 크게 좋아졌다'라는 의미를 전하여 부가가치를 느끼도록 한다.

예
- ▶ 한식에 변화를 준 절묘한 맛! 프렌치가 가미된 ○○
- ▶ 삶에 작은 변화를 주자! 고전 읽기로 되찾은 마음의 풍요
- ▶ 세제에 변화를 줬더니 생기는 일! 표백과 선명도가 눈에 띄게 좋아졌다!

유의어 ➡ ○○를 재정립하다, ○○를 바꿔보다, ○○에 변화를 더하다

530 여유로운 ○○

효과적인 사용법   '여유'를 어필하여 상품이나 서비스의 가치가 매력적으로 보이게 강조한다.

예
- ▶ 여유로운 세컨드 라이프! 제2의 인생은 이렇게 ○○
- ▶ 도시에서 즐기는 여유로운 주택 생활! 마당이 있는 집에서 사는 행복
- ▶ 여가를 즐기는 여유로운 라이프 스타일을 실현해줄 ○○

유의어 ➡ 한적한 ○○, 느긋한 ○○, 호젓한 ○○

531 ○○ 격상!

효과적인 사용법 '가치를 한 단계 더 높였다'라는 직접적인 표현으로 가치를 어필한다.

예
- ▶ 고급스러움을 격상! 쾌적한 실내는 덤!
- ▶ 남자의 첫인상 격상! 브랜드 시계로 개성과 가치를 표현하세요
- ▶ 한 단계 더 격상된 맛! 주방장 특제 양념 ○○

유의어 ➡ ○○ 승격, ○○ 승급, ○○ 레벨 업

532 ○○를 적극 활용

효과적인 사용법 '어떤 요소를 가장 적절하게 사용했다'라는 표현으로 새로운 가치를 낳았다는 인상을 준다.

예
- ▶ 있는 그대로의 지형을 적극 활용한 자연 친화적인 정원 ○○
- ▶ 애니메이션을 적극 활용하여 친근하고 알기 쉽게 제작한 ○○
- ▶ 고객의 의견을 적극 반영해서 상품의 매력을 확 높였습니다!

유의어 ➡ ○○를 살리다, ○○를 적극 반영, ○○를 잘 나타내다

533 ○○ 버전 업

효과적인 사용법 '어떤 요소를 개량하거나 개선했다'라는 의미로 부가가치를 높였다는 인상을 준다.

예
- ▶ 오피스 툴 버전 업! 새로운 기능이 추가된 ○○
- ▶ 비법 양념 버전 업! 다양한 맛을 첨가해서 더욱 풍부한 풍미를 내는 ○○
- ▶ 세정력 레벨 업! 한 단계 더 강력해진 ○○

유의어 ➡ ○○ 진화, ○○ 개선, ○○ 레벨 업

534 ○○를 지켜주는 ××

효과적인 사용법 뭔가를 보호하는 힘이 있다는 표현으로 관련된 기능이나 능력의 가치를 어필한다.

예
- ▶ 가혹한 환경에서 자동차를 지켜준다! 표면 코팅 처리는 ○○
- ▶ 눈부심을 지켜주는 자외선 차단 유리 채용 ○○
- ▶ 민감 피부를 지켜주는 보습 크림! 섬세한 피부인 여성을 위한 ○○

유의어 ➡ ○○를 커버하는 ××, ○○를 감싸주는 ××, ○○를 보호하는 ××

535 **한 걸음의 차이** ○○

효과적인 사용법 '지금 존재하는 것들보다 다소 앞서 있다'라는 표현으로 제공하는 가치가 높음을 어필한다.

예
- ▶ 한 걸음 차이로 앞서 나가는 비즈니스 스킬! 온라인 강좌로 배우는 ○○
- ▶ 한 걸음의 차이가 만드는 놀라운 공간의 변화! 전문 디자이너의 손길을 느껴보세요
- ▶ 이것이 바로 한 걸음의 차이! 프로의 꼼꼼한 손길 ○○

유의어 ➡ 작은 차이 ○○, 미세한 차이 ○○, 작은 변화만으로 ○○

536 **다른 분야의** ○○

효과적인 사용법 '다른 분야의 정보나 기술을 융합하여 활용한다'라는 의미를 전한다. 새로운 가치를 창조한다는 신선한 인상을 준다.

예
- ▶ 다른 분야의 힌트까지 적극 반영! 지금까지와는 다른 ○○
- ▶ 다른 분야의 기술을 전격 도입한 피부 개선책! 나노 기술이 접목된 ○○
- ▶ 다른 분야의 다양한 재능을 보유한 전문가가 모였다! 신기능 개발을 위한 ○○

유의어 ➡ 타 업계의 ○○, 타 분야의 ○○, 다른 지역의 ○○

537 **○○에게 일임하다**

효과적인 사용법 어떤 요소나 인물에게 맡기는 일이 곧 부가가치임을 표현하여 주의를 끌고 그 내용에 관심을 보이도록 한다.

예
- ▶ 이탈리안 셰프에게 일임한 완벽 코스 요리 ○○
- ▶ 다양한 선택지 완비! 무엇을 선택할지는 고객님께 일임합니다!
- ▶ 업계 최고 전문가에게 일임! 어려운 재테크, 이제는 상담하고 편하게 결정하자

유의어 ➡ ○○에게 맡기다, ○○에게 부탁하다, ○○에게 위임하다

538 **숨겨진** ○○

효과적인 사용법 알고 보면 숨겨진 가치가 있다는 표현으로 차별화되는 가치를 어필한다.

예
- ▶ 숨겨진 맛집에서 즐기는 오래된 약주! 우연히 발견한 ○○
- ▶ 전문가가 인정하는 숨겨진 가치! 재료의 맛을 훼손하지 않고 본질에 충실한 ○○
- ▶ 숨겨진 매력을 찾아 떠나는 여행! 가이드북에는 없는 ○○

유의어 ➡ 드러나지 않은 ○○, 알려지지 않은 ○○, 감춰진 ○○

539 　**멋이 살아 있는 ○○**

효과적인 사용법　'멋지고 세련된 인상'을 주는 말을 활용하여 가치를 어필한다.

예　▶ 멋이 살아 있는 주점에서 어른을 위한 제철 음식 ○○
　　▶ 여성 한정 파티에 추천! 멋이 살아 있는 공간 연출이 돋보이는 ○○
　　▶ 멋이 살아 있는 스카프 한 장으로 완성하는 패션!

유의어 ➡ 세련된 ○○, 멋진 ○○, 멋스러운 ○○, 센스 있는 ○○

540 　**정교한 ○○**

효과적인 사용법　어떤 요소나 기술이 매우 뛰어나고 세심하다는 표현으로 가치가 돋보이게 어필한다.

예　▶ 정교한 보안 시스템으로 안심!
　　▶ 정교하게 설계된 스토리 전개로 진한 감동을 주는 ○○
　　▶ 은밀하고 정교한 계획! 서프라이즈 파티는 ○○

유의어 ➡ 솜씨 좋은 ○○, 뛰어난 ○○, 교묘한 ○○

541 　**한층 더 ○○**

효과적인 사용법　'현재 기능이나 가치를 향상했다'라는 의미로 높은 가치를 어필한다.

예　▶ 한층 더 고화질로! 선명하고 또렷한 대형 모니터의 선택 기준은 ○○
　　▶ 한층 더 충실해진 카메라 성능! 최신식 스마트폰 ○○
　　▶ 한층 더 꼼꼼한 서포트! 자영업자를 위한 고객 관리 시스템 ○○

유의어 ➡ 한 단계 더 ○○, ○○ 레벨 업, 업그레이드된 ○○

542 　**친환경 ○○**

효과적인 사용법　어떤 요소가 환경에 이롭다는 것이 중요한 부가가치임을 어필한다.

예　▶ 친환경 소재로 꾸민 실내 인테리어가 주는 편안함!
　　▶ 친환경 건축 실현! 폐기물을 최소화하는 매뉴얼 전격 도입
　　▶ 친환경 도시! 자연과 공생하는 최첨단 도시를 지향하는 ○○

유의어 ➡ 에코 ○○, 그린 ○○, 자연주의 ○○

543 **승부하는 ○○**

효과적인 사용법 '자신이 있기 때문에 승부한다'라는 인상을 표현하여 제공하는 상품이나 서비스의 가치와 자신감을 어필한다.

예
- ▶ 재료의 맛으로 승부하는 산채 요리 전문점! 현지에서 공수한 채소만을 사용한 ○○
- ▶ 오로지 최고급 원료로 승부하는 화장품! 기능성 ○○
- ▶ 남성성으로 승부하는 패션 브랜드! 블랙 색상을 베이스로 고급스러움이 물씬!

유의어 ➡ ○○ 승부, ○○ 대결, ○○로는 지지 않는다

544 **더블 ○○**

효과적인 사용법 두 가지 가치를 조합했다는 표현으로 더 높은 효과를 어필한다.

예
- ▶ 강력한 더블 효과로 놀라운 지방 연소 작용!
- ▶ 에스테틱과 마사지의 더블 특전이 여성에게 대인기!
- ▶ 야경과 일루미네이션의 환상적인 더블 밸류!

유의어 ➡ (세 가지일 경우) 트리플 ○○, 두 가지 효과가 ○○, 또 다른 ○○

545 **단언컨대 ○○**

효과적인 사용법 '일반적인 것과 비교해서 압도적인 가치가 있다'라는 의미를 직접적으로 표현하여 가치를 어필한다.

예
- ▶ 평일 한정! 단언컨대 역대 최저가!
- ▶ 산지에서 직송! 단언컨대 완벽한 신선도!
- ▶ 단언컨대 이보다 맛있을 수 없다! 풀코스 해산물 요리 전문점 ○○

유의어 ➡ 잘라 말해서 ○○, 단연코 ○○, 비교 불가 ○○

546 **조금 ○○한**

효과적인 사용법 전하고 싶은 부가가치 요소(부분)를 '조금 ○○하다'라고 축소해서 표현하면 오히려 그 부가가치에 초점을 맞출 수 있다.

예
- ▶ 조금 사치스럽고 화려하다! 소중한 기념일에는 ○○
- ▶ 조금 특별한 브런치! 즐거운 수다와 맛있는 음식 ○○
- ▶ 조금 고품스러운 목조주택! 오히려 신선하다!

유의어 ➡ 다소 ○○한, 살짝 ○○한, 약간 ○○한

547　기분 좋게 만드는 ○○

효과적인 사용법　기분이 좋아진다는 '감정적인 플러스 가치'를 어필하여 더욱 긍정적인 가치를 느끼도록 한다.

예
- ▶ 봄날을 더욱 기분 좋게 만드는 패션!
- ▶ 가족 모두를 기분 좋게 만드는 숙소! 아이부터 어른까지 만족하는 ○○
- ▶ 방문만 해도 기분 좋아지는 가게! 화사한 분위기가 자아내는 ○○

유의어 ➡ 기분 좋아지는 ○○, 편안하게 해주는 ○○, 걱정을 날려주는 ○○

548　한 단계 위의 ○○

효과적인 사용법　지금의 가치와 직접적으로 비교해서 높다는 이미지를 어필하여 흥미를 느끼도록 유도한다.

예
- ▶ 한 단계 위의 가치를 제공하는 공간이 되겠습니다!
- ▶ 한 단계 위의 서비스를 약속드립니다! 여행의 즐거움을 선물하는 ○○
- ▶ 한 단계 위의 촉감이 고급스러움을 더한다!

유의어 ➡ 급이 다른 ○○, 수준 높은 ○○, 클래스가 다른 ○○

549　프라이빗 ○○

효과적인 사용법　'개인에 모든 것을 맞춰 대응한다'라는 표현을 써서 '개인 맞춤'이라는 가치에 가장 관심을 보이도록 유도한다.

예
- ▶ 프라이빗한 감각이 좋다! 자신이 좋아하는 플랜을 고를 수 있는 ○○
- ▶ 프라이빗 비치를 독점! 개개인에게 만족을 주는 ○○
- ▶ 프라이빗한 대응을 약속합니다. 언제든 원하실 때 ○○

유의어 ➡ 개인별 ○○, 전용의 ○○, 독점적인 ○○

550　한층 ○○

효과적인 사용법　'지금 이상으로 가치 있는 것을 가질 수 있다는 욕망'을 자극하여 관심을 보이도록 유도한다.

예
- ▶ 식욕이 한층 샘솟는다! 오랜만에 즐기는 호화로운 디너
- ▶ 한층 개선된 소재로 고객의 눈높이를 실현하는 ○○
- ▶ 한층 빛나는 피부! 나이가 느껴지지 않는 탱탱한 ○○

유의어 ➡ 더욱 ○○, 더욱더 ○○, 훨씬 ○○

551 저렴하기만 한 것은 아니다

효과적인 사용법 '저렴할 뿐만 아니라 다른 장점도 있다'라는 의미로 다방면의 가치를 어필한다.

예
- ▶ 물론 저렴하기만 한 것은 아닙니다! 체류 중 느긋하게 지낼 수 있도록 ○○
- ▶ 저렴하기만 한 것은 아니다! 품질까지 만족스러운 ○○
- ▶ 저렴하기만 한 것은 아니다! 엄선된 재료만을 사용한 ○○

유의어 ➡ 싸고 ○○하다, 싼데도 ○○하다, 싸지만 ○○하다

552 로맨틱한 ○○

효과적인 사용법 '소설이나 영화처럼 두근거리는 변화 또는 모험 요소가 있다'라는 의미를 담아서 색다른 가치를 느끼도록 한다.

예
- ▶ 로맨틱한 분위기에서 즐기는 겨울 데이트! 소중한 사람과의 디너는 ○○
- ▶ 로맨틱한 남자의 패션! 소년의 이미지에서 탈피시켜줄 ○○
- ▶ 인생을 즐기는 로맨틱한 취미! 일상 속 활력을 되찾는 ○○

유의어 ➡ 낭만적인 ○○, 설레는 ○○, 연애 소설 같은 ○○

비교 요소·비교 우위 호소하기

가치가 다름을 효과적으로 전하는 방법으로 '다른 요소와 비교하기'가 있다. 고객이 비교하기 쉽도록 표현하거나, 비교한 결과로 우수성이 확인되었다는 점을 어필하여 보다 높은 가치를 전한다.

553 ○○ 비교

효과적인 사용법 비교하는 행위를 직접적인 표현으로 어필하여 관심을 유도한다.

예
- ▶ 가을철 맛집 비교! 코스 구성이 남다른 ○○
- ▶ 수산시장 해산물 비교! 단연코 최고의 신선도는 바로 ○○
- ▶ 아파트 단지 비교! 인프라의 차이가 삶의 질을 좌우한다

유의어 ➡ ○○ 비교하기, ○○ 철저 비교, ○○와 비교하면 알 수 있다

554 ○○ 대결

효과적인 사용법 '특정 분야에서 실제로 비교가 이루어지고 있다'라는 인상을 줘서 그 내용에 관심을 보이도록 유도한다.

예
- ▶ 어른들의 센스 대결! 손목시계로 결정 난다!
- ▶ 여성미 대결! 원피스 VS 스커트
- ▶ 단기간 다이어트 대결! 시도만으로도 가치가 있는 ○○

유의어 ➡ ○○ 격돌, ○○와 겨루다, ○○와 맞붙다

555　○○로 차이가 생긴다

효과적인 사용법　'다른 것과 비교해서 명확한 차이가 있을 정도로 뛰어나다'라는 의미를 표현하여 가치를 어필한다.

예
- ▶ 자연 재료로 차이가 생긴다! 천연 재료만 고집해서 만든 ○○
- ▶ 교통편만으로 삶에 엄청난 차이가 생긴다! 역세권의 가치를 활용한 ○○
- ▶ 옷만 바꿔 입어도 차이가 생긴다! 가을을 맞이하는 신작 패션 ○○

유의어 ➡ ○○로 생기는 차이, ○○에서 차이를 보인다

556　○○를 이겨내다

효과적인 사용법　'치열한 경쟁을 이겨낼 정도로 뛰어나다'라는 의미를 표현하여 가치를 어필한다.

예
- ▶ 시대의 변화를 이겨낸 혁신적인 디자인 ○○
- ▶ 경기 침체를 이겨내고 이룬 괄목할 만한 성과!
- ▶ 대자연의 혹독한 환경 테스트를 이겨낸 소재로 만든 ○○

유의어 ➡ ○○에서 살아남다, ○○에 지지 않는다, ○○를 극복하다

557　○○하는 편이 ××

효과적인 사용법　'복수의 다른 요소와 비교해보니 이 선택지가 가장 좋다'라는 의미를 표현해서 가치에 흥미를 보이도록 유도한다.

예
- ▶ 사전에 준비하는 편이 안심! 예약 시스템 완비 ○○
- ▶ 룸서비스를 요청하는 편이 더 맛있어! 방에서 즐기는 식사의 쾌적함
- ▶ 커피보다 홍차를 선택하는 편이 좋다는 분께! 다양한 브랜드 구비

유의어 ➡ ○○보다 좋다, ○○가 더 좋다, ○○가 낫다

558　○○ 만점!

효과적인 사용법　어떤 분야에서 아주 뛰어나다는 가치를 '만점'이라는 수치로 표현하여 시선을 끈다.

예
- ▶ 맛과 서비스 모두 만점! 신선한 재료와 친절한 접객
- ▶ 전망 만점! 국보급 경치를 즐기고 싶다면 바로 ○○
- ▶ 주목도 100점 만점! 컬러풀한 색감으로 ○○

유의어 ➡ ○○ 합격점!, 100점 만점의 ○○, 만점의 ○○, ○○ 대만족

【C. 강조】

559 ○○를 조금 더 좋게 해준다!

효과적인 사용법　어떤 요소와 비교해서 '지금보다 살짝 좋아지거나 향상되었다'라는 의미를 정직하게 표현하여 시선을 끈다.

예
- ▶ 아침 기상을 조금 더 좋게 해준다! 천연 성분의 ○○
- ▶ 차의 연비를 조금 더 좋게 해주는 아이디어 아이템!
- ▶ 인상을 조금 더 밝게 해주는 봄철 메이크업!

유의어 ➡ ○○가 다소 좋아진다, ○○가 살짝 향상된다, ○○가 개선된다

560 관계자도 놀란 ○○

효과적인 사용법　다른 것과 비교해서 평균을 훨씬 상회하는 수준이나 상태라는 것을 관계자의 존재를 활용하여 표현한다.

예
- ▶ 관계자도 놀란 촉촉한 식감! 최상급 ○○
- ▶ 관계자도 놀란 완성도! 수제구두의 최고봉!
- ▶ 관계자도 놀란 개방감! 가구 배치만으로 달라지는 실내 인테리어 ○○

유의어 ➡ 업계도 놀란 ○○, 실무자도 놀란 ○○, 고객도 놀란 ○○

561 업계 ○○의

효과적인 사용법　어떤 업계에서의 최상위 포지션을 표현하여 비교 우위의 가치를 어필한다.

예
- ▶ 업계 최고의 서비스 수준을 항상 유지하고 있습니다!
- ▶ 온천 업계에서 톱클래스 규모를 자랑하는 ○○
- ▶ 업계 유명 셰프가 실력을 발휘한 고급 프렌치 코스

유의어 ➡ ○○업계 유일의, ○○업계 최고의, ○○업계에서도 ××인

562 비교해보세요!

효과적인 사용법　제공하는 상품이나 서비스의 가치에 자신이 있다는 의미로 '비교'를 직접적으로 권하여 가치를 어필한다.

예
- ▶ 비교해보세요! 국내 최대급 아이템 종류
- ▶ 품질과 가격의 밸런스를 직접 비교해보세요!
- ▶ 소재의 감촉을 비교해보세요!

유의어 ➡ 비교해주세요, 비교해보자, 비교해봅시다

563 자랑할 만한 ○○

효과적인 사용법　어떤 요소가 다른 것에 비해 매우 뛰어나서 전면에 내세울 수 있는 수준임을 전하기 위한 표현으로 높은 가치를 어필할 수 있다.

예
- ▶ 주위에 자랑할 만한 인테리어! 꿈의 내 집 마련 ○○
- ▶ 자랑할 만한 시설과 스폿을 마음껏 누리자! 추억에 남는 여행 ○○
- ▶ 자랑할 만한 서비스를 제공합니다!

유의어 ➡ 자신할 만한 ○○, 뽐낼 만한 ○○, 과시할 만한 ○○

564 현지 못지않은 ○○

효과적인 사용법　'현지의 오리지널 제품이나 서비스와 비교해도 손색없다'라는 의미로 높은 가치를 전한다.

예
- ▶ 현지 셰프 못지않은 요리에 놀라움 연발!
- ▶ 원산지 못지않은 품질로 맛을 보장합니다!
- ▶ 현지 못지않은 분위기를 그대로 재현! 국내에서 즐기는 유럽풍 ○○

유의어 ➡ 산지 못지않은 ○○, 현지인도 놀라는 ○○, 현지도 인정하는 ○○

565 존재감 넘치는 ○○

효과적인 사용법　주위의 유사 상품에 묻히지 않고 큰 존재감을 보여준다는 의미로 가치를 어필한다.

예
- ▶ 존재감 넘치는 비즈니스 가방! 들고만 다녀도 신뢰도와 반듯한 인상을 주는 ○○
- ▶ 존재감 넘치는 인테리어! 맛은 물론이고 분위기로 승부하는 ○○
- ▶ 존재감 넘치는 달콤함! 디저트 시장에 혜성처럼 등장!

유의어 ➡ 눈길을 사로잡는 ○○, 눈부신 존재감의 ○○

566 누구보다도 ○○

효과적인 사용법　누구와 비교한 결과라도 명백하게 우수하다는 사실을 표현하여 임팩트를 준다.

예
- ▶ 누구보다도 아름다운 피부! 단기간에 개선하는 기능성 ○○
- ▶ 누구보다도 자신에게 맞는 방식으로 즐긴다! 휴가는 ○○
- ▶ 누구보다도 멋진 시간을 보내자! 최고급 레스토랑에서 즐기는 ○○

유의어 ➡ 다른 누구보다도 ○○, 누구와 비교해도 ○○, 누구 못지않은 ○○

567 **어디보다도 ○○**

효과적인 사용법 '다른 모든 곳과 비교해도 가장 뛰어나다'라는 자신감을 내비치는 표현으로 가치를 어필한다.

예
- ▶ 어디보다도 고급스럽고 화려하다! 누구나 그렇게 생각하는 ○○
- ▶ 그 어디보다도 정성을 기울였다! 꼼꼼하고 정확한 업계 최고의 ○○
- ▶ 어디보다도 스페셜한 밤을 연출! 소중한 기념일을 최고의 순간으로 ○○

유의어 ➡ 어떤 곳보다도 ○○, 어디와 비교해도 ○○, 어디 못지않은 ○○

568 **지지 않는 ○○**

효과적인 사용법 '다른 것과 비교해도 지지 않을 정도로 뛰어나다'라는 부정형 표현으로 시선을 끌고 가치가 높다는 점을 어필한다.

예
- ▶ 면접장에서도 지지 않는 첫인상 만들기! 청결한 인상을 어필하는 정장 ○○
- ▶ 지지 않는 비즈니스 화술! 정확한 발음과 전달력을 길러주는 ○○
- ▶ 누구를 데려와도 지지 않는 실력을 갖췄습니다! 최강 로펌 ○○

유의어 ➡ 패배하지 않는 ○○, 승리하는 ○○, 이기는 ○○

인기
고객의 열렬한 지지를 표현한다

팔리는 상품이나 서비스가 실제로 잘 팔리거나 인기가 있다면 그 인기(고객의 지지)를 잘 활용하여 표현하자.

'고객이 고객을 부른다'라는 말이 있는데 실제 판매 현장에서 흔히 목격할 수 있는 현상이다. 누구나 인기가 높은 것에 먼저 흥미를 보이기 마련이다. 그렇게 많이 팔리는 것이라면 한 번은 직접 보고 싶고, 모두가 갖고 싶어 하는 것이라면 나도 갖고 싶은 마음이 생긴다.

이와 같은 감정의 움직임이 '고객이 고객을 부른다'라는 현상이다. 이런 고객의 심리에는 '조금이라도 이익을 취하려는 행동'과 '가능한 한 손해를 보지 않겠다는 행동'이라는 두 가지 행동 원리가 숨어 있다. 이 행동 원리를 인지하고 고객의 감정을 자극해야 최종적으로 판매로 이어지는 것이다.

이번 장에서는 '팔리고 있다는 느낌(인기) 표현하기', '취향이나 강한 기호 표현하기', '트렌드(유행) 표현하기'의 요소를 활용하여 고객의 열렬한 지지를 표현할 수 있는 키워드를 모았다. 이들 키워드를 활용해서 임팩트와 함께 그 인기 정도가 잘 느껴지도록 표현하여 고객이 행동할 수 있도록 감정을 자극해보자. 많은 고객이 지지한다는 사실이 구매로 이어지는 데 큰 도움을 줄 것이다.

팔리고 있다는 느낌(인기) 표현하기

고객은 잘 팔리거나 인기가 많은 것에 특별한 관심을 보인다. 인기 좋은 상품이나 서비스가 잘 팔리고 있다는 사실을 확실히 전하면 더욱 많이 팔린다. 팔리는 상황을 현실감 있게 표현하여 구매 욕구를 자극하자.

569 잘 팔린다!

효과적인 사용법 실제로 잘 팔리는 상황을 명확하게 나타내서 시선을 끌고 뒤에 인기 있는 이유를 붙여 흥미를 갖도록 유도한다.

예
- ▶ 잘 팔린다! 화제의 탈모 샴푸! 입소문 타고 역대급 판매 기록
- ▶ 잘 팔린다! 소재에 대한 고집으로 신뢰 확보!
- ▶ 잘 팔린다! 증명된 제품! 고객이 인정한 ○○

유의어 ➡ 마구 팔린다!, 엄청나게 팔린다!, 너무 잘 팔린다!

570 ○○가 쇄도

효과적인 사용법 과열된 인기를 표현하여 흥미가 생기도록 유도한다.

예
- ▶ 문의 쇄도 중! 발매 후 바로 매진 임박!
- ▶ 재판매 요청 쇄도! 기능성 샴푸 ○○
- ▶ 재고 문의 쇄도! 공장 풀가동 중!

유의어 ➡ 주문 쇄도, 예약 쇄도, ○○가 집중, ○○가 멈추지 않는다

571 ○○ 완판

효과적인 사용법   모두 팔렸다는 의미의 '완판'이라는 말과 '인기의 정도를 상세히 표현한 말'을 조합해서 인기 상황을 강조한다.

예
- ▶ 놀랍다! 즉시 완판! 판매 속도를 따라갈 수 없는 ○○
- ▶ 지난 회차에서 2시간 만에 완판! 서둘러주세요!
- ▶ 3주 만에 초고속 완판 사례! 이렇게 큰 사랑을 받는 이유는 ○○

유의어 ➡ 즉시 매진 ○○, 즉각 완판 ○○, ○○ 솔드 아웃

572 ○○ 절정

효과적인 사용법   인기를 나타내는 요소를 '절정'이라는 단어로 표현하여 인기가 많은 상황을 어필한다.

예
- ▶ 고객님 덕분에 인기 절정! 이렇게 사랑받는 이유는 ○○
- ▶ 판매율 절정! 상황을 눈으로 직접 확인해보세요
- ▶ 구매 문의 절정! 인기에 대응하기 위해 업무 시간 연장!

유의어 ➡ ○○ 전성기, 순조로운 ○○, 쾌조의 ○○

573 ○○ 돌파!

효과적인 사용법   인기를 구체적인 요소나 숫자로 표현하여 어떤 기록을 돌파했다는 사실을 알려 인기를 강조한다.

예
- ▶ 방문객 10만 명 돌파! 감사 사은품 제공 ○○
- ▶ 판매 수 1만 개 돌파! 재구매율도 동반 상승!
- ▶ 월 판매 수 1,000개 돌파! 매월 1,000개 이상 판매되는 ○○

유의어 ➡ ○○ 갱신, ○○ 신기록, ○○를 뛰어넘다

574 ○○는 바로 이곳!

효과적인 사용법   어떤 상품이나 서비스를 고를 때 선택지가 마치 정해져 있다는 의미로 압도적인 인기를 어필한다.

예
- ▶ 단기간 자격증 취득은 바로 이곳! 국가 자격증 학원의 최고봉 ○○
- ▶ 가족사진 스튜디오는 바로 이곳! 편안한 분위기와 합리적인 가격의 ○○
- ▶ 남해안 휴가지는 바로 이곳! 편리한 부대시설과 한적한 해변 ○○

유의어 ➡ ○○라면 바로 여기!, ○○는 이곳, ○○는 이것으로 결정

575 ○○의 시초!

효과적인 사용법 시즌이나 유행을 의미하는 말과 조합하여 '인기의 근원지'가 바로 이곳임을 표현한다.

예
- ▶ 스몰웨딩 인기의 시초! 가까운 친척과 친구만 초대하여 잊지 못할 추억을 만드세요
- ▶ 짬뽕 붐의 시초! 특유의 시원한 맛과 푸짐한 해물
- ▶ 한식 인기를 촉발한 시초! 의외로 간단한 양념장 대공개 ○○

유의어 ➡ ○○를 촉발, ○○가 원조, ○○가 근원지

576 ○○ 예고

효과적인 사용법 인기 있는 상품이나 서비스에 대해 앞으로의 인기도 당연하다는 인상을 줘서 관심을 보이도록 유도한다.

예
- ▶ 일부 상품 품절 예고! 인기 아이템의 빠른 소진이 예상됩니다!
- ▶ 완판 예고! 한정 수량으로 빠르게 판매되고 있습니다
- ▶ 오픈런 예고! 서두르지 않으면 내년을 기약해야 합니다!

유의어 ➡ ○○ 예상, ○○ 예측, ○○ 전망

577 너도나도 ○○

효과적인 사용법 '너도나도 모두 선택할 정도로 인기'라는 의미로 친근감을 강조하여 인기를 표현한다.

예
- ▶ 너도나도 레드! 올봄 트렌드 컬러는 정열의 빨강!
- ▶ 너도나도 레트로! 80년대 디자인이 선도하는 ○○
- ▶ 너도나도 하이볼! 젊은 세대도 좋아하는 ○○

유의어 ➡ 누구나 ○○, 모두 ○○, 다 함께 ○○

578 앙코르 ○○

효과적인 사용법 '고객의 열망으로 다시 판매하거나 기획했다'라는 표현으로 고객의 지지나 인기를 어필한다.

예
- ▶ 호평에 힘입어 앙코르 기획! 지난번에는 2시간 만에 완판!
- ▶ 기대에 부응한 앙코르 판매! 어렵게 구한 ○○
- ▶ 뜨거운 앙코르 요청에 이번에는 스페셜 증정품까지 준비했습니다!

유의어 ➡ ○○ 재판매, 성원에 힘입어 다시 한 번 ○○, ○○ 재현

579 한 번은 방문하고 싶은 ○○

효과적인 사용법 '한 번이라도 가보고 싶다'라는 표현으로 동경을 강조하여 인기를 전한다.

예
- ▶ 한 번은 방문하고 싶은 워너비 호텔! 시설과 서비스 모두 기대 이상!
- ▶ 한 번은 방문하고 싶은 인기 게스트하우스에서 즐기는 ○○
- ▶ 한 번은 방문하고 싶은 유명 프렌치 레스토랑에서 소중한 사람과 멋진 저녁을

유의어 ➡ 한 번은 가보고 싶은 ○○, 꼭 방문하고 싶은 ○○, 언젠가 가보고 싶은 ○○

580 지금 인기 있는 ○○

효과적인 사용법 '현재 인기가 좋다'라는 사실을 직접적으로 표현하여 관심을 보이도록 어필한다.

예
- ▶ 지금 인기 있는 건강 보조제! 40대 남성에게 가장 효과적!
- ▶ 지금 인기 폭발하는 아파트의 공통점! 인프라의 중요성
- ▶ 지금 인기 절정인 패션! 그 인기의 비결은?

유의어 ➡ 지금 인기를 얻고 있는 ○○, 지금 인기 절정인 ○○, 인기 폭발의 ○○

581 매진 속출하는 ○○

효과적인 사용법 '상당한 인기'를 구체적인 상황으로 표현하여 그 인기를 어필한다.

예
- ▶ 매진 속출하는 인기 아이템! 이번에도 매진 임박!
- ▶ 매진 속출하는 최신 아이템! 인기 모델도 애용하는 화제의 ○○
- ▶ 화제의 블록버스터 영화 매진 임박! 1,000만 관객이 코앞!

유의어 ➡ 매진 사례 ○○, 솔드 아웃 ○○, 매진 임박의 ○○

582 최고 인기 상품 ○○

효과적인 사용법 가장 관심도가 높고 많이 팔린다는 의미로 관심을 유도한다.

예
- ▶ 호평의 최고 인기 상품 구매 찬스!
- ▶ 최고 인기 상품 파격 할인! 고객님의 성원에 힘입어 한정 수량 판매
- ▶ 올봄 패션계 최고 인기 상품은 바로 이것! 큐티함과 러블리함으로 ○○

유의어 ➡ 인기 제품 ○○, 잘 팔리는 상품 ○○, 관심도 높은 상품 ○○

583 대박 난 ○○

효과적인 사용법 놀라울 정도의 판매를 기록했다는 직접적인 표현으로 실적에 근거한 인기를 어필한다.

예
▶ 뉴욕에서 대박 난 선글라스 한국 상륙!
▶ 작년 여름 시즌 대박 난 제품 재판매 개시!
▶ 지난해 대박 난 상품이 업그레이드되어 등장!

유의어 ➡ 대박 친 ○○, 히트 친 ○○, 인기를 얻은 ○○

584 주문 ○○

효과적인 사용법 '일부러 주문해야 입수할 수 있을 정도로 인기 있는 상품'임을 어필한다.

예
▶ 주문 상품이기 때문에 철저한 검품으로 최상의 퀄리티를 보장합니다
▶ 화제의 특별 주문 아이템! 100% 수제로 제작하는 ○○
▶ 원산지에서 직접 공수한 재료로 만든 디저트! SNS에서 대박 난 ○○

유의어 ➡ ○○ 직송, ○○에서 공수하다, 주문 제작 ○○, 오더메이드 ○○

585 줄 서는 ○○

효과적인 사용법 '많은 사람에게 좋은 평가를 거뒀다'라는 의미로 '줄을 서다'라는 시각적인 표현을 써서 그 인기를 강하게 어필한다.

예
▶ 예약할 때도 줄 서는 맛집! 한 번 맛보면 반드시 재방문
▶ 줄 서는 카레 전문점의 맛을 집에서 맛본다!
▶ 줄 서는 백화점 정육 코너! 신선한 육질과 합리적인 가격

유의어 ➡ 대기자 속출 ○○, 만원사례 ○○, 장시간 대기 ○○

586 기록을 갈아치운 ○○

효과적인 사용법 '인기'를 나타내는 말과 '기록을 갈아치우다'라는 표현을 조합하여 폭발적인 인기를 전한다.

예
▶ 지금까지의 기록을 갈아치운 인기 상품! 단번에 화제의 핵으로 급부상
▶ 대박 상품의 기록을 갈아치운 최신 다이어트 상품! 사재기 조짐 ○○
▶ 판매 직후 기존 기록을 갈아치운 베스트 아이템! 신기록 달성 임박

유의어 ➡ 기록을 경신한 ○○, 신기록의 ○○, 기록을 뒤엎은 ○○

587 절찬리에 ○○ 중!

효과적인 사용법   고객의 칭찬이 자자하다는 의미인 '절찬리'라는 말과 함께 그 이유나 설명을 조합한 표현으로 인기를 강하게 어필한다.

예
- ▶ 절찬리에 접수 중! 선착순 100명 한정 사은품 증정
- ▶ 절찬리 판매 중! 매진 임박!
- ▶ 절찬리에 맥주 무제한 제공 중!

유의어 ➡ 인기리에 ○○ 중, 호평 속에 ○○ 중!, ○○ 절호조

588 현지에서 평판 좋은 ○○

효과적인 사용법   현지에서 인정받고 있다는 의미를 담아서 표현하여 '한정된 지역에서의 높은 인기'를 어필한다.

예
- ▶ 현지에서도 평판 좋은 중화 요리집! 서두르지 않으면 재료 소진 마감
- ▶ 현지에서 대박 난 향토 음식점! 지역색을 살린 ○○
- ▶ 현지에서 평판 좋은 요리사가 개발한 특별 ○○

유의어 ➡ 현지에서 인기 좋은 ○○, 현지에서 호평한 ○○, 현지에서 대박 난 ○○

589 세계를 무대로 활약하는 ○○

효과적인 사용법   '인기가 세계에서 활약할 정도로 광범위하다'라는 표현으로 강한 임팩트를 준다.

예
- ▶ 세계를 무대로 활약하는 기업이 개발한 신기능 탑재!
- ▶ 세계를 무대로 활약하는 디자이너가 심사숙고하여 만든 ○○
- ▶ 세계를 무대로 활약하는 브랜드 ○○

유의어 ➡ 세계를 주름잡는 ○○, 세계를 상대로 ○○, 글로벌한 ○○

590 대인기 ○○

효과적인 사용법   '어떤 계기로 급격하게 인기가 올라갔다'라는 표현으로 화제성을 강조한다. 어떤 계기가 있었는지 조합하면 더욱 효과적이다.

예
- ▶ 놀라운 효과로 대인기 예감! 사용한 다음 날부터 곧바로 실감할 수 있는 ○○
- ▶ 미디어에서 대인기인 숙면 아이템!
- ▶ SNS에서 소개되자마자 대인기! 집에서 즐기는 유명 셰프의 디저트

유의어 ➡ 대약진 ○○, 대반향 ○○, 강렬한 반향 ○○

591 **대성황** ○○

효과적인 사용법 대성황을 이루는 타깃의 인물상과 조합하여 '고객으로 번성을 이루는 모습'을 나타내어 인기를 어필한다.

예
- ▶ 직장인으로 연일 대성황! 맛깔나는 안주와 합리적인 주류
- ▶ 여성 고객으로 대성황인 인기 레스토랑! 셰프의 독특한 철학을 한껏 담았다
- ▶ 한번 가보고 싶다! 단골로 대성황인 국밥집

유의어 ➡ 문전성시 ○○, 붐비는 ○○, ○○로 발 디딜 틈 없는

592 **대히트** ○○

효과적인 사용법 '순간적으로 인기가 대폭발했다'라는 임팩트 있는 표현으로 인기를 어필한다.

예
- ▶ 빠른 대히트 조짐! 입소문을 타고 빠르게 번지는 ○○
- ▶ 해외에서 대히트한 브랜드가 드디어 상륙!
- ▶ 유행에 민감한 여성들 사이에서 대히트를 거둔 ○○

유의어 ➡ 대성공 ○○, 대박 ○○, 뜨거운 인기 ○○

593 **대망의** ○○

효과적인 사용법 오랫동안 기다려왔다는 표현으로 새 제품의 인기를 강조한다.

예
- ▶ 대망의 신메뉴 개시! 기간 한정 방문 고객 전원에게 사은품 증정!
- ▶ 대망의 스페셜 투어가 드디어 부활! 기존에 없었던 패키지까지
- ▶ 오랫동안 기다리셨습니다! 대망의 상품이 드디어 입하!

유의어 ➡ 기다리고 기다리던 ○○, 바라고 바라던 ○○, 드디어 등장!

594 **단연** ○○

효과적인 사용법 압도적인 인기를 의미하는 표현과 함께 조합하여 임팩트를 준다.

예
- ▶ 여성에게 단연 인기를 끄는 프랑스 요리!
- ▶ 모든 상품 중 단연 1위! 판매 실적으로 증명된 ○○
- ▶ 재구매율 단연 업계 최고 수준! 중독성 강한 ○○

유의어 ➡ 단연코 ○○, ○○ 넘버원, ○○ 톱, 압도적 ○○

595　추가 판매 결정

효과적인 사용법　'추가 판매 결정'이라는 말로 많이 팔리고 있음을 강조한다. 실적을 어필하는 표현과 함께 쓰면 효과적이다.

예
- ▶ 추가 판매 결정! 지난번에 구매하지 못한 분을 위한 특전까지
- ▶ 드디어 추가 판매 결정! 이번에는 충분한 재고를 확보했습니다!
- ▶ 인기 상품 추가 판매 결정! 인기 상품만 모았습니다!

유의어 ➡ 추가 입하 결정, 재판매 결정, 성원에 힘입어 재판매

596　레전드 아이템

효과적인 사용법　어떤 분야에서 탁월한 업적을 이룬 핵심 상품이라는 의미로 '레전드'라는 말을 사용하여 인기의 신뢰도를 전한다.

예
- ▶ 부동의 레전드 아이템! 수년간 고객님의 지지를 받아온 OO
- ▶ 스태프가 선정한 레전드 아이템 베스트 3!
- ▶ 안심할 수 있는 레전드 아이템! 실패 없는 OO

유의어 ➡ 롱셀러 아이템, 베스트 아이템, 불후의 아이템

597　인기 급상승

효과적인 사용법　'고객의 문의나 실제 판매가 급격하게 늘고 있다'라는 의미로 인기의 정도를 강조한다.

예
- ▶ 인기 급상승에 관계자도 놀라움을 감추지 못한 OO
- ▶ TV 방송 소개 직후 인기 급상승! 집안의 분위기를 극적으로 변화시키는 OO
- ▶ 인기 급상승하고 있는 히트 상품을 드디어 판매 재개합니다!

유의어 ➡ 초인기, 인기의 OO, 인기 아이템을 OO하다

598　발매 즉시 OO

효과적인 사용법　'판매를 시작하자마자 인기를 끈다'라는 의미로 화제성을 어필하여 표현한다.

예
- ▶ 발매 즉시 완판! 공장 가동률 100%
- ▶ 발매 즉시 인기 쇄도! 매진 임박!
- ▶ 발매 즉시 입소문을 타고 날개 돋친 듯 팔리는 OO

유의어 ➡ 발매 직후 OO, 발매 후 곧장 OO, 발매하자마자 OO

599 히트 아이템

효과적인 사용법 '매우 인기 있는 상품'이라는 의미를 한눈에 들어오도록 표현하여 잘 팔리고 있다는 인상을 어필한다.

예
▶ 상반기 히트 아이템 특집! 모두가 선택한 ○○
▶ 히트 아이템 재판매 개시! 구매를 놓치신 분을 위해
▶ 회사의 최고 히트 아이템입니다! 인기의 비결은 ○○

유의어 ➡ 주목 아이템, 히트 상품, 인기 아이템

600 베스트셀러 ○○

효과적인 사용법 어떤 기간 동안 가장 많이 팔렸다는 사실에 초점을 맞춰 표현하여 인기를 어필한다.

예
▶ 베스트셀러 아이템을 한자리에 모았습니다! 무엇을 선택해도 대만족
▶ 올해의 베스트셀러 상품 대공개! 재고가 충분하지 않으니 서두르세요
▶ 전국 서점에서 월간 베스트셀러!

유의어 ➡ 꾸준히 인기 상승 ○○, 대박 난 ○○, 날개 돋친 듯 팔린 ○○

601 모두가 좋아하는 ○○

효과적인 사용법 인기가 당연하다는 의미를 담아서 '모두가 좋아한다'라는 표현으로 어필한다.

예
▶ 모두가 좋아하는 한식! 건강한 맛!
▶ 모두가 좋아하는 풀빌라! 올해 여름 휴가지로 선정된 ○○
▶ 모두가 좋아하는 국밥! 추운 겨울에 몸을 따스히 녹여주는 ○○

유의어 ➡ 모두가 지지하는 ○○, 모두가 선택한 ○○, 모두가 사랑하는 ○○

602 리뷰 ○○

효과적인 사용법 어떤 상품이나 서비스가 인기가 좋아서 '리뷰가 몰린다'라는 사실을 언급하여 관심을 보이도록 유도한다.

예
▶ 리뷰 쇄도! 초대박 난 ○○
▶ 열화와 같은 리뷰에 물류 추가 확보!
▶ 리뷰 대폭발! 매진 임박에 추가 생산 결정!

유의어 ➡ 리뷰 폭발 ○○, 후기 ○○, 체험단 응모 ○○

603　재구매 속출 ○○

효과적인 사용법　재구매가 속출할 정도로 인기가 좋다는 표현으로 흥미를 유발하여 내용에 관심을 보이도록 유도한다.

예
- ▶ 재구매 속출하는 치즈 케이크! 치즈의 풍미가 대박
- ▶ 재구매율 90%에 달하는 초인기 메뉴! 한 번 맛보면 잊을 수 없는 ○○
- ▶ 재방문 속출하는 개인 노천 온천 완비 호텔! 혼자서 느긋하게 즐기는 ○○

유의어 ➡ 재구매율 높은 ○○, 다시 사고 싶은 ○○, 단골이 몰리는 ○○

604　화제 독점

효과적인 사용법　'입소문이나 SNS 등으로 화제의 중심에 있다'라는 의미를 담아 그 인기를 어필한다.

예
- ▶ 휴게실 화제 독점! 다이어트에 획기적인 ○○
- ▶ 일하는 여성을 중심으로 화제 독점! 바쁜 아침 헤어스타일은 맡겨주세요
- ▶ 화제 독점! 입소문을 타고 날개 돋친 듯 팔리기 시작한 ○○

유의어 ➡ 화제 만발, 주목도 독점, 입소문 독점

취향이나 강한 기호 표현하기

고객의 취향과 기호가 특히 강한 상품이나 서비스가 존재한다. 상품이나 서비스의 장점이 고객이 바라는 강한 기호와 부합하면 강렬한 임팩트를 줄 수 있다. 상품이나 서비스의 장점에 호감을 느낄 수 있는 표현을 소개하겠다.

605　○○ 마음껏 즐기기

효과적인 사용법　어떤 행동이나 체험 요소를 마음껏 경험할 수 있다는 표현으로 감정을 자극한다.

예
- ▶ 겨울철 별미 마음껏 즐기기! 각지에서 올라온 재료들 총집합
- ▶ 창밖의 풍경 마음껏 즐기기! 이보다 더 좋은 전망은 없다!
- ▶ 깨끗한 백사장 마음껏 즐기기! 프라이빗 비치가 있는 리조트 ○○

유의어 ➡ ○○ 무제한으로 즐기기, ○○ 질릴 만큼 즐기기, ○○ 좋아하는 만큼 즐기기

606　○○가 기대된다

효과적인 사용법　'즐거움의 요소'가 시간이 지남에 따라 점점 증폭된다는 의미를 내포하여 시선을 끈다.

예
- ▶ 아침이 기대된다! 개운한 기상을 보장하는 ○○
- ▶ 목욕이 기대된다! 천연 성분 입욕제 ○○
- ▶ 운전하는 날이 기대된다! 자신의 스타일에 맞는 튜닝법을 배워보자

유의어 ➡ ○○가 기대된다, ○○가 좋다, ○○가 좋아진다

607   ○○ 상상을 자극한다

효과적인 사용법   어떤 요소가 고객의 다양한 취향을 상상하게 만든다는 표현으로 그 내용에 관심을 보이도록 유도한다.

예
- ▶ 깊은 맛이 상상을 자극한다! 유명 셰프만의 ○○
- ▶ 대자연의 풍경이 상상을 자극한다! 숲속 리조트에서 즐기는 ○○
- ▶ 단정한 실내 인테리어가 상상을 자극한다! 앞으로의 삶은 미니멀하게 ○○

유의어 ➡ ○○에 반하다, ○○에 감동하다, ○○를 떠올리다

608   ○○에 마음을 빼앗기다

효과적인 사용법   '마음의 동요'에 초점을 맞춰 강한 관심이 생기도록 어필한다.

예
- ▶ 화려한 주얼리에 마음을 빼앗기다! 여심을 자극하는 ○○
- ▶ 바삭한 식감에 마음을 빼앗기다! 겉은 바삭하고 속은 촉촉한 ○○
- ▶ 브리티시 스타일 가구에 빠지다! 이국적 감성이 물씬 풍기는 ○○

유의어 ➡ ○○에 빠지다, ○○에 끌리다, ○○에 반하다

609   ○○에 담긴 마음

효과적인 사용법   어떤 것에 정성 어린 마음가짐을 담았음을 표현하여 그것과 관련된 진정성과 취향을 전한다.

예
- ▶ 손님 맞이에 담긴 마음! 고객의 만족을 위해 ○○
- ▶ 주택 설계에 담긴 마음! 이롭고 편리한 삶을 제공하는 ○○
- ▶ 수제 요리에 담긴 마음! 어머니의 손맛을 그대로 재현했다

유의어 ➡ ○○에 감춰진 마음, ○○에 진심을 담아, ○○에 담긴 심정

610   ○○에 몰입

효과적인 사용법   가장 마음에 드는 부분이나 눈에 띄는 부분을 '몰두하다'라는 표현으로 어필하고 그 내용에 관심을 보이도록 유도한다.

예
- ▶ 정신 차리고 보니 온종일 제주도에 몰입하고 있었다! 재방문율 높은 리조트 ○○
- ▶ 푸른 바다에서 즐기는 다이빙에 몰입! 해양 스포츠를 마음껏 즐기는 ○○
- ▶ 촉촉한 식감에 몰입된다! 지나치게 달지 않아 어른이 더 찾는 치즈 케이크 ○○

유의어 ➡ ○○에 전념, ○○에 집중, ○○에 몰두

611 ○○의 매력은 ××

효과적인 사용법   장점을 '매력'이라는 말로 표현하여 시선을 끌고 그 내용에 관심을 보이도록 유도한다.

예 ▶ 시골의 매력은 보이지 않는 곳에 있다! 맑은 공기와 고즈넉한 분위기
   ▶ 사륜구동의 진정한 매력은 겨울에 드러난다! 험한 눈길도 자유롭게 ○○
   ▶ 주택의 매력은 가격이 아니라 공간 활용으로 결정된다! 윤택한 삶을 위한 ○○

유의어 ➡ ○○에 마음이 끌리다, ○○에 매료되다, 매력적인 ○○

612 ○○를 사로잡다

효과적인 사용법   '마음이나 심장과 관련된 말'과 '사로잡다'라는 표현을 조합하여 취향에 맞음을 어필한다.

예 ▶ 여심을 사로잡는 가을 코트! 거리를 멋스럽게 활보하자
   ▶ 마음을 사로잡는 작은 선물! 소중한 이에게 마음이 담긴 ○○
   ▶ 식어버린 가슴을 사로잡는다! 다시 한 번 열정을 불러일으키는 ○○

유의어 ➡ 가슴을 울리는 ○○, 마음이 전해지는 ○○, 심금을 울리는 ○○

613 **동경했던 ○○**

효과적인 사용법   강한 기호를 나타내는 표현으로 '동경'이라는 말을 활용하여 취향을 어필한다.

예 ▶ 동경했던 여행지를 만끽하자! 당신만의 취향을 바탕으로 알차게 짠 ○○
   ▶ 동경했던 해외여행! 더 늦기 전에 평생 잊을 수 없는 소중한 추억 만들기
   ▶ 동경했던 날씬한 몸매! 올겨울에 시작하면 여름에 바로 뽐낼 수 있는 ○○

유의어 ➡ 바라왔던 ○○, 꿈 같은 ○○, 설레는 ○○

614 **빠져드는 ○○**

효과적인 사용법   어떤 요소에 만족을 넘어 탐닉하게 하는 효과가 있다는 의미를 담아 만족감을 강하게 어필한다.

예 ▶ 빠져드는 식감! 입속에서 느껴지는 식감이 견딜 수 없이 좋다!
   ▶ 빠져드는 감촉! 마치 실크처럼 부드러운 ○○
   ▶ 한 번 맛보면 빠져든다! 두 시간 줄을 서도 시간이 아깝지 않은 ○○

유의어 ➡ 습관이 되는 ○○, 나도 모르게 ○○하고 만다, 몸이 기억하는 ○○

615　누구라도 포로

효과적인 사용법　'사람의 마음을 빼앗을 정도로 매력적이다'라는 의미로 강한 임팩트를 줘서 흥미가 생기게 한다.

예
- ▶ 한 번이라도 보면 누구라도 포로! 창문 너머 펼쳐지는 경이로운 장관
- ▶ 한 번 빠지면 누구라도 포로! 남녀노소 쉽게 즐길 수 있는 ○○
- ▶ 누구라도 포로로 만드는 진한 국물! 사골을 우려낸 ○○

유의어 ➡ 누구라도 반하는 ○○, ○○에 반하다, ○○에 빠지다

616　바라던 ○○

효과적인 사용법　직접적으로 타깃의 취향을 표현하여 그 가치를 어필하고 시선을 끈다.

예
- ▶ 바라던 트렌치코트가 드디어 입고! 지금이 구매할 찬스!
- ▶ 늘 바라던 수입 가구! 가구 하나로 실내 분위기가 완전히 달라지는 경험
- ▶ 이런 디저트를 바랐다! 여성 재구매율 압도적 1위 ○○

유의어 ➡ ○○를 바란다, 갖고 싶던 ○○, 구하고 싶던 ○○

617　첫눈에 반한 ○○

효과적인 사용법　'단번에 마음을 사로잡힐 정도로 좋다'라는 의미로, 즉각적으로 충족되는 가치를 어필한다.

예
- ▶ 첫눈에 반한 뒷모습! 분위기를 압도하는 남자의 멋!
- ▶ 시설이 깨끗해서 첫눈에 반한 숙소! 아름다운 풍경은 덤!
- ▶ 첫눈에 반한 풍경에 취하다! 자연이 만들어낸 ○○

유의어 ➡ 단번에 반한 ○○, 마음을 사로잡은 ○○, 사랑에 빠진 ○○

618　그만둘 수 없는 ○○

효과적인 사용법　어떤 요소가 '지나치게 마음에 들어 멈출 수 없을 정도'라는 표현으로 시선을 끈다.

예
- ▶ 그만둘 수 없을 정도로 매력적이다! 자꾸만 손이 가는 ○○
- ▶ 한 번 맛보면 그만둘 수 없는 독특한 매운맛! 절묘한 맵기가 입맛을 사로잡는다!
- ▶ 그만둘 수 없는 재미! 시간 가는 줄 모르고 즐기는 ○○

유의어 ➡ 중독적인 ○○, 멈출 수 없는 ○○, 참을 수 없는 ○○

트렌드(유행) 표현하기

지금 유행하거나 앞으로의 트렌드를 이끌 상품을 알지 못하는 고객도 다수 존재한다. '상품 자체가 트렌드'라는 표현으로 몰랐던 트렌드에 대한 호기심을 자극하여 구매욕을 갖도록 유도할 수 있다.

619 ○○ 법칙

효과적인 사용법 '어떤 행위를 하기 위해 반드시 필요하다'라는 의미를 '법칙'이라는 말로 표현하여 마치 당연하다는 인상을 준다.

예
- ▶ 이번 가을 패션 법칙은 레이어드! 레이어드 고수가 소개하는 ○○
- ▶ 절대 지지 않는 교섭 법칙! 교섭력이 급상승하는 ○○
- ▶ 만족하는 맛집 투어의 법칙! 현지 명물을 중심으로 정교하게 짠 플랜

유의어 ➡ ○○ 이론, ○○ 규칙, ○○ 철칙

620 ○○의 대표

효과적인 사용법 '어떤 상품이나 서비스가 해당 카테고리에서 대표 격'이라는 의미를 전한다.

예
- ▶ 여름 디저트의 대표! 깔끔하고 시원한 맛으로 더위를 날린다
- ▶ 힐링 여행지의 대표! 호화로운 식사와 함께 즐기는 ○○
- ▶ 가을 코트의 대표! 어떻게 코디하느냐에 따라 사람이 달라진다

유의어 ➡ ○○의 대표 격, ○○의 선두주자, ○○의 최고봉

621 ○○ 다음은 ××

효과적인 사용법   '현재 유행하는 것이나 중요한 것'을 예로 들어 시선을 끌고, '다음 유행할 것이나 중요해질 것'까지 예측하여 관심을 유도한다.

예
- ▶ 빨강 다음은 오렌지! 올해 트렌드를 이끌 컬러는 ○○
- ▶ 운동 다음은 식단 관리! 체내 지방을 효과적으로 연소하는 법
- ▶ 미백 다음은 투명도! 흰 피부를 뛰어넘는 투명한 ○○

유의어 ➡ 다음은 ○○의 시대, 앞으로는 ○○, 이제부터는 ○○

622 ○○ 붐

효과적인 사용법   '붐'이라는 말을 사용해서 현재 굉장한 인기를 끌고 있음을 간결하게 어필하여 시선을 끈다.

예
- ▶ ○○ 패션 붐을 이끈 주인공이 이야기하는 올가을 트렌드 색상
- ▶ 커피 붐을 이끈 카페에서 즐기는 다양한 커피 음료!
- ▶ 지금은 러닝 붐! 야간에 안전하게 즐기는 야광 타입 ○○

유의어 ➡ ○○ 유행, ○○ 대인기, ○○ 대히트

623 ○○도 주목하는 ××

효과적인 사용법   '미디어나 유명인이 주목할 정도로 화제'라는 표현으로 유행이나 인기의 정도가 대단함을 어필한다.

예
- ▶ 잡지도 주목하는 신개념 레스토랑! 젊은 여성의 마음을 사로잡은 비결은?
- ▶ 전문의도 주목하는 성분 배합! 단기간에 효과 극대화 ○○
- ▶ 스포츠 트레이너도 주목한 소재! 신속한 땀 흡수와 건조

유의어 ➡ ○○도 관심 있게 보는 ××, ○○도 눈여겨보는 ××, ○○도 체크하는 ××

624 지금 ○○

효과적인 사용법   '지금'이라는 키워드와 '유행을 의미하는 말'을 조합하여 활용한다. 현재 유행하고 있다는 트렌드 감각을 강조한다.

예
- ▶ 지금 유행하는 파스텔 무늬 핸드백 긴급 입하! 빠른 매진 예상!
- ▶ 지금 트렌드인 캐주얼 셔츠 코디법
- ▶ 지금 주목받는 목조 주택! 나무의 향기가 집 전체를 감싼다

유의어 ➡ 현재 ○○, 제철 ○○, 시즌 ○○

625 **요즘** ○○

효과적인 사용법 '지금 유행하는 것'이라는 의미를 담아서 표현한다. 어필하고 싶은 요소와 조합하여 주목도를 높인다.

예
▶ 요즘 가장 잘 어울리는 맛! 시원하고 달콤한 ○○
▶ 요즘 세대 최애 아이템 등장! 레트로와 트렌드의 만남
▶ 요즘 젊은 여성이 가장 선호하는 메뉴! 이번 회식 장소는 ○○

유의어 ➡ 요새 ○○, 지금은 ○○가 트렌드, 최근 ○○

626 **소문난** ○○

효과적인 사용법 '세상에서 화제가 됐다'라는 의미를 담아 인기 있는 정도를 강하게 전한다. 어디의 소문인지를 구체적으로 나타내면 보다 효과적이다.

예
▶ 지금 부산에서 소문난 매운 라면! 한 번 맛보면 ○○
▶ 셀럽 사이에서 소문난 유명 호텔 레스토랑의 맛, 이제 집에서 즐기자!
▶ 대학가에서 소문난 패션 스타일! 올해 트렌드를 주도할 ○○

유의어 ➡ 화제의 ○○, 소문이 자자한 ○○, 입소문 난 ○○

627 **각계에서 화제인** ○○

효과적인 사용법 '여러 분야나 장소에서 공통적으로 화제가 되고 있다'라는 표현으로 주목도를 어필하여 전한다.

예
▶ 각계에서 화제인 비즈니스 지침서! 직장인이라면 누구나 필독 권장!
▶ 여의도 각계에서 화제 만발! 줄이 끊이지 않는 맛집!
▶ 각계에서 화제인 새로운 다이어트 프로그램!

유의어 ➡ 업계에서 화제 ○○, ○○에서 주목, 화제 집중 ○○

628 **국민적** ○○

효과적인 사용법 '전국민적으로 유행하거나 당연시되는 것'이라는 의미로 광범위한 트렌드를 어필한다.

예
▶ 국민적 관심을 받은 생활 체조! 하루 3분으로 심신을 건강하게 유지하자
▶ 국민적으로 사랑받는 향토 음식! 남녀노소를 불문하고 인기 폭발
▶ 국민적 인기를 누리고 있는 전통 스타일의 가구 ○○

유의어 ➡ 만인의 ○○, 모두가 ○○, 누구나 ○○

629　올해 최대의 주목 ○○

효과적인 사용법　올해 특히 크게 주목받고 있다는 사실을 강조하여 표현한다.

예
- ▶ 올해 최대의 주목 아이템! 올겨울 선물은 ○○
- ▶ 올해 최대의 주목 여행지! 호화로운 휴가를 보내보세요
- ▶ 올해 최대의 주목 브랜드! 아름다운 여성을 위한 ○○

유의어 ➡ 이번 시즌 최대의 주목 ○○, 올해 주목받는 ○○, 올해 이목이 집중된 ○○

630　올해 유행 ○○

효과적인 사용법　현재 유행하고 있다는 사실을 직접적으로 표현한다.

예
- ▶ 올해 유행하는 주목 상품! 여성 잡지에서 인기몰이를 시작한 ○○
- ▶ 올해 유행 메이크업! 여성스러움을 한층 더 강조한 ○○
- ▶ 올해 유행을 이끄는 아이템! 드디어 판매 개시!

유의어 ➡ 올해 트렌드 ○○, 올해 인기 ○○, 올해 눈에 띄는 ○○

631　시즌 ○○

효과적인 사용법　'지금 가장 핫하다'라는 의미로 '시즌'이라는 말을 사용하여 트렌드를 표현한다.

예
- ▶ 이번 시즌 최고의 맛을 산지에서 맛보자! 여행지에서 즐기는 다양한 ○○
- ▶ 시즌 판매량 1위! 지금 대인기인 ○○
- ▶ 시즌 이벤트 총정리! 주말 나들이 정보는 ○○

유의어 ➡ 지금 ○○, 제철 ○○, 요즘 ○○

632　1위를 뛰어넘는 ○○

효과적인 사용법　'지금 가장 핫한 것을 뛰어넘는 인기'라는 의미로 시선을 끈다.

예
- ▶ 판매 1위를 뛰어넘는 바로 이 채소! 철저히 유기농으로 재배한 ○○
- ▶ 랭킹 1위를 뛰어넘는 메뉴를 개발했습니다! 이제 맛집의 기준은 ○○
- ▶ 최고급 마블링으로 1위를 뛰어넘다! 한우로 즐길 수 있는 최상의 맛

유의어 ➡ 베스트 오브 베스트 ○○, 최상의 인기인 ○○, 더할 나위 없이 탁월한 ○○

633 새로운 스탠다드

효과적인 사용법 '어떤 분야에서 새로운 기준이 된 것'이라는 의미를 담아 트렌드를 어필한다.

예
- ▶ 이것이 소문의 새로운 스탠다드! 에나멜 소재와 가죽을 함께 사용한 ○○
- ▶ 앞으로의 새로운 스탠다드는 최소한의 디자인! 실내 인테리어 ○○
- ▶ 새로운 스탠다드로 각광받는 지하철 내 편의 시설 ○○

유의어 ➡ 새로운 기준, 새로운 표준, 새로운 시스템

---

634 ○○의 트렌드

효과적인 사용법 '어떤 분야에서 유행하는 것'을 직접적으로 표현하여 강조한다.

예
- ▶ 이것이 바로 요즘 주택의 트렌드! 자연 친화적인 자재를 활용한 ○○
- ▶ 이번 가을의 트렌드를 알려드립니다! 첫 번째로 ○○를 추천합니다!
- ▶ 요즘 데이트 트렌드는 고층 빌딩의 야경

유의어 ➡ ○○의 메가 트렌드, ○○의 유행, ○○의 경향

---

635 유행 ○○

효과적인 사용법 '유행'이라는 말을 단순하게 직접 표현하여 어필한다.

예
- ▶ 유행 중인 아이템! 열대야를 쾌적하게 보내는 ○○
- ▶ 여성들 사이에서 유행! 세안법이 달라지는 ○○
- ▶ 유행하는 개인 노천 온천 시설 완비! 누구의 방해도 없이 즐기는 ○○

유의어 ➡ 히트 ○○, 붐 ○○, 인기 ○○

---

636 유행 예감

효과적인 사용법 '앞으로 유행할 것'이라는 의미로 '예감'이라는 말과 조합하여 유행 선점에 민감한 사람들의 관심을 유도한다.

예
- ▶ 유행 예감! 부드러운 식감의 디저트 ○○
- ▶ 유행 예감 주목 아이템! 이건 사야 해!
- ▶ 이번 여름부터 유행 예감! 비비드한 색상을 강조한 ○○

유의어 ➡ 유행 직감, 인기 예감, 대박 예감

E
감정
고객의 감정을 강하게 자극한다

고객은 상품이나 서비스를 구매하기 전에 반드시 감정적인 동요를 일으킨다. 어떠한 감정(부분)을 자극해야 고객의 마음을 움직일 수 있을까? 고객의 마음을 사로잡고 감정에 어필하는 말을 활용하여 시선을 끌어보자.

고객이 행동을 취할 때는 반드시 감정이 먼저 움직인다. 어떠한 자극을 받아서 감정에 변화를 일으키고, 감정이 움직이면서 행동으로 이어진다. 감정의 움직임을 통해 뭔가를 결정하고 행동에 옮긴다는 것은 누구나 아는 사실이다.

또한 고객은 다른 사람의 감정을 인지하면 그 감정에 휩쓸리는 경향이 있다. 상대의 감정을 자신의 감정처럼 받아들이기 때문이다. 즉 고객의 감정을 움직이려면 '다른 감정'을 활용하는 것이 효과적이다.

상품이나 서비스를 팔려면 고객의 감정을 자극하는 것이 가장 빠른 길임을 알아야 한다. 어떠한 자극이 효과적인지 판단하고 '심금을 울리는 말'로 어필하는 것이 무엇보다 중요하다.

이번 장에서는 감정을 자극하기 위한 요소로 '체험·체감 표현하기', '오감에 어필하기', '행복·행운 표현하기', '감동 어필하기'를 활용한 키워드를 소개하겠다. 어떤 감정을 자극하고 싶은지 명확한 의도를 가지고 최대한 활용하길 바란다.

체험·체감 표현하기

고객은 자신이 경험하고 체험한 상품 또는 서비스에 특별한 감정을 품거나 애착을 느낀다. 체험한 감정이나 인상을 그대로 느낄 수 있는 표현으로 구체적인 이미지를 상상하게 하거나 유사 체험을 제공하여 감정을 자극할 수 있다.

637   ○○ 기분 최고

효과적인 사용법   '감각이나 체감을 표현하는 말'과 함께 '기분'이라는 표현을 조합하여 멋진 경험을 어필한다.

예
- ▶ 서늘한 촉감이 기분 최고! 두피를 청결하게 유지하는 ○○
- ▶ 부드러운 식감이 기분 최고! 푸딩의 개념을 바꾼 ○○
- ▶ 하루하루 예뻐지는 기분이 최고다! 다이어트 효과를 극대화한 ○○

유의어 ➡ ○○가 기분 좋다, ○○가 최고다, ○○가 더할 나위 없다

638   ○○가 더욱 즐거워진다

효과적인 사용법   어떤 체험에 즐거운 감정을 담아서 표현하여 흥미와 호기심을 유발한다.

예
- ▶ 육아가 더욱 즐거워진다! 아이와 함께 즐기며 배우는 ○○
- ▶ 휴일이 더욱 즐거워진다! 휴일이 기다려지는 ○○
- ▶ 가족여행이 더욱 즐거워진다! 가족과 함께 즐기는 ○○

유의어 ➡ ○○가 즐겁다, ○○가 더욱 좋아진다, ○○를 하고 싶어진다

639 ○○ 느낌 발군의

효과적인 사용법 '어떤 체험 요소가 뛰어나다'라는 표현으로 상품을 강조하고 그 이유에 관심을 보이도록 유도한다.

예
- ▶ 촉촉한 느낌 발군의 보습 크림 등장! 바르는 순간 전해지는 ○○
- ▶ 고상한 느낌 발군의 프렌치 레스토랑! 소중한 기념일을 축하하기에 딱!
- ▶ 느긋한 느낌 발군의 위스키 바! 좋은 음악과 편안한 분위기의 ○○

유의어 ➡ ○○ 느낌이 아주 그만!, ○○ 느낌이 최고, ○○ 느낌이 좋다

---

640 ○○와의 만남

효과적인 사용법 감각을 나타내는 표현과 함께 '그 감각이 인상적인 만남'이었다는 말을 조합하여 시선을 끈다.

예
- ▶ 지금껏 느껴보지 못한 개방감과의 만남! 상상을 뛰어넘는 풍경
- ▶ 깨끗하고 상쾌한 빙하호와의 만남! 다른 차원의 물맛을 선사하는 ○○
- ▶ 부드러운 피부와의 만남! 마치 아기 피부 같은 ○○

유의어 ➡ ○○와의 마주침, ○○와의 인연, ○○와의 대면

---

641 ○○가 싹!

효과적인 사용법 '강렬한 효과'를 체험하는 임팩트 있는 의성·의태어를 활용하여 어필한다.

예
- ▶ 피로가 싹! 야근으로 누적된 피로를 리셋
- ▶ 공복이 싹! 바쁜 아침 간단하게 요기할 수 있는 ○○
- ▶ 추위가 싹! 순식간에 온몸에 따뜻한 기운이 퍼진다

유의어 ➡ ○○를 한방에!, ○○가 모조리 사라진다, ○○에 효과적이다

---

642 ○○에 싱글벙글

효과적인 사용법 어떤 감각에 대해 솔직하게 미소 짓게 만드는 기쁜 마음을 표현하여 흥미를 유발한다.

예
- ▶ 깊은 맛에 싱글벙글! 한 입 먹으면 미소가 떠나지 않는 ○○
- ▶ 부드러움에 싱글벙글! 마음까지 편해지는 촉감 ○○
- ▶ 강력한 효과에 싱글벙글! 더 이상 시간 낭비 없이 한방에 ○○

유의어 ➡ ○○에 웃음 만발, 미소 짓게 하는 ○○, ○○에 미소가 한가득

【E. 감정】

643 ○○에 봄이 왔다

효과적인 사용법 봄의 싱그러운 인상을 활용하여 '손꼽아 기다리던 것이 왔다'라는 인상을 감각적으로 표현한다.

- **예**
  - ▶ 40대 싱글에게도 봄이 왔다! 기분 전환과 멋진 인연까지 ○○
  - ▶ 드디어 내게 봄이 왔다! 마음이 두근거리는 ○○
  - ▶ 식탁에 봄이 왔다! 봄나물의 향연에 펼쳐진 ○○

유의어 ➡ ○○에 봄이 찾아왔다, 손꼽아 기다리던 ○○가 왔다, 드디어 ○○가 왔다

644 ○○에 마음이 놓이다

효과적인 사용법 어떤 요소에 관한 안심감을 '○○에 마음이 놓이다'라고 표현하여 안정된 인상이나 감각을 전한다.

- **예**
  - ▶ 시간의 흐름에 마음이 놓인다. 시간을 잊게 해주는 ○○
  - ▶ 추억의 맛에 마음이 놓인다. 어머니의 손맛이 느껴지는 ○○
  - ▶ 포근한 컬러와 디자인에 마음이 놓인다. 가을을 느끼게 해주는 ○○

유의어 ➡ ○○에 마음이 진정되다, ○○에 안도하다, ○○에 평안해지다

645 ○○를 드디어 만나다

효과적인 사용법 찾던 대상을 드디어 발견했다는 기쁨 또는 동경하던 대상을 만났다는 인상을 전한다.

- **예**
  - ▶ 선명한 레드를 드디어 만났다! 와인 빛 감도는 ○○
  - ▶ 최고의 트레이너를 드디어 만났다! 이제 다이어트는 ○○
  - ▶ 환상의 한우를 드디어 만났다! 풍부한 육즙과 식감

유의어 ➡ 드디어 만난 ○○, ○○를 드디어 발견했다, ○○를 마침내 만나다

646 ○○의 안락함

효과적인 사용법 기쁜 감각 중 하나로 '안락함'을 그에 어울리는 이유와 조합하여 표현해서 관심을 보이도록 유도한다.

- **예**
  - ▶ 자연 그대로의 안락함. 높은 천장에 뚫린 창문을 통해 전해지는 편안함
  - ▶ 고급 차의 안락함을 실제로 체험해보자! 조용하고 묵직한 ○○
  - ▶ 전통 한식 식당의 안락함. 대를 이어 내려오는 비법 양념과 함께 즐긴다

유의어 ➡ ○○의 편안함, 안락한 ○○, ○○의 안정감

647 ○○의 꽃이 피다

효과적인 사용법 밝고 화려한 감정을 '꽃'에 비유하고 그 이유를 표현하여 관심을 보이도록 유도한다.

예 ▶ 감동의 꽃이 피는 여행! 형용할 수 없이 아름다운 절경이 매력적인 ○○
　　▶ 입술에 봄의 꽃이 피다! 한발 앞서 봄을 알리는 올봄 트렌드 색상 ○○
　　▶ 가족에게 웃음꽃이 피었다! 가족 할인 행사 진행 중!

유의어 ➡ 꽃이 핀 것처럼 ○○, ○○로 아름답게 빛나다, 화려한 ○○

648 ○○ 변화가 기쁘다

효과적인 사용법 어떤 요소의 변화가 기쁘다는 감정을 표현하여 그 변화에 매력을 느끼는 사람에게 임팩트를 준다.

예 ▶ 하루하루 성장의 변화가 기쁘다! 키우는 즐거움을 실감할 수 있는 ○○
　　▶ 심경의 변화가 기쁘다! 자신에게 만족하는 삶을 위해 ○○
　　▶ 계절의 변화가 기쁘다! 계절마다 달라지는 풍경이 즐거운 ○○

유의어 ➡ ○○ 바람직한 변화, ○○ 변화에 설렌다

649 ○○ 여운이 남는다

효과적인 사용법 어떤 감각 요소의 인상이 나중까지 느껴질 정도로 좋다는 표현으로 관심을 끈다.

예 ▶ 중저음의 여운이 남는다! 전율이 느껴지는 본격 하이파이 ○○
　　▶ 감동의 여운이 오래도록 남는다! 마음에서 우러나는 친절함이 느껴지는 ○○
　　▶ 달콤한 여운이 진하게 남는다! 입속으로 퍼지는 바닐라 향 ○○

유의어 ➡ ○○ 마음에 전해오다, 가시지 않는 ○○, 아직도 남아 있는 ○○

650 ○○를 느긋하게 즐기다

효과적인 사용법 편안한 감정을 어필하여 '안락함과 쾌적함'을 전한다.

예 ▶ 느긋하게 미식을 즐길 수 있는 연회! 소중한 사람과 술잔을 기울이며 시간을 보내세요
　　▶ 느긋하게 즐기는 시간! 개인 노천 온천에서 만끽하는 혼자만의 ○○
　　▶ 바깥 시간은 잊고 그저 느긋하게 즐긴다! 대자연 속 리조트 ○○

유의어 ➡ ○○를 편안하게 즐기다, 안락한 ○○, ○○를 느긋하게 보내다

651 ○○를 잊고 ××하다

효과적인 사용법 중요한 무언가를 잊을 정도로 열중하는 모습을 표현하여 유의미한 체험임을 어필한다.

예
- ▶ 부끄러움은 잊고 열광하라! 젊은 시절의 열정을 다시 한 번 ○○
- ▶ 시간을 잊고 몰두하게 된다! 취미로 배우는 수제 가구 ○○
- ▶ 일을 잊고 만끽한다! 자신을 알아가는 즐거운 시간

유의어 ➡ ○○를 무시하고 ××하다, ○○를 생각하지 않고 ××하다

652 쾌적하고 살기 좋은 ○○

효과적인 사용법 '삶'에 초점을 맞춰 쾌적한 체험이 떠오르는 표현으로 이상적인 삶에 대한 바람을 자극한다.

예
- ▶ 쾌적하고 살기 좋은 주택! 고객의 바람을 반영하여 설계한 ○○
- ▶ 쾌적하고 살기 좋은 인생! 인생 2차전을 준비하는 ○○
- ▶ 삶이 쾌적해지는 공간을 창조합니다! 모던한 인테리어 디자인을 추구하는 ○○

유의어 ➡ 매일 즐거운 ○○, 삶이 쾌적한 ○○, 쾌적한 인생 실현 ○○

653 단단히 ○○하다

효과적인 사용법 어떤 체험이나 체감이 주는 인상을 '단단히'라는 임팩트 있는 말로 표현하여 어필한다.

예
- ▶ 여심을 단단히 잡아라! 특별한 날을 더욱 특별하게 ○○
- ▶ 무제한 코스로 배를 단단히 채우자! 좋아하는 요리를 마음껏
- ▶ 여행의 즐거움을 단단히 붙들어라! 추억 만들기 ○○

유의어 ➡ 확실히 ○○하다, 명확히 ○○하다, 제대로 ○○하다

654 ○○에 기겁하다

효과적인 사용법 어떤 체험에 대해 놀라는 감정을 표현하여 시선을 끌고, 그 이유를 설명하여 관심을 보이도록 유도한다.

예
- ▶ 기겁할 정도로 놀라운 맛! 해외 잡지에 실린 메뉴
- ▶ 놀라운 사은품에 기겁! 기간 한정 기회를 잡아라!
- ▶ 있을 수 없는 가격에 기겁했다!

유의어 ➡ ○○에 화들짝, ○○에 깜짝, ○○에 자지러지다

655 한 손에 찻잔을 들고 ○○를 느끼다

효과적인 사용법 편안한 분위기 속에서 감상적인 시간을 보낸다는 인상을 '한 손에 찻잔을 들고'라는 구체적인 이미지와 분위기로 표현하여 감정에 어필한다.

예
- ▶ 한 손에 찻잔을 들고 역사를 느낀다! 유적지 숙소에서 보내는 ○○
- ▶ 한 손에 찻잔을 들고 운명을 느낀다! 운명적인 만남을 주선하는 ○○
- ▶ 한 손에 찻잔을 들고 사랑을 느낀다! 애견인을 위한 ○○

유의어 ➡ 소파에 기대어 앉아 ○○를 느낀다, 먼 산을 보며 ○○를 생각한다

656 실감 나는 ○○

효과적인 사용법 구체적인 감각을 나타내는 말과 조합해서 더 생생한 체감을 어필한다.

예
- ▶ 실감 나는 시원함! 바람이 그대로 통과하는 소재를 사용한 ○○
- ▶ 실감 나는 탱탱한 피부! 하루 1회 사용으로 탄력이 두 배!
- ▶ 실감 날 정도로 놀라운 무게! 휴대가 가능한 ○○

유의어 ➡ 체감되는 ○○, 제대로 느껴지는 ○○, ○○ 느낌의

657 쭉 ○○하고 싶다

효과적인 사용법 체험 가능한 요소가 쾌적해서 계속하고 싶다는 기분을 전하여 체험의 가치에 임팩트를 준다.

예
- ▶ 쭉 이대로만 있고 싶다. 한 번 빠지면 헤어 나올 수 없는 ○○
- ▶ 쭉 살고 싶다! 여성 전용 호텔의 편안함이 주는 ○○
- ▶ 쭉 감상하고 싶다! 박진감 넘치는 영상을 즐기는 ○○

유의어 ➡ 줄곧 ○○하고 싶다, 계속 ○○하고 싶다, 이대로 ○○하고 싶다

658 척척 ○○하다

효과적인 사용법 어떤 일을 매우 능숙하게 처리한다는 체험을 어필한다.

예
- ▶ 척척 마스터하는 영어! 하루에 10분만 투자해도 ○○
- ▶ 척척 요리할 수 있다! 요리가 편해지는 주방 가전 ○○
- ▶ 척척 청소한다! 로봇청소기로 구석구석 ○○

유의어 ➡ 거침없이 ○○하다, 능수능란하게 ○○하다, 손쉽게 ○○하다

659 세련된 아우라 ○○

효과적인 사용법   세련된 이미지를 체험할 수 있다는 인상을 '아우라'라는 말로 표현하여 어필한다.

- **예**
  - ▶ 세련된 아우라가 느껴진다! 누구나 따라 하고 싶은 패션 ○○
  - ▶ 세련된 아우라에 취한다! 단정한 인테리어 디자인이 추구하는 ○○
  - ▶ 세련된 아우라가 물씬 풍기는 모던 한식 레스토랑!

유의어 ➡ 고상한 분위기 ○○, 고급스러운 느낌 ○○, 화려한 아우라 ○○

660 박력 넘치는 ○○

효과적인 사용법   어떤 체험 요소에 강력한 임팩트가 있다는 것을 직접적으로 표현한다.

- **예**
  - ▶ 박력 넘치는 선명한 화질! 대화면으로 즐기는 ○○
  - ▶ 박력 넘치는 자연을 만끽! 몸이 먼저 반응하는 ○○
  - ▶ 박력 넘치는 해산물 요리! 바다의 향기가 물씬 풍기는 ○○

유의어 ➡ 강력한 ○○, 박력 있는 ○○, 박진감 넘치는 ○○

661 전율이 느껴지는 ○○

효과적인 사용법   몸으로 직접 느낄 수 있는 요소에 초점을 맞춰 표현하여 '직감적인 인상'을 강조한다.

- **예**
  - ▶ 전율이 느껴지는 풍경! 대자연이 뿜어내는 ○○
  - ▶ 전율이 느껴지는 화면! 초고화질 화면만의 박진감과 리얼함
  - ▶ 전율이 느껴지는 맛! 맵지만 손을 놓을 수 없는 ○○

유의어 ➡ 압도되는 ○○, 몸이 반응하는 ○○, 몸이 떨리는 ○○

662 만족스러운 ○○

효과적인 사용법   어떤 요소가 충분히 만족할 수 있을 정도라는 상태를 표현하여 만족감을 직접적으로 자극한다.

- **예**
  - ▶ 만족스러운 분위기를 온몸으로 느껴보자! 확 트인 전망과 맛있는 식사 ○○
  - ▶ 만족스러운 휴일! 근교에서 간편하게 즐기는 ○○
  - ▶ 만족스러운 라이프 플랜을 제안합니다! 전문 재무 설계사가 추천하는 ○○

유의어 ➡ 충만함이 느껴지는 ○○, 만족이 느껴지는 ○○, 충분한 ○○

663 완급을 조절하다

효과적인 사용법　유연함을 핵심 가치로 드러내고자 할 때 편안한 느낌으로 전달한다.

- 예
  - ▶ 일상생활에도 완급 조절이 필요하다! 매일 아침 5분간 손쉽게 ○○
  - ▶ 다양한 색으로 완급을 자유자재로 조절한다! 프로에게 배우는 색 배합 ○○
  - ▶ 운동에 완급을 주면서 근육 회복과 강화를 촉진하는 ○○

유의어 ➡ 완급을 주다, 강약을 주다, 긴장과 이완을 주다

664 손을 놓을 수 없다

효과적인 사용법　'대상의 훌륭함'을 실제 행동에 기반하여 생생한 이미지로 전한다.

- 예
  - ▶ 한 번 사용하면 손을 놓을 수 없다! 두피에 기분 좋은 자극 ○○
  - ▶ 이제 손을 놓을 수 없다! 편리함에 자꾸 손이 간다!
  - ▶ 손을 놓을 수 없다! 여러 가지 사용해봤지만 ○○가 최고

유의어 ➡ 자꾸 손이 간다, 손이 떠나지 않는다, 자꾸 사용하게 된다

665 부드럽게 녹아드는 ○○

효과적인 사용법　'어떤 요소가 절묘하게 들어맞는다'라는 의미를 담아 체감하는 강점을 표현하여 관심을 유도한다.

- 예
  - ▶ 피부에 부드럽게 녹아드는 질감의 크림! 촉촉함을 대폭 강화한 ○○
  - ▶ 입안에서 부드럽게 녹아든다! 두 가지 맛의 환상적인 ○○
  - ▶ 부드럽게 녹아드는 색 배합으로 절제된 분위기 ○○

유의어 ➡ 절묘하게 녹아드는 ○○, 환상적으로 어울리는 ○○

오감에 어필하기

사람은 인간이 가진 기본적인 다섯 가지 감각인 촉각, 시각, 미각, 청각, 후각, 즉 오감을 통한 자극에 큰 영향을 받는다. 오감을 자극하는 표현으로 감정에 직접적으로 어필할 수 있다.

---

666   ○○ 아우라가 풍기는 ××

효과적인 사용법   대상이 가진 독특한 분위기를 '아우라'라고 표현하여 감각을 종합적으로 자극한다.

예
- ▶ 행복한 아우라가 풍기는 옷! 밝고 화사한 분위기 ○○
- ▶ 장인의 아우라가 풍기는 맛집! 비법 양념을 아낌없이 넣은 ○○
- ▶ 정숙한 아우라가 풍기는 카페에서 보내는 소중한 시간 ○○

유의어 ➡ ○○ 분위기가 느껴지는 ××, ○○ 아우라가 피부로 느껴지는

---

667   ○○ 기분 만끽

효과적인 사용법   마음껏 즐기는 상태를 감각적으로 표현하여 만족감과 설렘을 동시에 전한다.

예
- ▶ 리조트 기분 만끽! 긴장을 풀고 마음껏 즐기는 ○○
- ▶ 설레는 기분 한껏 만끽! 리조트에서 보내는 주말 ○○
- ▶ 데이트 기분을 최고로 만끽하자! 셀럽도 많이 찾는 ○○

유의어 ➡ ○○ 기분에 취하다, ○○ 쾌적하게 보내다, ○○ 기분 최고

668   ○○ 홀가분하다

효과적인 사용법   기분이나 몸이 자유로워지고 싶다는 마음을 직접적으로 표현하여 자극한다.

예
- ▶ 아침부터 홀가분하다! 숙면을 돕는 ○○
- ▶ 걸음걸이가 홀가분하다! 자세 교정으로 기분까지 ○○
- ▶ 메이크업으로 기분을 홀가분하게! 봄기운 물씬 풍기는 색조로 체인지

유의어 ➡ ○○ 상쾌하다, ○○ 산뜻하다, ○○ 가뿐하다

669   ○○에 빠지다

효과적인 사용법   뭔가에 열중하는 상태를 감각적으로 표현하여 오감에 어필한다.

예
- ▶ 바람 소리에 빠져 잠들다! 대자연 속에서 즐기는 캠핑 라이프 ○○
- ▶ 나도 모르는 사이 어른스러운 기품에 빠지다! 하루 종일 은은한 향기 ○○
- ▶ 당신에게 푹 빠지게 해드립니다! 특별한 날 준비하는 꽃바구니 서비스 ○○

유의어 ➡ ○○에 잠기다, ○○에 젖어 들다, ○○를 동경하다

670   ○○ 눈길을 사로잡는다

효과적인 사용법   이상적인 모습을 시각적으로 전하여 '멋진 이미지'가 떠오르게 한다.

예
- ▶ 스마트함이 눈길을 사로잡는다! 일할 때는 물론이고 일상생활도 가장 멋지게
- ▶ 아름다운 실루엣이 눈길을 사로잡는다! 롱코트가 빚어내는 분위기 ○○
- ▶ 화려한 마블링이 눈길을 사로잡는다! 명품 한우 특유의 맛을 한껏 살리다

유의어 ➡ ○○ 눈길을 빼앗기다, ○○ 눈길을 끌다, ○○ 이목을 끌다

671   ○○ 온기

효과적인 사용법   '어떤 장점에서 온기가 느껴진다'라는 의미로 촉감을 자극한다.

예
- ▶ 사람과 사람의 온기가 전해지는 전통 시장 특유의 분위기를 느껴보세요
- ▶ 거위 털의 온기가 온몸을 감싼다! 겨울 캠핑 필수 아이템 ○○
- ▶ 손편지의 온기가 가슴 깊이 전해온다! 소중한 날 소중한 사람을 위해 준비하는 ○○

유의어 ➡ ○○ 따스함, ○○ 체온, ○○ 따뜻한 기운

672 ○○ 욕망을 깨우다

효과적인 사용법 마음속 깊은 곳의 욕망이 드러난다는 감각적 표현으로 관심을 유도한다.

예
- ▶ 여자의 숨겨진 욕망을 깨운다! 고혹적인 패션으로 오늘밤 주인공은 바로 당신
- ▶ 마음속 욕망을 깨우는 요리! 강력한 향신료로 입맛을 되찾아주는 ○○
- ▶ 드라이버의 욕망을 깨우는 자동차의 진화! 새로운 기능 탑재 ○○

유의어 ➡ ○○ 전율이 느껴진다, ○○ 심장이 두근거린다, ○○ 호흡이 차오른다

673 ○○가 기분 좋다

효과적인 사용법 '어떤 요소가 편안함을 느끼게 해준다'라는 감각을 표현하여 관심을 유도한다.

예
- ▶ 대자연이 기분 좋은 체험을 선사한다! 절경과 아늑한 은신처를 동시에 즐기기
- ▶ 온천수가 기분 좋게 따뜻하다! 하루의 피곤을 풀고 최고의 휴식을 선사한다
- ▶ 순면의 감촉이 기분 좋다! 피부 자극을 최소화한 ○○

유의어 ➡ ○○가 편안하다, ○○가 마음에 든다, ○○가 안락하다

674 ○○ 실루엣

효과적인 사용법 외모나 외관이 멋지고 세련되었다는 시각적 가치를 어필한다.

예
- ▶ 자연과 조화를 이룬 실루엣! 자연 친화적인 건축 ○○
- ▶ 세련된 블루 핏! 신비로운 푸른빛을 발하는 ○○
- ▶ 아름다운 드레스 라인! 일생에 한 번뿐인 자리에서 ○○

유의어 ➡ ○○ 라인, ○○ 핏, ○○ 조화

675 ○○ 풍미

효과적인 사용법 '풍부하고 깊은 맛이 느껴진다'라는 의미로 미각적 가치를 어필한다.

예
- ▶ 카레 풍미 가득한 햄버거! 새롭게 선보이는 ○○
- ▶ 과실 풍미가 강한 커피와 함께 즐기는 ○○
- ▶ 참깨 풍미의 드레싱으로 맛을 낸 ○○

유의어 ➡ ○○가 떠오르는 맛, ○○ 향미, ○○ 맛

676 ○○ 통째로 베어 먹다

효과적인 사용법   특히 음식에 대해, 신선하다는 인상을 전하는 감각적인 표현으로 관심을 보이도록 유도한다.

예
- ▶ 방금 딴 사과를 한입에 바로 베어 먹는다! 과수원 체험 ○○
- ▶ 산지 직송이니까 통째로 베어 먹는다! 각지에서 새벽에 올라온 ○○
- ▶ 수산시장을 통째로 삼킨 듯한 맛! 신선한 해산물 풍미를 자랑하는 ○○

유의어 ➡ ○○ 그대로 먹다, ○○ 통째로 맛보다, ○○ 통째로 삼키다

677 ○○ 색으로 ××하다

효과적인 사용법   색을 단순히 표현하는 것이 아니라 색을 의미하는 말이나 이미지를 사용하여 '색의 이미지'를 어필한다.

예
- ▶ 봄의 색으로 변하는 계절! 파스텔 톤으로 다채롭게 연출한 ○○
- ▶ 노릇노릇한 갈색으로 바뀌는 순간! 고기 맛의 절정!
- ▶ 몸도 마음도 여름의 푸른색으로 물들인다! 핫한 여름 패션으로 갈아입고 즐기는 ○○

유의어 ➡ 장밋빛의 ○○, 계절의 색이 느껴지는 ○○, ○○ 색감이 느껴진다

678 입이 딱 벌어질 정도로 ○○

효과적인 사용법   '매우 맛있다'는 의미를 담아서 미각에 어필한다.

예
- ▶ 입이 딱 벌어질 정도로 맛있다! 감칠맛의 비밀은 ○○
- ▶ 나도 모르게 입이 딱 벌어질 정도다! 입안에서 터지는 육즙 ○○
- ▶ 입이 딱 벌어질 정도로 감동적! 귀한 재료만을 엄선한 ○○

유의어 ➡ 침이 고일 정도 ○○, 입맛을 다실 정도 ○○, 혀가 즐거운 ○○

679 깊은 맛 ○○

효과적인 사용법   맛에 깊이가 있음을 인상적으로 어필하여 그 의미나 설명에 관심을 보이도록 유도한다.

예
- ▶ 깊은 맛의 요리를 가정에서도 맛볼 수 있다! 식탁을 호화롭게 ○○
- ▶ 깊은 맛이 빈틈없이 느껴지는 전통 한식당! 부모님과의 식사 자리에 어울리는 ○○
- ▶ 숙성된 깊은 맛! 투박하지만 진한 향이 매력적인 ○○

유의어 ➡ 맛깔스러운 ○○, 맛에 깊이가 있는 ○○, 먹음직한 ○○

680 넋을 잃다

효과적인 사용법 감각적인 말을 활용하여 왜 '넋을 잃는지'에 대한 의미나 설명에 관심을 보이도록 유도한다.

예
- ▶ 넋이 잃을 정도로 반했다! 핑크를 활용한 ○○
- ▶ 뒷모습에 넋을 잃었다! 멋진 실루엣을 연출한 ○○
- ▶ 한입 하자마자 넋을 잃고 만다! 입안 가득 퍼지는 봄나물의 향취

유의어 ➡ 멍해지다, 넋이 나가다, 혼이 빠지다

681 맛있다! ○○

효과적인 사용법 단순하기 때문에 파워풀한 표현으로, 감각을 자극하고 그 내용이나 이유에 관심을 보이도록 유도한다.

예
- ▶ 맛있다! 겉은 바삭하고 속은 촉촉하고 ○○
- ▶ 맛있다! 감칠맛을 극한까지 끌어올린 ○○
- ▶ 맛있다! 만족스러운 식감을 선사하는 ○○

유의어 ➡ 정말 맛있다! ○○, 맛나다! ○○, 맛깔나다! ○○

682 감칠맛 가득 ○○

효과적인 사용법 맛이 좋다는 것을 구체적으로 표현하여 미각을 자극한다.

예
- ▶ 감칠맛 가득! 침이 고이는 향과 멋진 비주얼까지 ○○
- ▶ 감칠맛 가득! 천연 재료의 싱그러움이 그대로 전해오는 ○○
- ▶ 감칠맛 가득! 씹는 맛 최고! 입안 가득 퍼지는 ○○

유의어 ➡ 감칠맛 넘치는 ○○, 맛이 기가 막힌 ○○, 제대로 맛이 우러나 ○○

683 어머니의 맛

효과적인 사용법 누구나 그리워할 맛이라는 의미로 '어머니의 맛', '고향의 맛' 등의 표현을 활용하여 향수를 자극한다.

예
- ▶ 어머니의 맛이 떠오른다! 그리운 기억이 되살아나는 ○○
- ▶ 마치 어머니의 맛! 마음이 편안해지는 ○○
- ▶ 어머니의 맛에 취하다! 마치 집밥을 먹는 듯한 ○○

유의어 ➡ 고향의 맛, 어머니의 손맛, 그리운 맛

684 영원히 빛나는 ○○

효과적인 사용법 '지금의 빛나는 상태'를 강조하고 지속성을 드러내기 위해 영원함을 어필하여 관심을 보이도록 유도한다.

예
- ▶ 영원히 빛나는 피부! 동안의 비결은 ○○
- ▶ 영원히 빛나는 입술! 촉촉함 지속 시간 최대화 ○○
- ▶ 영원히 빛나는 여자가 되자! 나이는 숫자에 불과하다 ○○

유의어 ➡ 빛을 잃지 않는 ○○, 항상 빛나는 ○○, 한없이 빛나는 ○○

685 바람과 함께 ○○

효과적인 사용법 상쾌한 인상을 강조하는 '바람'이라는 말을 활용하여 감정에 어필한다.

예
- ▶ 바람과 함께 멈춰 선 풍경! 바닷바람을 온몸으로 느끼며 감상하는 ○○
- ▶ 바람과 함께 하늘거리는 나뭇가지! 대자연에 몸을 맡기고 떠나자
- ▶ 신선한 바람과 함께 안락한 하루를! 근교에서 즐기는 리조트 ○○

유의어 ➡ 바람을 느끼며 ○○, 바람을 즐기며 ○○, 바람이 부는 대로 ○○

686 어깨에 힘을 빼고 ○○

효과적인 사용법 '힐링'을 보다 강조하기 위해 휴식의 상태(모습)를 감각적으로 표현한다.

예
- ▶ 어깨에 힘을 빼고 즐기는 식사! 좋아하는 것을 좋아하는 만큼 ○○
- ▶ 어깨에 힘 빼고 재밌게 즐기자! 스트레스 발산에 효과적인 ○○
- ▶ 어깨에 힘을 빼고 마음껏 즐기는 시간! 일상을 잊고 자연 속으로 ○○

유의어 ➡ 온몸에 힘을 빼고 ○○, 시간을 잊고 ○○, 긴장을 늦추고 ○○

687 덥석 ○○

효과적인 사용법 '호쾌하게 먹는 모습'을 표현하여 식감을 강조하여 전한다.

예
- ▶ 덥석 베어 무는 순간 전해오는 강력한 육향!
- ▶ 덥석 한입! 입안에 퍼지는 향기로운 ○○
- ▶ 덥석 하고 크게 한입! 식감이 끝내주는 ○○

유의어 ➡ 한입에 ○○, 크게 한입 ○○, 냠큼 한입 ○○

688 꽉꽉 ○○

효과적인 사용법 '힘이 가득 들어간 상태'를 의미하는 말을 활용하여 '응축' 혹은 '강력함'을 어필한다.

예
- ▶ 감칠맛이 꽉꽉 들어찼다! 오랫동안 끓여서 더 깊은 맛 ○○
- ▶ 꽉꽉 응축된 맛! 내려오는 전통 비법 그대로 요리
- ▶ 심장을 꽉 쥐어내는 감동 스토리! 베스트셀러 소설 원작 ○○

유의어 ➡ 단단히 ○○, 제대로 ○○한, 응축된 ○○

689 눈부신 ○○

효과적인 사용법 눈이 부실 정도로 빛이 난다는 시각적 표현으로 관심을 보이도록 유도한다.

예
- ▶ 눈부신 피부! 새하얀 눈처럼 아름다운 ○○
- ▶ 눈부실 정도로 빛나는 머릿결! 찰랑거리는 뒷모습이 매력적인 ○○
- ▶ 눈부시게 화려한 인상! 특별한 날에는 과감한 패션으로 ○○

유의어 ➡ 광택이 나는 ○○, 밝게 빛나는 ○○, 환한 ○○

690 쿨한 ○○

효과적인 사용법 '쿨'이라는 말이 지닌 스타일리시한 감각을 표현한다.

예
- ▶ 쿨한 보디를 원한다면? 겨울에 시작해서 여름에 완성하는 ○○
- ▶ 쿨한 밤! 도심의 아름다움을 만끽하는 ○○
- ▶ 쿨한 분위기가 여심을 사로잡는다!

유의어 ➡ 멋진 ○○, 스타일리시한 ○○, 감각적인 ○○

691 편안한 ○○

효과적인 사용법 편안한 상태를 그대로 표현하여 부드러운 인상과 함께 그 이유나 내용에 관심을 보이도록 유도한다.

예
- ▶ 주말을 느긋하게 보낼 수 있는 편안한 공간! 확 트인 전망과 아늑한 분위기
- ▶ 편안한 리조트에서 보내는 시간! 주말을 만끽하는 ○○
- ▶ 편안한 분위기가 술맛을 살린다! 느긋하게 식사와 함께 즐기는 ○○

유의어 ➡ 안락한 ○○, 기분 좋은 ○○, 느긋한 ○○

692 　**시선을 ○○하다**

효과적인 사용법　시각 정보를 이용한 표현으로 '시선의 움직임'을 상세하게 전한다.

예
- ▶ 뜨거운 시선을 받는 디자인! 센스가 빛나는 ○○
- ▶ 사람 많은 곳에서도 시선을 한 몸에 받는 법! 핫한 보디를 원한다면 ○○
- ▶ 그 사람의 시선을 유혹하려면? 매력 어필에 효과적인 ○○

유의어 ➡ 시선을 사로잡는 ○○, 시선을 끄는 ○○, 눈길을 느끼는 ○○

693 　**○○ 실감**

효과적인 사용법　'느낀 그대로'를 직접적으로 표현하고 싶을 때 사용한다. 시선을 끌어 내용에 관심을 보이도록 유도한다.

예
- ▶ 미백 피부 실감! 마치 새하얀 눈과 같은 ○○
- ▶ 입안 가득 부드러움 실감! 입에 넣는 순간 ○○
- ▶ 실감된다! 놀라운 개방감! 광활한 공간에서 보내는 시간 ○○

유의어 ➡ ○○ 체감, ○○를 피부로 느끼다, ○○ 느낌을 맛보다

694 　**부들부들한 ○○**

효과적인 사용법　여성적이고 부드러운 감각을 부각하는 표현으로 이상적인 질감을 어필한다.

예
- ▶ 부들부들한 실크의 감촉! 만지기만 해도 기분 좋은 ○○
- ▶ 부들부들한 질감이 최고! 직접 피부에 닿는 부분이니까 ○○
- ▶ 고급스러운 부들부들함! ○○

유의어 ➡ 부드러운 ○○, 고급스러운 감촉의 ○○, 나긋나긋한 ○○

695 　**몸속 깊이 느껴지는 ○○**

효과적인 사용법　몸속 깊은 곳에서 느껴지는 본능적인 감각이나 감정을 전하고 싶을 때 사용한다. 어떤 느낌인지가 구체적일수록 효과적이다.

예
- ▶ 몸속 깊이 느껴지는 따스함! 매운맛이 절묘하게 어우러진 ○○
- ▶ 몸속 깊이 느껴지는 감동의 물결! 사치스러운 시간을 마음껏 ○○
- ▶ 몸속 깊이 느껴지는 쾌감! 피부에 좋은 성분 포함 ○○

유의어 ➡ 마음에서 우러나는 ○○, 뼛속 깊이 사무치는 ○○

696 살 떨리는 ○○

효과적인 사용법 '뭔가 강렬한 인상'을 느낄 때 사용한다. 그 뒤에 따르는 이유가 구체적일수록 효과적이다.

예
- ▶ 살 떨리는 아름다움! 샤프한 인상이 강렬한 ○○
- ▶ 살 떨리는 쾌감! 시원한 바람이 솔솔 들어오는 마법
- ▶ 살 떨리는 매운맛! 매운 음식 마니아를 위한 ○○

유의어 ➡ 소름 끼치는 ○○, 탄성이 나오는 ○○, 두근거리는 ○○

697 온몸이 가벼워지는 ○○

효과적인 사용법 상쾌한 감각을 전한다. '그 결과가 어떻게 되는지'와 조합하여 표현한다.

예
- ▶ 온몸이 가벼워지는 상쾌한 기분! 걸음이 가뿐해지는 ○○
- ▶ 온몸이 가벼워지는 산행 만끽! 꽃향기 가득한 숲길에서 즐기는 ○○
- ▶ 온몸이 가벼워지는 온천욕! 몸의 피로가 한순간에 풀리는 ○○

유의어 ➡ 가뿐한 ○○, 상쾌한 ○○, 하늘을 나는 듯한 ○○

698 온몸에 퍼지는 ○○

효과적인 사용법 '긍정적인 상태가 온몸에 퍼진다'라는 의미로 쾌적함을 나타내는 요소와 조합하여 사용한다.

예
- ▶ 온몸에 퍼지는 시원함! 사람이 직접 주무르는 듯한 ○○
- ▶ 온몸에 퍼지는 농밀한 맛! 치즈 케이크의 상식을 뛰어넘는 ○○
- ▶ 온몸에 퍼지는 기분 좋은 나른함! 둘이서 시간 가는 줄 모르고 즐기는 ○○

유의어 ➡ 구석까지 퍼지는 ○○, 온몸을 감싸는 ○○, 몸이 흡수하는 ○○

699 부러운 눈빛

효과적인 사용법 누구나 부러워하는 시선을 전한다. 왜 시선을 받는지에 대한 설명과 조합하여 사용한다.

예
- ▶ 부러운 눈빛을 한 몸에 받는 소재! 구두의 광택감이 완전히 다르다 ○○
- ▶ 부러운 눈빛을 느끼며 마시는 술! 오랫동안 숙성한 최고급 ○○
- ▶ 부러운 눈빛에 쾌감을 느끼다! 시선을 사로잡는 남다른 머릿결 ○○

유의어 ➡ 동경의 눈빛, 부럽게 바라보는 ○○, 시선을 사로잡는 ○○

700 단정한 인상

효과적인 사용법 '시각적으로 단정해 보이는 인상'을 그대로 표현하여 시선을 끈다.

예
▶ 단정한 인상이 고급스러움을 전한다. 군더더기 없는 디자인의 ○○
▶ 세련되고 단정한 인상이 주는 매력! 심플함 속의 댄디함 ○○
▶ 단정한 인상이 오히려 신선! 화려한 장소에서 오히려 빛을 발하는 ○○

유의어 ➡ 단아한 인상, 참한 인상, 정돈된 분위기의 ○○

701 섬세한 ○○

효과적인 사용법 촉감이 섬세하거나 연약하다는 인상을 표현하여 시선을 끈다.

예
▶ 섬세한 피부도 안심! 지금까지와는 다른 부드러움을 실현한 ○○
▶ 입안에서 녹는 섬세한 감촉! 부드럽게 퍼지는 ○○
▶ 섬세한 아기 피부도 안심하고 사용할 수 있습니다

유의어 ➡ 민감한 ○○, 연약한 ○○, 여린 ○○

702 쿵 하고 ○○

효과적인 사용법 박력 있는 인상을 주는 의성어인 '쿵'을 사용하여 청각적인 자극을 표현한다.

예
▶ 강력한 매운맛이 혀를 쿵 하고 때린다! 매운맛을 좋아하는 사람이라면 ○○
▶ 가슴에 쿵 하고 전해오는 겨울 풍경! 한동안 움직이지 못할 정도로 충격적인 ○○
▶ 쿵 하고 몸속 깊은 곳까지 느껴지는 충격! 호쾌한 사운드가 매력적인 ○○

유의어 ➡ 쾅 하고 ○○, 펑 하고 ○○, 헉 하고 ○○

703 닭살이 돋는 ○○

효과적인 사용법 '마음이 심하게 동요하는 인상'을 촉각에 기반한 구체적인 이미지로 표현하여 감정에 어필한다.

예
▶ 닭살이 돋을 정도로 충격적인 맛! 고기의 상식을 깬 ○○
▶ 닭살이 돋는 감동 스토리! 평생에 한 번 ○○
▶ 고요하고 아늑하지만 왠지 닭살이 돋는 풍경!

유의어 ➡ 충격적인 ○○, 심장이 두근거리는 ○○, 떨림이 느껴지는 ○○

704 **걸쭉한 ○○**

효과적인 사용법 부드럽고 점도가 높은 느낌을 알기 쉽게 표현하여 오감을 자극한다.

예
▶ 입안에서 걸쭉하게 퍼지는 기분 좋은 맛!
▶ 걸쭉한 식감! 한번 먹어보면 멈출 수 없는 ○○
▶ 걸쭉한 크림 타입의 로션이 피부를 자극 없이 감싼다!

유의어 ➡ 찐득한 ○○, 끈적거리는 ○○, 녹진한 ○○

705 **사르르 녹는 ○○**

효과적인 사용법 '녹아서 사라질 정도로 소프트한 감각'을 표현하여 부드러운 인상을 어필한다.

예
▶ 사르르 녹는 식감! 치즈 케이크라고 생각되지 않는 ○○
▶ 입안에서 사르르 녹는 감각이 더할 나위 없다! 풍미는 그대로 ○○
▶ 따뜻한 물에 넣으면 사르르 녹는 입욕제!

유의어 ➡ 스르르 녹는 ○○, 사르르 퍼지는 ○○, 저절로 녹는 ○○

706 **심장을 움켜쥐다**

효과적인 사용법 '사람의 마음을 사로잡는다'라는 의미로 강한 임팩트를 준다.

예
▶ 심장을 움켜쥐는 충격적 스토리!
▶ 심장을 움켜쥐게 만드는 귀여운 디자인! 남녀노소 불문 ○○
▶ 여심을 움켜쥔 향수! 여자의 마음을 효과적으로 반영한 ○○

유의어 ➡ 심장이 멎는 ○○, 심장을 흔들다, 심장을 꽉 쥐다

707 **씹는 맛이 최고**

효과적인 사용법 식감을 나타내는 '씹는 맛'이라는 표현을 사용하여 그 감각이 매우 훌륭함을 어필한다.

예
▶ 입안 가득 씹는 맛이 최고! 맛과 식감의 절묘한 조화 ○○
▶ 바삭바삭 씹는 맛이 최고! 고소하고 짭짤한 ○○
▶ 씹는 맛이 최고라고 정평이 났어요! 고기가 가득 들어간 ○○

유의어 ➡ 목 넘김이 좋다, 짜릿한 식감, 깔끔한 입맛

708 터지는 ○○

효과적인 사용법 '터져서 튀는 듯한 시각적 이미지'를 주면서 신선한 느낌을 강조하여 전한다.

예
- ▶ 터지는 과즙이 그대로 느껴진다! 입안 가득 퍼지는 ○○
- ▶ 육즙 터지는 맛! 최고급 마블링을 자랑하는 한우 ○○
- ▶ 입안 가득 터지는 상쾌한 산미! 뜨거운 여름철에 자주 찾는 ○○

유의어 ➡ 퍼지는 ○○, 튀는 ○○, 뿜어져 나오는 ○○

709 킥 ○○

효과적인 사용법 '강한 무언가를 맞은 듯한 충격적인 감각'을 표현하여 관심을 보이도록 유도한다.

예
- ▶ 날카로운 킥이 있는 디자인! 패션에 자신감이 넘치는 ○○
- ▶ 뇌가 울릴 정도의 아찔한 매운맛! 마니아를 위한 도전 메뉴 ○○
- ▶ 강펀치를 맞은 듯한 강력한 산미와 묘한 달콤함이 절묘한 조화를 이룬다!

유의어 ➡ 강펀치 ○○, 아찔한 ○○, 어질어질한 ○○

710 풍만한 ○○

효과적인 사용법 크게 부푼 듯한 인상을 시각적으로 표현하여 탐스러운 느낌을 강조한다.

예
- ▶ 풍만하고 쫀득한 탄력! 지금까지의 식빵과는 한 차원 다른 ○○
- ▶ 속 가득 풍만한 고기만두! 입안 가득 퍼지는 육즙이 일품
- ▶ 자꾸만 기대고 싶어지는 풍만한 쿠션감! 보기만 해도 편해지는 ○○

유의어 ➡ 풍성한 ○○, 부푼 ○○, 포동포동한 ○○

711 꽃이 핀 듯한 ○○

효과적인 사용법 '꽃이 피다'라는 누구나 쉽게 상상할 수 있는 시각적 표현으로 아름답게 변화하는 양상을 어필한다.

예
- ▶ 꽃이 핀 듯한 아름다움! 눈앞에 펼쳐진 패셔너블한 디자인 ○○
- ▶ 눈밭에 꽃이 핀 듯하다! 최상급 한우의 마블링이 아름다운 ○○
- ▶ 봄날 꽃이 핀 듯한 아련한 풍경! 자연과 함께 즐기는 슬로 라이프 ○○

유의어 ➡ 꽃이 흐드러지게 핀 듯한 ○○, 꽃봉오리를 터트린 듯한

712 분위기부터 다른 ○○

효과적인 사용법 '실제로 체감하는 감각이 완전히 다르다'라는 의미를 담아 시선을 끈다.

예
- ▶ 풍기는 분위기부터 다릅니다! 여성스러움을 어필한 ○○
- ▶ 첫인상 분위기부터 다르다! 소개팅에서 제대로 차려입는 법
- ▶ 요리를 즐기는 것이 다가 아니다! 분위기부터 다른 이국적인 레스토랑 ○○

유의어 ➡ 인상부터 다른 ○○, 느낌부터 다른 ○○, 풍기는 아우라가 다른 ○○

713 가슴 절절히 ○○

효과적인 사용법 마음속 깊이 스며드는 듯한 감각을 어필하여 표현한다.

예
- ▶ 가슴 절절히 전해오는 친절한 서비스! 소중한 고객을 위한 마음가짐 ○○
- ▶ 가슴 절절히 느껴지는 맛! 천연 재료로 직접 만드는 ○○
- ▶ 가슴 절절히 울리는 감동! 환상의 풍경이 만들어내는 ○○

유의어 ➡ 가슴을 울리는 ○○, 마음속 깊이 스며드는 ○○, 가슴 두근거리는 ○○

714 눈으로 즐기는 ○○

효과적인 사용법 시각을 직접적으로 연상시키는 '눈'이라는 말을 사용하여 시각적 즐거움을 어필한다.

예
- ▶ 눈으로 즐기는 맛이 좋다! 보기에 좋은 떡이 먹기도 좋다!
- ▶ 여행의 즐거움, 눈으로 즐긴다! 볼거리로 넘치는 ○○
- ▶ 컬러풀한 색채를 눈으로 즐긴다! 다양한 색 조합으로 화려하게 장식한 ○○

유의어 ➡ 눈으로 느끼는 ○○, 눈에 이로운 ○○, 눈길을 사로잡는 ○○

715 리프레시 & 릴랙스

효과적인 사용법 긍정적인 상태를 강조하기 위해 두 가지 비슷한 표현을 조합하여 감각에 호소한다.

예
- ▶ 리프레시 & 릴랙스! 피로한 심신을 달래주는 ○○
- ▶ 당신이 원하는 힐링이 여기 있다! 소중한 리프레시 & 릴랙스 타임 ○○
- ▶ 여행의 목적은 리프레시 & 릴랙스! 몸은 물론 마음까지 생각하는 ○○

유의어 ➡ 상쾌하고 유쾌한 ○○, 편안하고 즐거운 ○○, 스릴 & 서스펜스

행복·행운 표현하기

고객은 항상 행복하기를 바란다. 행복감을 주는 표현이나 행운을 어필하는 표현으로 욕망을 자극하여 관심을 보이도록 유도해보자.

716 　○○가 이렇게 즐거울 줄이야!

효과적인 사용법　'뜻하지 않은 즐거움을 찾았다'라는 표현으로 즐거움에 강렬한 인상을 부여한다.

예
▶ 자신을 단련하는 일이 이렇게 즐거울 줄이야! 주 1회 즐기며 단련하는 ○○
▶ 화장이 이렇게 즐거울 줄이야! 바쁜 아침 손쉽게 올인원
▶ 온천욕이 이렇게 즐거울 줄이야! 뜨거운 탕에 몸을 담그기만 해도 최고의 기분

유의어 ➡ 이렇게 ○○해도 괜찮아?, 이런 ○○는 최고!

717 　○○와 찰떡궁합

효과적인 사용법　궁합이 특히 좋다는 의미로 '매우 좋은 것을 발견했다'라는 인상을 준다.

예
▶ 예뻐지고 싶은 나와 찰떡궁합! 여성미를 어필하기 위한 ○○
▶ 국물 요리와 찰떡궁합! 추운 겨울 잃어버린 입맛을 찾아주는 ○○
▶ 돼지고기와 찰떡궁합! 수제 만두를 더욱 맛있게 ○○

유의어 ➡ ○○와 조합이 좋다, ○○와 좋은 파트너

718 ○○ 즐거운 만남

효과적인 사용법 특별한 공간이나 이벤트를 어필하고 싶을 때 '만남'이 주는 행복감을 표현하여 즐거운 시간을 보낸다는 인상을 준다.

예
- ▶ 대자연 속에서 즐거운 만남! 산장에서의 우연한 인연
- ▶ 도심 속 한적한 곳에서 즐거운 만남! 럭셔리 스카이라운지에서 즐기는 ○○
- ▶ 취미가 같은 사람과의 즐거운 만남! 자연스럽게 이야기꽃이 피는 ○○

유의어 ➡ ○○ 즐거운 모임, 얼굴을 마주하고 즐기는 ○○, 사람에 취해 ○○

719 ○○에 방긋!

효과적인 사용법 자신도 모르게 미소를 지을 정도로 기쁘다는 감정을 표현한다. 그 이유와 조합하면 효과적이다.

예
- ▶ 촉촉함에 방긋! 피부에 잘 스며드는 천연 원료 ○○
- ▶ 환상적인 달콤함에 방긋! 디저트의 최고봉은 ○○
- ▶ 자신의 뒷모습에 방긋! 스타일리시한 헤어스타일을 찾아드립니다

유의어 ➡ ○○에 미소, ○○가 흐뭇하다, 웃음 짓게 만드는 ○○

720 ○○ 찬스

효과적인 사용법 '어떤 요소에 대해 특별한 기회'라는 의미를 직접적으로 표현하여 시선을 끈다.

예
- ▶ 고급 호텔을 즐기는 올해 마지막 찬스! 신청은 ○○
- ▶ 무료 가입 & 사은품 더블 찬스! 이번 기회를 반드시 잡으세요
- ▶ 스위트룸 업그레이드 특별 찬스! 현장에서 추첨을 통해 선정!

유의어 ➡ 절호의 ○○ 찬스, ○○ 기회를 놓치지 마세요

721 ○○라는 주문으로

효과적인 사용법 '어떤 요소가 신비한 힘이 있다'라는 의미로 '주문'이라는 말을 사용하여 '어떤 일이 마법처럼 극적인 변화를 일으킨다'를 표현한다.

예
- ▶ '레드'라는 주문으로 멋진 여자로 변신! 여성스러움을 부각한 ○○
- ▶ 사랑이라는 주문으로 행복감 만끽! 두 사람만을 위한 ○○
- ▶ 한방차의 마법으로 피부 개선! 옛날부터 내려오는 전통 요법

유의어 ➡ 마법의 ○○로, ○○라는 마법으로, ○○라는 매직으로

722 ○○ 파라다이스

효과적인 사용법 멋진 낙원의 이미지가 떠오르는 말로 호기심을 자극한다.

예
- ▶ 정열의 파라다이스를 만끽! 스페인 문화를 직접 체험
- ▶ 둘만의 여행은 파라다이스! 감동과 놀라움의 연속 ○○
- ▶ 도시에서 즐기는 파라다이스! 24시간 잠들지 않는 유흥의 천국

유의어 ➡ ○○ 천국, ○○ 낙원, ○○ 유토피아

---

723 ○○ 행운의 선물

효과적인 사용법 뜻밖의 횡재를 표현하기 위해 '선물'이라는 말을 사용하여 가치와 행운을 어필한다.

예
- ▶ 행운의 선물 같은 초특가 세일! 손해 없는 구성으로 보답합니다
- ▶ 두 사람을 위한 행운의 선물 메뉴 판매 개시! 기념일에 어울리는 ○○
- ▶ 사은품으로 럭키 박스를 준비했습니다! 무엇이 들어 있을까요?

유의어 ➡ ○○ 럭키 박스, ○○ 행운을 잡아라, ○○ 당첨

---

724 ○○ 축제

효과적인 사용법 흥겹고 즐거운 분위기를 전하기 위해 '축제'라는 말을 사용하여 어필한다.

예
- ▶ 신입생 축제 개최! 봄 기분을 만끽하는 ○○
- ▶ 추석 스페셜 축제! 수확의 계절에 즐기는 ○○
- ▶ 여성 패션 축제! 여심을 자극하는 패션 아이템 대공개!

유의어 ➡ ○○ 페스티벌, ○○ 잔치, ○○ 행사

---

725 ○○ 활력을 준다

효과적인 사용법 힘을 주는 요소와 조합하여 흥미를 끌고 그 이유에 관심을 보이도록 유도한다.

예
- ▶ 사람에 지친 마음에 활력을 주는 이벤트! 도심 속 야경을 보며 힐링
- ▶ 제철 음식으로 활력을 드립니다! 맛있는 음식으로 건강을 지킨다!
- ▶ 거친 피부에 활력을 준다! 여름철 햇볕으로 지친 피부에 달콤한 휴식

유의어 ➡ ○○ 생기를 북돋는다, ○○ 에너지를 충전한다, ○○ 활기를 준다

726 ○○를 마음껏 누리자

효과적인 사용법 '충분히 오래 즐기고 싶거나 갖고 싶다는 욕망'을 자극하여 관심을 유도한다.

예
- ▶ 바다의 맛을 마음껏 누리자! 사치스러운 해산물을 양껏
- ▶ 미백 효과를 마음껏 누려보자! 다음 날 아침이면 곧바로 실감할 수 있는 ○○
- ▶ 공주가 된 기분을 마음껏 누리자! 여성의 마음을 사로잡는 ○○

유의어 ➡ ○○를 충분히 누리자, ○○를 마음껏 즐기기, ○○를 마음껏 충족

727 해피 ○○

효과적인 사용법 행복이나 행운을 직관적으로 떠올리게 하는 '해피'라는 말을 사용하여 관심을 유도한다.

예
- ▶ 해피 마이 홈! 실내 인테리어로 단란한 가족을 더욱 화목하게
- ▶ 색다른 플랜으로 해피한 셀럽 기분! 가끔은 평소와 다른 일상을 보내자
- ▶ 특별한 날은 스페셜 메뉴로 해피하게!

유의어 ➡ HAPPY ○○, 럭키 ○○, 행복한 ○○

728 반가운 ○○

효과적인 사용법 '어떤 요소가 마침 지금 꼭 필요한 이상적인 것'임을 알기 쉽게 표현한다.

예
- ▶ 더할 나위 없이 반가운 서비스! 입구부터 친절함이 넘치는 ○○
- ▶ 너무 반가운 다이어트 체감! 매일 10분 투자로 강력한 효과 ○○
- ▶ 휴일이 더 반가운 이유! 가족과 함께 시간을 보내는 가장 좋은 방법 ○○

유의어 ➡ 즐거운 ○○, 행복한 ○○, 기쁜 ○○

729 러블리한 ○○

효과적인 사용법 사랑이나 연인을 연상시키는 좋은 감정을 활용하여 표현한다.

예
- ▶ 러블리한 데이트 코스! 두 사람의 마음을 이어주는 행복한 공간 ○○
- ▶ 러블리하고 달콤한 디저트! 케이크 속에 숨겨진 ○○
- ▶ 러블리한 신선함! 갓 짜낸 우유로 만든 ○○

유의어 ➡ 행복한 예감의 ○○, 사랑의 예감이 드는 ○○, 사랑스러운 ○○

730 **마음 설레는 ○○**

효과적인 사용법 '어떤 요소가 두근거림을 준다'라는 의미를 직접적으로 표현하여 시선을 끈다.

예 ▶ 마음 설레는 효과! 다음 날 아침이면 피부가 확 달라진다
　　▶ 마음 설레는 감칠맛이 입안 한가득! 집에서도 즐기는 유명 셰프의 ○○
　　▶ 마음 설레는 이벤트! 특별한 기념일에 서프라이즈 ○○

유의어 ➡ 두근거리는 ○○, 가슴 뛰는 ○○, 두근대는 ○○

731 **행복한 기분 ○○**

효과적인 사용법 이상적인 모습이 곧 '행복한 기분인 상태'임을 표현한다. 행복한 기분이 느껴지는 이유를 구체적으로 전하여 흥미를 끈다.

예 ▶ 오늘 밤은 행복한 기분으로 잠들고 싶다! 숙면에 도움이 되는 ○○
　　▶ 행복한 기분을 주는 나만의 방! 수납장 하나로 집안 분위기가 달라지는 ○○
　　▶ 행복한 기분! 꿈만 같은 기분! 낙원에 있는 듯한 ○○

유의어 ➡ 당신을 행복하게 만드는 ○○, 해피한 기분 ○○, 행복이 넘치는 ○○

732 **두근거리는 ○○**

효과적인 사용법 '가슴이 두근거리는 듯한 행복한 감정'을 알기 쉽게 표현한다.

예 ▶ 두근거리는 올 화이트 패션! 순결함이 돋보이는 ○○
　　▶ 가슴 두근거리는 숲속의 리조트! 주말에는 가족과 함께 모험을 떠나보자
　　▶ 둘이서 보내는 두근거리는 시간! 유명 셰프의 실력을 맛보는 ○○

유의어 ➡ 설레는 ○○, 떨리는 ○○, 가슴 뛰는 ○○

733 **몇 배는 더 즐거워진다**

효과적인 사용법 평소 일상보다 한층 더 큰 즐거움을 강조하여 표현한다.

예 ▶ 여행이 몇 배는 더 즐거워진다! 당신의 취향에 맞춘 ○○
　　▶ 아침 화장이 몇 배는 더 즐거워진다! 잠들기 전에 케어하는 ○○
　　▶ 거울 보는 일이 몇 배는 더 즐거워진다! 피부 트러블이 점점 사라지는 ○○

유의어 ➡ 점점 더 즐거워진다, 즐거움 ○○배, 몇 번이고 즐길 수 있는 ○○

734　이야기꽃을 피우다

효과적인 사용법　화제가 끊임없이 즐겁게 이어진다는 의미를 강조하기 위해 '이야기꽃'이라는 말을 활용하여 시선을 끈다.

예
- ▶ 고객님들이 즐겁게 이야기꽃을 피울 수 있는 공간이 되겠습니다!
- ▶ 사랑의 이야기꽃을 피우는 카페! 대화에 온전히 집중할 수 있는 분위기
- ▶ 이야기꽃이 피어나는 이탈리안 레스토랑! 대화하며 천천히 즐기는 ○○

유의어 ➡ 대화가 즐거운 ○○, 화제가 이어지는 ○○, 편히 이야기할 수 있는 ○○

735　첫눈에 반한 ○○

효과적인 사용법　'직감적 또는 감각적으로 마음에 든다'라는 의미를 고전적인 말로 표현하여 시선을 끈다.

예
- ▶ 첫눈에 반한 가을 코트 특집! 분위기 있는 남성을 완성하는 ○○
- ▶ 첫눈에 반한 카페! 분위기는 물론 커피도 일품인 ○○
- ▶ 첫눈에 반한 소문 속 디저트! SNS에서 화제인 ○○

유의어 ➡ 홀딱 반한 ○○, 첫눈에 사로잡힌 ○○, 첫눈에 사랑에 빠진 ○○

736　마법의 ○○ 효과

효과적인 사용법　믿을 수 없을 정도의 효능을 '마법'과 '효과'라는 두 가지 말을 조합하여 표현하고 관심을 보이도록 유도한다.

예
- ▶ 마법의 보온 효과! 머리부터 발끝까지 행복한 기분 ○○
- ▶ 마법의 메이크업 효과로 남자의 마음을 사로잡는 ○○
- ▶ 다음 날 아침에 확인하는 마법의 미백 효과! 한 번 사용해보면 바로 느껴진다

유의어 ➡ 놀라운 ○○ 효과, 신비로운 ○○ 효과, 신기한 ○○ 효과

감동 어필하기

감동은 진심을 담아 있는 그대로 표현하면 상대에게 반드시 전해진다. 마찬가지로 어떤 상품이나 서비스에서 느낀 감동도 효과적으로 표현하면 고객의 감정을 자극할 수 있다.

737 ○○에 나도 모르게 ××

효과적인 사용법 '어떤 감정을 강하게 느껴서 그것에 이끌려 행동을 취한다'라는 의미로 강한 감동을 표현한다.

예
- ▶ 눈앞의 풍경에 나도 모르게 걸음을 멈췄다! 힐링을 실감할 수 있는 ○○
- ▶ 입안에서 퍼지는 녹진한 맛에 나도 모르게 탄성! 응축된 치즈의 정수 ○○
- ▶ 아름다운 외관에 나도 모르게 눈길이 멈췄다! 자연주의 디자이너가 꿈꾸는 건물은?

유의어 ➡ 나도 모르게 ○○ 한다, 정신 차리고 보면 ○○, 알지 못하는 사이에 ○○

738 ○○에 감격

효과적인 사용법 격한 감동을 직접적이고 알기 쉽게 표현하여 어필한다.

예
- ▶ 감칠맛에 감격! 한입만으로도 실감할 수 있는 격이 다른 ○○
- ▶ 부드러운 감촉에 감격! 독자적으로 배합한 원료를 써서 만든 ○○
- ▶ 객실의 넓이에 감격! 여행으로 지친 몸을 풀어주는 ○○

유의어 ➡ ○○에 감동, ○○에 감사, 감동을 숨길 수 없는 ○○

739 ○○에 사로잡히다

효과적인 사용법 '어떤 일을 경험하며 푹 빠지는 감정'을 표현하여 시선을 끈다.

예
- ▶ 친절한 서비스에 사로잡혔다! 한번은 가보고 싶은 숙소 ○○
- ▶ 작은 부분까지 신경 쓴 배려에 사로잡히다! 엄청난 퀄리티와 디테일
- ▶ 환상적인 디저트 맛에 사로잡히다! 행복한 시간을 약속하는 ○○

유의어 ➡ ○○에 마음을 뺏기다, ○○에 빠져들다, ○○에 심취

740 ○○년 인생 처음으로 ××

효과적인 사용법 감동한 내용을 강조하여 전하기 위해 지금까지의 인생이나 경험을 근거로 들어 임팩트 있게 표현한다.

예
- ▶ 20년 인생 처음으로 맛본 감동의 맛! 이것이 조화로운 맛의 정수!
- ▶ 38년 인생 처음으로 경험한 최고의 서비스! 최고급이라는 이름에 어울리는 ○○
- ▶ 50년 인생 처음으로 겪은 절경! 창 너머로 펼쳐진 낙원

유의어 ➡ 태어나서 처음으로 ○○, 경험해보지 못한 ○○, 인생 ○○

741 ○○의 포로가 되었습니다

효과적인 사용법 '어떤 요소가 굉장히 멋있어서 반했다'라는 의미를 유머러스하게 담아 관심을 유도한다.

예
- ▶ 저는 이 화장품의 포로가 되었습니다! 한번 써보면 당신도 바로 노예가 됩니다
- ▶ 걸쭉한 수프의 포로가 되었습니다! 고기 육수로 만들어낸 농밀한 ○○
- ▶ 한입 먹고 얼큰함에 포로가 되었습니다! 매콤한 고추기름이 핵심!

유의어 ➡ ○○에 반하다, ○○에 사로잡히다, ○○에 빠지다

742 와! ○○

효과적인 사용법 '탄성을 지를 정도로 느낀 생각지도 못한 감동'을 전할 때 '와'라는 의성어를 사용하고 그 이유를 조합하여 어필한다.

예
- ▶ 와! 정말로 맛있다! 예상을 뛰어넘는 절묘한 ○○
- ▶ 와! 경치 좋다! 나도 모르게 중얼거리게 되는 ○○
- ▶ 와! 너무 아름답다! 보는 이의 눈길을 사로잡는 ○○

유의어 ➡ 우와! ○○, 헉! ○○, 대단해! ○○

743 뜨거운 눈물이 ○○

효과적인 사용법　매우 큰 감동을 전하기 위해 '뜨거운 눈물'이라는 키워드를 활용하여 호소한다.

예
- ▶ 아름다운 풍경에 뜨거운 눈물이 흘러나온다. 대자연이 만들어내는 ○○
- ▶ 뜨거운 눈물이 멈추지 않는 감동! 결혼식을 인생 최대의 이벤트로 만들어드립니다
- ▶ 뜨거운 눈물이 두 볼을 적신다! 친구와 밤새도록 마시고 싶은 ○○

유의어 ➡ 눈물이 멈추지 않는 ○○, 목이 메는 ○○

744 압도적인 ○○에 취하다

효과적인 사용법　'강한 충격을 받은 요소로 인해 감정이 격하게 요동친다'라는 의미로 표현한다.

예
- ▶ 압도적인 배려에 취하다! 느긋하게 흘러가는 시간을 오롯이 느끼다
- ▶ 압도적인 자연에 취하는 여행! 대자연 속을 거닐며 최강의 힐링 타임
- ▶ 압도적인 바다의 맛에 취하다! 각종 해산물로 차려낸 ○○

유의어 ➡ ○○의 박력에 놀라다, 압도적인 ○○에 감탄하다, 놀라운 ○○

745 숨을 죽이다

효과적인 사용법　'놀라움에 나도 모르게 숨을 죽이고 말았다'라는 감동적인 이미지를 어필한다.

예
- ▶ 피부가 개선되는 모습에 숨죽여 감탄했다! 나만 알고 싶은 ○○
- ▶ 숨을 죽일 정도로 아름다운 모습! 전문가의 몸매 가꾸기 프로젝트 ○○
- ▶ 나도 모르게 숨을 죽이고 멈춰 선 풍경! 노천탕에서 바라보는 ○○

유의어 ➡ 멈춰 서다, 탄성이 절로 나오다, ○○에 움직일 수가 없다

746 평생 한번은 먹어보고 싶은 ○○

효과적인 사용법　어떤 맛이나 음식이 매우 감동적임을 어필하여 표현한다.

예
- ▶ 평생 한 번은 먹어보고 싶은 디저트가 있다! 디저트 특집 ○○
- ▶ 평생 한 번은 먹어보고 싶은 환상의 스테이크! 입에서 녹아내리는 ○○
- ▶ 평생 한 번은 먹어보고 싶은 와인! 격이 다른 ○○

유의어 ➡ ○○할 때까지 맛보고 싶다, 꼭 한번 맛보고 싶은 ○○

747 평생 잊을 수 없는 ○○

효과적인 사용법 '마음속 깊이 새겨진 감동'이라는 의미를 담아 전한다.

예
- ▶ 평생 잊을 수 없는 이벤트! 두고두고 기억될 ○○
- ▶ 평생 잊을 수 없는 여행! 남기고 싶은 추억을 영원히 새겨보세요
- ▶ 평생 잊을 수 없는 맛! 재방문 의사 100%를 자랑하는 ○○

유의어 ➡ 기억에 남을 ○○, 기억에 남기고 싶은 ○○, 평생의 ○○

748 운명을 바꾼 ○○

효과적인 사용법 '인생에 영향을 줄 정도로 충격적'이라는 의미를 강조한다.

예
- ▶ 운명을 바꾼 로션과의 만남! 지금까지의 고민을 한 방에 날려줄 ○○
- ▶ 운명을 바꾼 아름다운 경치! 사진 속 풍경을 실제로 만나보니 가치관이 달라졌다
- ▶ 운명을 바꾼 내 집 짓기! 가족 모두가 행복한 ○○

유의어 ➡ 인생을 바꾼 ○○, 운명적인 ○○, 숙명의 ○○

749 행복을 선사하는 ○○

효과적인 사용법 누구나 방문하면 큰 기쁨을 맛본다는 감동을 전하기 위해 '장소'와 조합하여 표현한다.

예
- ▶ 방문객에게 최상의 행복을 선사하는 호텔! 마음에서 우러나는 친절함이 아름답다
- ▶ 손님께 행복을 듬뿍 선사하는 프렌치 레스토랑! 맛의 비결은 ○○
- ▶ 관광객에게 해방감과 행복을 선사하는 도시! 볼거리 먹거리로 가득한 ○○

유의어 ➡ 모두에게 행복을 주는 ○○, 행복이 넘치는 ○○

750 감동적인 ○○를 실현!

효과적인 사용법 '어떤 요소가 감동적일 정도로 높은 수준에 도달했다'라는 표현으로 어필한다.

예
- ▶ 감동적인 품질을 실현! 드디어 고객이 바라는 수준을 넘기다!
- ▶ 감동적인 맛을 실현! 대대로 내려오는 비법 양념으로 승부했다
- ▶ 대형 화면으로도 감동적인 화질을 실현! 최신 기술을 접목한 ○○

유의어 ➡ 감동의 ○○를 추구, 상상을 뛰어넘는 ○○를 실현

751 감동으로 눈물이 ○○

효과적인 사용법 '눈물이 날 정도의 감동'임을 있는 그대로 표현한다.

예
▶ 감동으로 눈물이 흐른다! 사랑하는 자녀의 밝은 모습을 선명한 사진으로 만나보세요
▶ 감동으로 눈물이 난다! 지금도 생각나는 대자연의 경이로운 ○○
▶ 감동의 눈물이 주르륵! 가족 여행으로 떠난 리조트에서 경험한 ○○

유의어 ➡ 나도 모르게 눈물이 흐르는 ○○, 감동으로 눈시울을 적시다

752 가슴에 새겨진 ○○

효과적인 사용법 마음에 오랫동안 남을 정도의 감동이라는 것을 표현하기 위해 '새기다'라는 말을 사용해 어필한다.

예
▶ 가슴에 새겨지는 멋진 추억 만들기를 응원합니다! 기억에 남는 ○○
▶ 가슴에 새겨진 크리스마스! 영화 속 한 장면 같은 ○○
▶ 가슴에 새겨질 극강의 맛! 초콜릿으로 사랑을 고백할 때는 ○○

유의어 ➡ ○○하는 감동, 기억에 새기고 싶은 ○○, 가슴에 새긴 ○○

753 심장이 뛰는 ○○

효과적인 사용법 두근거리는 감동을 이끌어내는 요소를 생생한 이미지로 표현하여 감정에 어필한다.

예
▶ 심장이 뛰는 여행! 두근거리는 마음, 미지의 세계로 떠나는 ○○
▶ 심장이 뛰는 행복한 순간! 이색적인 공간에서 맛보는 ○○
▶ 심장이 뛰는 부드러운 맛을 구현했습니다! 어디서도 맛볼 수 없는 ○○

유의어 ➡ 놀라운 감동이 느껴지는 ○○, 가만히 있을 수 없는 ○○

754 마음이 흔들리는 ○○

효과적인 사용법 감정이 동요되고 감동이 느껴졌음을 감각적으로 알기 쉽게 표현한다.

예
▶ 마음이 흔들리는 만남이 있다! 감동의 유럽 여행 ○○
▶ 마음이 흔들리는 감동의 연속! 사람과의 만남을 소중히 여기는 ○○
▶ 마음이 흔들리는 맛을 만나다! 숙성을 거듭하여 맛의 극한에 근접한 ○○

유의어 ➡ 마음을 울리는 ○○, 마음을 동요시키는 ○○, 마음 설레는 ○○

755 감정을 건드리는 ○○

효과적인 사용법 '마음의 미묘한 부분을 자극하는 감동'을 어필하기 위해 서정적인 말을 활용하여 표현한다.

예
- ▶ 감정을 건드리는 친절한 서비스. 정말로 중요한 것은 배려하는 애티튜드
- ▶ 감정을 건드리는 여행! 방문할 때마다 기분 좋아지는 ○○
- ▶ 감정을 건드리는 요리! 보기 좋은 떡이 맛도 좋은 법!

유의어 ➡ 감정이 흔들리는 ○○, 가슴에 스며드는 ○○, 가슴에 사무치는 ○○

756 최애 ○○

효과적인 사용법 '가장 사랑하는 것'이라는 의미로 타깃이 사랑을 쏟는 대상에 대한 마음을 표현하여 임팩트를 준다.

예
- ▶ 당신의 최애 위스키가 여기서 바뀐다! 좋아하는 술을 집중적으로 즐길 수 있는 곳
- ▶ 여러분의 최애템 드디어 재입고!
- ▶ 곧 모두의 최애가 될 그 가방! 장인이 긴 밤을 지새우며 완성한 ○○

유의어 ➡ 가장 사랑하는 ○○, 최고의 사랑 ○○, 사랑을 담은 ○○

757 나도 모르게 펜을 들게 하는 ○○

효과적인 사용법 '그림을 그리거나 기록하고 싶을 정도로 감동적인 모습'을 표현하기 위해 행동을 나타내는 말을 사용하여 직접적으로 전한다.

예
- ▶ 나도 모르게 펜을 들게 하는 정원의 정취. 그윽한 분위기에 마음이 편안해지는 ○○
- ▶ 나도 모르게 펜을 들게 하는 뷰. 숙소에서 즐기는 아름다운 ○○
- ▶ 나도 모르게 펜을 들게 하는 일몰. 멋진 풍경을 바라보며 즐기는 식사 코스까지

유의어 ➡ 가슴에 남기고 싶은 ○○, 기억에 새기고 싶은 ○○, 마치 그림과 같은 ○○

758 텐션 최고

효과적인 사용법 감정의 고조를 전하기 위해 '텐션'이라는 말을 사용하여 표현한다.

예
- ▶ 텐션 최고조! 유명한 프랑스 셰프가 직접 조리한 음식을 맛볼 수 있다!
- ▶ 텐션 최고로 맞는 주말! 후회 없이 즐기는 ○○
- ▶ 최고의 텐션으로 즐기는 불금! 한 주의 스트레스를 날리는 ○○

유의어 ➡ 텐션 업 ○○, 텐션 급상승 ○○, 폭발적인 텐션 ○○

759 시간 가는 줄 모르는 ○○

효과적인 사용법 '어떤 일에 열중해서 내 시간과 마음을 빼앗길 정도'라는 의미를 담아 표현한다.

예
▶ 시간 가는 줄 모르는 기분을 느끼고 싶나요? 해방감을 만끽하는 ○○
▶ 먹부림에 시간 가는 줄 모르는 맛집! 끊임없이 나오는 다채로운 요리
▶ 시간 가는 줄 모르는 산행! 변화무쌍한 풍경에 하루가 짧게 느껴지는 ○○

유의어 ➡ 나를 잊는 ○○, 시간을 잊는 ○○, 멍해질 정도로 ○○

760 ○○를 초월하다

효과적인 사용법 상상을 아득히 뛰어넘는 감정의 변화를 전한다.

예
▶ 인간의 상상을 초월하는 맛! 말로 형용할 수 없는 ○○
▶ 감동을 초월한 경치를 만나다! 영혼마저 치유되는 ○○
▶ 우아함을 초월한 스타일 만들기! 전문 모델의 패션 공식 대공개 ○○

유의어 ➡ ○○를 뛰어넘다, 지금까지와는 다른 ○○, 생각도 못한 ○○

761 믿을 수 없는 ○○

효과적인 사용법 놀라움을 느꼈을 때 나오는 '믿을 수 없다'라는 강한 말을 사용하여 심리적인 동요를 어필한다.

예
▶ 믿을 수 없을 정도로 아름다운 풍경! 근교에서 즐기는 ○○
▶ 믿을 수 없는 맛! 장인의 손맛이 그대로 느껴지는 ○○
▶ 믿을 수 없는 소문의 다이어트 비법! 하지만 후기를 보면 바로 인정!

유의어 ➡ 고개를 절레절레 흔드는 ○○, 두 눈을 의심하는 ○○

762 꿈에 그리던 ○○

효과적인 사용법 동경하는 대상에 대해 열정을 담아서 표현한다.

예
▶ 꿈에 그리던 공주님이 된 듯한 기분! 사랑이 담긴 이벤트를 실현한 ○○
▶ 꿈에 그리던 맛! 감칠맛 대폭발!
▶ 꿈에 그리던 호텔! 에펠탑이 보이는 환상의 뷰

유의어 ➡ 꿈속의 ○○, 꿈만 같은 ○○, Dreams Come True

F

객관성
숫자를 활용하여 보다 현실적으로 표현한다

고객은 '숫자'에 대한 믿음이 강하다. 그래서 상품이나 서비스를 숫자로 표현하면 신뢰도를 높일 수 있다. 팔고 싶은 상품이나 서비스의 숫자 또는 객관적인 요소에 집중하여 최대한 활용하자.

객관적인 사실을 나타낼 때는 숫자나 데이터를 활용한다. '숫자는 거짓말을 하지 않는다'라는 믿음은 언제나 강하다. 숫자에는 신뢰를 주는 마력이 있어 잘 활용하면 상대를 설득하는 데 큰 도움이 된다. 비즈니스에서 숫자를 활용하지 않을 이유가 없는 것이다.

팔고 싶은 상품이나 서비스의 숫자나 데이터 정보를 최대한 활용해보자. 표현에 숫자만 넣어도 판매 효과는 크게 달라진다.

시간을 나타내는 숫자 표현은 고객에게 현실감을 느끼게 하여 지금의 상황을 확실하게 의식하게 만드는 효과가 있다. 이는 계절 표현도 마찬가지다. 현실감을 주면 팔고 싶은 상품이나 서비스가 보다 친밀해지므로 구매에 이를 가능성이 크게 상승한다.

이번 장에서는 '데이터·숫자 활용하기', '기간·기한·시간·계절 표현하기' 등 숫자 요소를 조합한 키워드를 소개하겠다. 이들 키워드를 활용하여 고객을 실제 구매로 인도해보자.

데이터·숫자 활용하기

고객은 객관적인 데이터나 숫자를 제시하면 타당한 근거를 갖추었다고 느낀다. 팔고 싶은 상품이나 서비스에 데이터 또는 숫자로 나타낼 수 있는 적절한 요소가 없는지 고민하여 최대한 활용해보자.

763 놀랍게도 ○○%가 ××

효과적인 사용법 놀라운 결과를 효과적으로 전하기 위해 실제 숫자나 비율을 활용하여 표현한다. 수치가 매우 높아야 효과가 있다.

예
- ▶ 모니터 조사에 따르면 놀랍게도 87%가 우수성을 실감한 ○○
- ▶ 놀랍게도 96%가 재구매! 불필요한 포장을 줄이고 가격을 낮춘 ○○
- ▶ 놀랍게도 무려 95%가 매우 만족! 앙케트 조사 결과 공개

유의어 ➡ ○○명 중 ○○명이 ××, ○○명이 체감한 ××

764 ×× ○○%

효과적인 사용법 숫자의 힘을 빌려서 '신뢰성'이나 '주목도'를 어필한다. 실제 수치가 아니더라도 관심을 유도하거나 강조하고 싶을 때 효과적이다.

예
- ▶ 만족도 120%! 고객의 기대에 부응하기 위해 더욱 노력하겠습니다
- ▶ 성공률 200%! 실패 없는 다이어트를 보장하는 ○○
- ▶ 감동 100%! 누구나 한번 빠지면 헤어 나올 수 없는 맛!

유의어 ➡ 200% 감동할 수 있는 ○○, 99% 만족할 수 있는 ○○, 만족도 ○○%

765 ○○ 100!

효과적인 사용법 어떤 요소나 조건에 대해 간결하게 '100종류 또는 100개를 엄선했다'라는 인상을 줘서 관심을 끈다.

예
- ▶ 세계 절경 100! 랭킹 상위에 오른 ○○
- ▶ 전국 국밥 맛집 100! 각지의 명성 높은 국밥집만 모았다
- ▶ 먹으면서 하는 다이어트 100! 굶지 않고 날렵한 몸매를 유지하는 비결

유의어 ➡ ○○ 100선, 100명이 ○○한, ○○ 100가지

766 ○○g에 감춰진(숨은) 가치

효과적인 사용법 아주 적은 양의 놀라운 효과나 능력을 어필하여 표현한다.

예
- ▶ 20g에 감춰진 가치! 극소량으로도 충분한 효과 ○○
- ▶ 원재료 단 100g에 감춰진 가치!
- ▶ 하루 5g의 숨은 가치! 고가의 희소 원료를 주목하라

유의어 ➡ ○○cc에 담긴 가치, ○○g 속의 ××, ○○g의 비밀

767 ○○%가 ××를 선택

효과적인 사용법 실제 앙케트나 조사에서 나온 데이터 및 숫자를 활용하여 신뢰도를 높인다. 숫자와 구체적인 내용을 조합하여 사용한다.

예
- ▶ 방문객 100%가 '재방문 의사 있음' 선택! 다시 오고 싶은 이유는?
- ▶ 97%가 재구매 선택! 경이로운 재구매율을 실현한 ○○
- ▶ 구매자 88%가 '친구에게 소개하고 싶다' 선택! 가장 친한 친구에게 알려주고 싶은 ○○

유의어 ➡ ○○라는 생각 ××%, ○○하겠다는 생각 ××%, ○○를 좋아하는 ××%

768 ○○종류의 ××를 엄선

효과적인 사용법 '엄선'을 실제 숫자로 표현하여 신뢰도를 높이고 임팩트를 준다.

예
- ▶ 34종류의 원료를 엄선! 전문가의 눈으로 체크한 ○○
- ▶ 15종류의 천연 원료를 엄선했습니다. 인공 원료는 일절 사용하지 않은 ○○
- ▶ 4종류의 특허 성분을 엄선! 효과가 증명된 성분만을 사용

유의어 ➡ ○○종류 중에 선택, 고르고 고른 ○○, ○○종을 선별

769 ○○의 ×대 포인트

효과적인 사용법 전하고 싶은 중요한 포인트를 몇 가지로 추리고, 고객이 인식하기 쉬운 숫자를 사용하여 중요성을 강조한다.

예
- ▶ 실패하지 않는 집짓기의 3대 포인트! 설계 전문가가 전수하는 ○○
- ▶ 후회하지 않는 보험 선택의 7대 포인트! 반드시 알아야 할 ○○
- ▶ 인기 급상승! 최고 디저트의 5대 포인트! 설문조사로 확인된 ○○

유의어 ➡ ○개의 중요 ××, 올해 ○대 뉴스, 가장 중요한 ○가지 차이

770 ○○의 절반이 선택하다

효과적인 사용법 과반수의 고객이 선택한 상품이나 서비스임을 어필하여 구매욕을 자극한다.

예
- ▶ 숙박객의 절반이 선택한 옵션 서비스!
- ▶ 20대 여성 절반이 선택한 남성미가 느껴지는 손목시계! 남자라면 ○○
- ▶ 고객 절반이 주문하는 대표 메뉴! 꼭 맛보시기를 강력 추천 ○○

유의어 ➡ ○○의 절반 이상이 효과를 실감하다, 과반수가 ○○하다

771 ○○배 즐기다

효과적인 사용법 즐거움을 어필할 때 평소보다 훨씬 즐겁다는 것을 숫자로 강조하여 표현한다.

예
- ▶ 첫 노트북 100배 즐기기! 초보자도 가능한 ○○
- ▶ 겨울 패션 10배 즐기는 기술! 패딩 하나로 다양하게 코디하는 ○○
- ▶ 5성급 호텔 2배 즐기기! 스카이라운지부터 피트니스센터까지 ○○

유의어 ➡ ○○배 누리다, 즐거움이 ○○배, ○○배의 가치를 느끼다

772 ○○율도 업!

효과적인 사용법 데이터나 비율을 숫자로 나타낼 수 있다면 '○○율'로 표현하여 그것이 상승했다는 사실을 어필한다.

예
- ▶ 재구매율도 업! 한번 구매해서 맛보면 다시 찾는 ○○
- ▶ 고객 방문율도 업! 전문가가 제작한 간판은 다르다
- ▶ 가동률도 업! 성원에 힘입어 공장 가동 시간을 대폭 확대!

유의어 ➡ ○○율 향상, 놀라운 ○○율, 신뢰를 나타내는 ○○율

773 ○○를 ××하는 △가지 포인트

효과적인 사용법 '중요하거나 이상적인 포인트'를 몇 가지로 압축하고 이를 숫자로 표현하여 어필한다.

예
- ▶ 피부를 고통스럽게 하는 5가지 포인트! 피부 미인이 말하는 ○○
- ▶ 영어 실력을 매일 올리는 3가지 포인트! 지금 바로 시작하세요 ○○
- ▶ 주식 투자에 성공하는 7가지 포인트란? 자산운용 달인이 알려준다

유의어 ➡ ○○가 되기 위한 필수 ××포인트, ○○가지 포인트로 ××가 된다

774 ○○가 느껴지는 베스트 ××

효과적인 사용법 '이상적인 모습'을 실현하기 위한 최선의 선택지들을 어필하여 시선을 끈다.

예
- ▶ 트렌드가 느껴지는 베스트 5 아이템! 유행하는 아이템으로 내년을 준비하자
- ▶ 만족감이 느껴지는 베스트 3 레스토랑 서비스! 맛은 물론 모든 면에서 대만족!
- ▶ 겨울의 매력이 느껴지는 베스트 5 투어! 겨울만의 매력에 흠뻑 빠지는 ○○

유의어 ➡ 감동의 랭킹 ○○, ○○가 최고인 베스트 ××, 엄선 베스트 ○○

775 ○○년 연속 ××

효과적인 사용법 어떤 긍정적인 결과가 몇 년간 계속 이어지고 있다면, 그 부분을 구체적으로 표현하여 그 내용에 주목하도록 어필한다.

예
- ▶ 20년 연속 고객 만족도 96% 달성! 오랫동안 고객의 사랑을 받아온 ○○
- ▶ 15년 연속 전국 맛집 랭킹 10위권 달성!
- ▶ 7년 연속 세계 디저트 경연 대회 입상! 세계가 인정하는 ○○

유의어 ➡ ○○년간 ×× 달성, ○○년 동안 ××, ○○년간 쌓아온

776 3대 ○○

효과적인 사용법 흥미나 관심을 느끼게 하는 숫자인 '3'을 잘 활용하여 3가지 큰 포인트라는 표현으로 시선을 끈다.

예
- ▶ 추천 3대 특전! 지금 신청하신 분에게만 드리는 ○○
- ▶ 3대 포토존! 반드시 가봐야 할 ○○
- ▶ 가족 동반 고객이 특히 선호하는 3대 서비스! 아이와 함께 체험할 수 있는 ○○

유의어 ➡ ○○ 엄선 3가지 아이템, 실패 없는 3가지 아이템

777   TOP ○○

효과적인 사용법   판매하려는 상품이나 서비스가 최상위 품질임을 어필하여 신뢰도를 부각하고 관심을 유도한다.

예
- ▶ 인기 메뉴 TOP 5! 꼭 주문해야 할 ○○
- ▶ 독자가 선정한 올해 유행 아이템 TOP 10! 올해 트렌드는 ○○
- ▶ 인기 디저트 TOP 10! 지금 가장 잘 팔리는 ○○

유의어 ➡ 톱 ○○, 베스트 ○○, 상위 ○○, 추천 상위 ○○

778   맛의 ○○가지 비밀

효과적인 사용법   음식이나 식당의 인기 비결을 말할 때 숫자와 함께 무언가가 숨어 있다는 표현을 조합하여 어필한다.

예
- ▶ 인기 파스타집 맛의 5가지 비밀. 여성에게 인기를 끄는 비결은?
- ▶ 매진 속출! 디저트 맛의 3가지 비밀!
- ▶ 초인기 맛집이 숨겨둔 맛의 단 1가지 비밀! 모든 비밀은 ○○

유의어 ➡ 맛의 ○○가지 비결, 맛의 비법 ○○가지 재료

779   BEST ○○

효과적인 사용법   여러 가지 선택지 중에 가장 좋은 것임을 어필하여 시선을 끈다.

예
- ▶ 셀럽들의 여행지 BEST 10! 고급스러움이 넘치는 ○○
- ▶ 독자 모델이 선택한 올해 핫한 아이템 BEST 5!
- ▶ 인기 디자인 BEST 3! 미친 가성비 ○○

유의어 ➡ 초이스 ○○, 셀렉트 ○○, 엄선 ○○ 아이템

780   국내 4대 ○○

효과적인 사용법   국내에 무수히 많은 유사 상품이나 서비스 중에서 최고 수준으로 꼽힐 정도로 가치가 높음을 어필한다.

예
- ▶ 국내 4대 국밥! 미식가라면 반드시 한 번은 거쳐간 ○○
- ▶ 국내 4대 절경! 죽기 전에 반드시 가봐야 할 ○○
- ▶ 국내 4대 명소로 선정된 호텔에서 즐기는 주말 호캉스!

유의어 ➡ 국내 10대 ○○, 국내 3대 ○○, 세계 100선 ○○

781 **랭킹 ○○**

효과적인 사용법 호기심을 자극하여 행동을 유발하는 '랭킹'이라는 말로 팔고자 하는 상품이나 서비스를 어필한다.

예
- ▶ 상반기 판매량 랭킹 10! 고객님들이 실제로 선택하신 아이템 ○○
- ▶ 디저트 랭킹 5! 변함없이 꾸준히 판매되는 ○○
- ▶ 수입 가구 랭킹 10! 세련된 디자인으로 인기가 높은 ○○

유의어 ➡ 베스트 ○○ 랭킹, ○○가 선정한 베스트 ○○, 상위 ○○

---

782 **○○ 백서**

효과적인 사용법 공식 보고서나 예상 등을 연상시키는 '백서'라는 말의 힘을 이용하여 신뢰도를 높인다.

예
- ▶ 리얼 여성 백서. 올해 앙케트 조사로 밝혀진 새로운 사실은?
- ▶ 인기 건축 디자인 백서. 친환경 관점에서 바라본 ○○
- ▶ 2025년 미백 피부 백서. 하얀 피부를 유지하는 다양한 전략 공개

유의어 ➡ ○○ 스토리, ○○ 보고서, ○○ 예측

기간·기한·시간·계절 표현하기

기간·기한·시간·계절 등을 나타내는 표현은 고객에게 '지금', '현재'를 의식하게 만드는 효과가 있다. 시간을 의식시키는 표현으로 현실감을 부여하면 눈앞의 상품이나 서비스에 대한 의식이 바뀐다.

783 ○○부터 드디어

효과적인 사용법 기다리고 기다리던 것이 시작된다는 인상을 주는 '드디어'라는 말에 '○○부터'라는 기간을 나타내는 말을 조합하여 개시 타이밍을 알린다.

예
- ▶ 봄부터 드디어 접수 개시! 꽃이 만발한 고원에서 즐기는 ○○
- ▶ 내일부터 드디어 서비스 개시! 새로운 서비스가 여러분을 기다립니다
- ▶ 5월 1일부터 드디어 판매 개시! 예약 판매는 이미 진행 중!

유의어 ➡ ○○부터 스타트, ○○부터 시작하는 ××, ○○부터 오픈하는 ○○

784 ○○ 스타트

효과적인 사용법 시작 시점을 직접적으로 한눈에 알기 쉽게 표현하여 즉각적인 행동과 관심을 유도한다.

예
- ▶ 신청 및 문의는 오늘 정오 스타트!
- ▶ 올해 9월부터 스타트한 신메뉴!
- ▶ 사은 대축제 제2탄이 다음 달 1일 스타트!

유의어 ➡ ○○부터 개시, ○○부터 시작, 드디어 ○○ 개시, 시작은 ○○

785 ○○ 임박!

효과적인 사용법 어떤 일이 머지않아 종료된다는 표현으로 구매욕을 자극한다.

예
- ▶ 인기 기획 제품 매진 임박! 아직 구매하지 않으셨다면 지금 바로 구매
- ▶ 사은품 증정 행사 마감 임박! 이번 기회를 놓치시면 후회할지도 모릅니다
- ▶ 드디어 기다리던 오픈 임박! 사전 예약 문의 환영

유의어 ➡ 머지않아 ○○, 이제 곧 ○○, ○○까지 겨우 ××

786 ○○에 한 번

효과적인 사용법 '어떤 기간에 한 번의 기회밖에 없다'라는 희소가치를 어필하여 관심을 유도한다.

예
- ▶ 반기에 한 번 세일 시작! 이번 기회에 사고 싶던 ○○
- ▶ 드디어 1년에 한 번 나오는 보졸레누보 전격 출시! 올해 수확한 포도로 만든 맛있는 와인
- ▶ 10년에 한 번 나올까 말까 한 작품! 장인이 심혈을 기울여 만든 ○○

유의어 ➡ 월에 한 번은 ○○, ○○에 1회 한정, ○○는 이것이 마지막

787 ○○일 동안

효과적인 사용법 어떤 이벤트의 기한을 알리고, 그 뒤에 일어날 일에 관심을 보이도록 유도한다.

예
- ▶ 오늘부터 7일 동안 기념 세일!
- ▶ 10일 동안 신청! 판매 개시 시 빠른 매진이 예상되니 서두르세요
- ▶ 충격! 3일 만에 완판! 놀라운 속도의 비밀은?

유의어 ➡ ○○주 동안, ○○일 만에 ××, 단 ○○일의 ××로

788 ○○ 시간입니다!

효과적인 사용법 '주목하는 일이 시작한다'라는 의미를 활기차게 전하고 관심을 유도한다.

예
- ▶ 자! 개점 시간입니다! 방문해주세요!
- ▶ 기다리고 기다리던 당신만의 시간! 마음껏 즐기세요!
- ▶ 지금부터는 어른들의 시간입니다! 힘든 일은 잊고 노는 ○○

유의어 ➡ ○○할 때입니다, ○○할 타이밍입니다, ○○라면 바로 지금!

789　○○는 ××시까지

효과적인 사용법　어떤 요소가 끝나는 타이밍을 효율적으로 전하기 위해 직접적으로 표현한다. 행동을 이끄는 말과 조합하면 효과적이다.

예
- ▶ 신청은 10시까지. 지금 바로 전화주세요!
- ▶ 주문은 오늘 밤 7시까지! 한정 수량 500개만!
- ▶ 영업시간은 새벽 2시까지! 여유롭게 오셔서 천천히 즐기세요

유의어 ➡ ○○시까지 종료, 서둘러주세요, ○○까지입니다

790　○○월 한정 특별 기획

효과적인 사용법　그 달에만 시행한다는 의미를 담아서 희소가치를 어필한다.

예
- ▶ 12월 한정 특별 기획! 해를 넘기기 전에 이것만은 꼭
- ▶ 5월 한정 특별 기획 세일 개최! 가정의 달 특집!
- ▶ 1월 한정 특별 기획! 신년 맞이 사은품 행사

유의어 ➡ ○○월 한정 ××, ○○월 긴급 기획, ○○월 이벤트

791　아침 ○○

효과적인 사용법　'아침'이라는 말을 사용해서 아침이라는 시간이 지닌 다양한 의미와 연관 지어 가치가 높음을 어필한다.

예
- ▶ 아침에도 느긋한 시간 보내기! 몸이 편안해지는 향기 ○○
- ▶ 하루의 시작은 건강한 아침 식탁부터! 건강하게 하루를 보내는 첫걸음
- ▶ 아침 운동이 건강을 좌우! 스트레칭으로 활기를 되찾자

유의어 ➡ 아침만의 ○○, 아침이니까 ○○, 모닝 ○○, 바쁜 아침 ○○

792　순식간에

효과적인 사용법　순간적으로 체감하는 강렬한 인상을 어필하여 어떤 요소의 장점이나 가치를 강조한다.

예
- ▶ 순식간에 마감 임박! 지금 바로 전화주세요
- ▶ 순식간에 효과 체감! 1주일 사용해보시고 효과 없으면 환불
- ▶ 순식간에 맛있는 빵이 만들어진다! 집에서 손쉽게 굽는 ○○

유의어 ➡ 곧바로 ○○, ○○만으로 바로 ××, 정신 차리고 보면 ○○

793 **온종일** ○○

효과적인 사용법 '온종일', '24시간' 등 하루라는 시간 감각을 의식시켜 일상성과 친근함을 어필한다.

예
- ▶ 느긋함을 온종일 만끽! 숲속에서 즐기는 ○○
- ▶ 온종일 따뜻한 요리를 즐기자! 야식으로 인기 만점!
- ▶ 여름철 뜨거운 햇볕이 온종일 쏟아진다! 강렬한 태양으로부터 피부를 보호하는 ○○

유의어 ➡ 낮에도 밤에도 ○○, 하루 일 ○○, 24시간 ○○

---

794 **언제나** ○○

효과적인 사용법 유한한 시간이지만 마음껏 사용할 수 있는 것처럼 느끼도록 여유 있는 느낌과 가치를 어필한다.

예
- ▶ 24시간 언제나 오픈! 생각나면 언제라도 찾아주세요
- ▶ 개인 온천이 준비되어 있습니다! 언제라도 온천욕을 즐길 수 있는 ○○
- ▶ 신청은 언제나 OK! 전용 창구로 문의해주세요!

유의어 ➡ ○○ 24시간, 항상 ○○, 언제라도 ○○

---

795 **지금이라면** ○○

효과적인 사용법 바로 그 순간을 나타내는 '지금'이라는 말을 활용하여 현재 시점의 장점에 즉각적으로 흥미를 느끼도록 유도한다.

예
- ▶ 지금이라면 전 품목 반값! 모처럼의 찬스를 놓치지 마세요!
- ▶ 크리스마스 특별 세일! 지금이라면 특가로 구매 가능!
- ▶ 지금이라면 추첨으로 최대 70% 할인! 자세한 내용은 QR 참고

유의어 ➡ 지금은 ○○, ○○는 지금뿐, ○○한다면 지금!

---

796 **1년 내내** ○○

효과적인 사용법 '계절과 관계없이'라는 의미로 언제든 가능하다는 친숙함을 어필한다.

예
- ▶ 1년 내내 쾌적한 리조트! 목조 건축물만의 매력이 물씬
- ▶ 얇은 소재로 만들어 1년 내내 OK! 만능 ○○
- ▶ 계절의 변화에 맞춰 1년 내내 즐길 수 있는 올 시즌 ○○

유의어 ➡ 1년 내내 ○○, 계절 무관 ○○, 사계절 내내 ○○

797 올해만큼은 ○○

효과적인 사용법 목표나 꿈을 '올해'라는 키워드와 연관 지어 현실감을 어필한다.

예
- ▶ 올해만큼은 도전하겠다! 더 이상 늦출 수 없는 ○○
- ▶ 올해만큼은 행복해지고 싶다! 사람의 마음을 사로잡는 ○○
- ▶ 올해야말로 한정판을 구할 기회! 세계 유명 브랜드 모음전 ○○

유의어 ➡ 올해 마지막 ○○, 올해야말로 ○○, 올해는 ○○하겠다

798 이번 주 ○○

효과적인 사용법 한 주 동안 또는 매주 있는 특별한 일을 친근하게 어필한다.

예
- ▶ 이번 주 행사 식품! 특가로 모십니다!
- ▶ 이번 주 추천 아이템을 가장 저렴한 가격으로 판매합니다!
- ▶ 이번 주 특별 기획! 신형 차 시승 행사 지금 신청하세요

유의어 ➡ 이번 주 한정 ○○, 이번 한 주만 ○○, 위클리 세일 ○○

799 주말 ○○

효과적인 사용법 '주말'이라는 소중한 시간을 의식하도록 만들고, 전하고 싶은 장점이나 내용에 흥미를 갖도록 유도한다.

예
- ▶ 주말 추천 엄선 리조트! 한번 이용해보시면 그 가치가 느껴집니다
- ▶ 기다리던 주말! 특별 이벤트 정보 공개!
- ▶ 주말 밤은 우아하게 보내고 싶다! 도심에서 야경을 즐기는 ○○

유의어 ➡ 이번 주 토·일 한정, 주말에만 ○○, 주말에는 ○○

800 제철 ○○

효과적인 사용법 여러 가지 요소에 존재하는 '제철'을 어필하여 계절감과 함께 그 시기만의 특별한 가치를 표현한다.

예
- ▶ 겨울이 제철인 음식을 만끽하는 여행! 입과 눈이 즐거운 ○○
- ▶ 제철을 철저히 감상하자! 계절이 느껴지는 이탈리아 요리 특집 ○○
- ▶ 제철 재료만으로 구성했습니다! 혀가 즐거운 특별한 자리 ○○

유의어 ➡ ○○ 계절이 도래, 시즌 ○○, 다가오는 계절에는 ○○

801 **단기 ○○**

효과적인 사용법 기간이 짧다는 점이 지닌 고유의 가치나 임팩트를 어필한다.

예
- ▶ 단기 집중! 수험 준비에 만반을 기하자
- ▶ 단기 다이어트 코스 회원 절찬 모집 중! 짧지만 알찬 프로그램
- ▶ 단기 미백 케어 효과 입증! 여름철 뜨거운 햇볕으로 지친 피부를 지킨다

유의어 ➡ 단기 한정 ○○, 짧지만 ○○, 짧은 기간에 ○○

---

802 **밤 ○○**

효과적인 사용법 아침과 대조적인 밤의 독특한 이미지를 활용한다. 밤이라는 시간의 의미와 연관 지어 가치가 높음을 어필한다.

예
- ▶ 잠 못 이루는 밤, 수면을 도와주는 허브 향! 심신 안정에 특효 ○○
- ▶ 야식으로 허기진 밤을 달래자! 밤에 먹어도 속이 편안한 ○○
- ▶ 밤에도 한낮처럼 생생한 생기를! 밀려오는 졸음에는 ○○

유의어 ➡ 야간 ○○, 밤이니까 ○○, 느긋한 밤에는 ○○

---

803 **날마다 바뀌는 ○○**

효과적인 사용법 매일 달라진다는 의미의 말을 활용하여 '매일 바뀌므로 오늘만 볼 수 있는 것'이라는 희소가치를 어필한다.

예
- ▶ 날마다 바뀌는 런치 추천! 메뉴 고르기가 귀찮은 바쁜 직장인을 위한 ○○
- ▶ 날마다 바뀌는 오늘의 아이템! 금일 한정 특별 기획 ○○
- ▶ 날마다 바뀌는 신선한 제철 재료로 맛을 냈습니다! 이번에 맛보지 못하면 다음은 없다!

유의어 ➡ 매일 바뀌는 ○○, 오늘의 ○○, 매일 달라지는 ○○

---

804 **매○ 한 번 열리는 ××**

효과적인 사용법 일정 기간을 정해서 열린다는 한정의 의미를 담아 시선을 끈다.

예
- ▶ 매년 한 번 열리는 서머 세일 개최 결정! 올해는 7월 1일부터 스타트!
- ▶ 매월 한 번 열리는 허브데이 세일! 이번 달 심신을 달래줄 허브를 특가로 만난다
- ▶ 매주 한 번 열리는 사은 대잔치! 감사를 담아 푸짐하게 구성!

유의어 ➡ 매○ 정기 오픈 ××, ○○월 ○○째 주는 ××, ○○일에 한 번 ××

【 F. 객관성 】

805　예년에는 없던 ○○

효과적인 사용법　지난 여러 해와 비교해서 특별하다는 의미를 담아 관심을 보이도록 유도한다.

예
▶ 예년에는 없던 풍부한 당도! 올해 사과는 ○○
▶ 예년에 없던 재료를 듬뿍! 제철 재료 풍년 대축제
▶ 예년에는 없던 추위가 오히려 반가운 온천 리조트! 설산에서 즐기는 ○○

유의어 ➡ 예년과 다른 ○○, 예년에 비해 특별한 ○○, 올해만큼은 ○○

806　단 ○○분의

효과적인 사용법　아주 짧은 시간을 표현하여 '들인 시간에 비해 효과나 결과가 굉장하다'를 어필한다.

예
▶ 단 3분의 사치! 초간편 마사지로 일주일 피로가 싹
▶ 단 10분짜리 본격 이탈리안 요리! 유명 셰프의 레시피를 가정에서 즐기는 ○○
▶ 단 5분 스트레칭! 아침 졸음을 한 방에 날려줄 ○○

유의어 ➡ 단 ○○초의, 단 ○○시간의, 극히 짧은 시간으로 ○○

G
이득
이득을 강조하여 고객을 자극한다

고객은 항상 '이득'에 관심을 두고 정보를 찾는다. '득이 되는 정보와 그 이유(근거)'를 조합하여 표현하면 고객에게 이득을 본다는 감정을 알기 쉽게 전할 수 있다.

고객은 누구나 이득을 바라며 그것을 큰 가치로 여긴다. 가격은 이득을 느끼는 중요한 요소다. 하지만 가격이 저렴하다고 여기는 것은 '같은 가치를 가진 비교 대상에 비해' 저렴하다고 느끼는 것뿐이다. 즉 가격을 어필할 때는 어떻게 저렴한지 명확한 기준이 필요하며, 동시에 그 근거나 이유를 제시해야 한다. 이유가 명확하지 않은 저렴함은 오히려 '싼 게 비지떡'이라는 품질에 대한 불신감을 줄 수 있다.

저렴함을 어필할 때 중요한 점은 저렴함의 기준과 명확한 이유(근거)를 밝혀서 싼 가격의 이득을 강조하는 것이다.

그리고 최대의 이득은 대가가 필요 없는 이른바 무료(무상)다. 다만 저렴함과 마찬가지로 주의할 점이 있다. 먼저 무료에 가치를 느끼지 못하면 의미가 없다. 또 가치가 있는 상품이나 서비스를 무료로 제공하는 명확한 이유가 필요하다.

이들 주의 사항을 고려하면서 이번 장에서 소개하는 '저렴함 어필하기', '무상 제공·무료 어필하기'의 키워드를 활용해보길 바란다.

저렴함 어필하기

품질을 인정받은 상품이나 서비스라면 고객은 가능한 한 저렴하게 구매하고 싶어 한다. 하지만 단순히 가격이 싸다고 하면 의심하고, 또 저렴한지 아닌지가 불명확하면 흥미를 보이지 않는다. 가격이 확실하게 저렴하다면 그 사실을 알기 쉽게 강조할 필요가 있다.

---

807 ○○% 할인

효과적인 사용법 저렴해지는 비율을 구체적인 숫자로 표현하여 그 정도를 한눈에 알기 쉽게 어필한다.

- 예 ▶ 전 제품 30% 할인! 지금 가격표에서 바로 확인해보세요
  - ▶ 전 상품 30~60% 세일 중! 천천히 둘러보시고 직원 호출
  - ▶ 50% 오프! 반액 세일 시작! 무엇을 골라도 반값!

유의어 ➡ 최고 ○○% 할인, ○○% 오프, ○○% 할인된 가격으로

---

808 ○○ 블랙프라이데이

효과적인 사용법 미국의 최대 세일 시즌을 의미하는 단어를 일반명사처럼 사용하여 관심을 유도한다.

- 예 ▶ 서머 블랙프라이데이! 여름에 열리는 최대 세일 시즌 ○○
  - ▶ 1년에 한 번뿐인 블랙프라이데이 행사! 이번 기회를 놓치지 마세요
  - ▶ 가전 블랙프라이데이 개최! 고가의 가전제품을 연중 가장 저렴한 가격으로

유의어 ➡ ○○ 세일, ○○ 대특가, ○○ 대바겐세일

809 　○○ 재고 소진

효과적인 사용법 '재고 소진을 위한 판매이므로 저렴하다'라는 정당한 근거와 인식을 이용하여 이득을 볼 수 있다는 감정에 어필한다.

예
- ▶ 잔여 상품 재고 소진 초특가! 저렴하게 구매할 수 있는 찬스 ○○
- ▶ 이월 상품 세일 중! 재고 소진 시 종료
- ▶ 월말 재고 소진 행사! 초특가로 만나보는 ○○

유의어 ➡ ○○ 창고 개방, ○○ 재고 대방출, ○○ 재고 세일

810 　○○원 균일

효과적인 사용법 '판매하는 상품군을 싸고 인식하기 쉬운 가격대로 통일했다'라는 의미를 표현하여 안정감과 함께 저렴하다는 인상을 준다.

예
- ▶ 전부 1,000원 균일! 여기 코너는 무엇이든 1,000원
- ▶ 전 상품 10,000원 균일 세일 중! 빠르게 소진되고 있으니 서두르세요
- ▶ 3가지 상품 조합으로 합계 10만 원 균일! 마음에 드는 상품을 골라보세요!

유의어 ➡ 뭐든지 ○○원, 모두 ○○원, 전 상품 ○○원

811 　○○ 기념 ××

효과적인 사용법 '기념할 요소가 있어서 저렴하다'라는 명확한 이유와 특별함을 어필한다.

예
- ▶ 감사를 담아서 10주년 기념 가격으로 판매
- ▶ 개점 3주년 기념 세일! 전 제품 3% 할인!
- ▶ ○○ 우승 기념 축하 세일! 10일간 진행하는 ○○

유의어 ➡ 기념 ○○, 평소의 ○○에 감사, 단골 고객 감사 가격 ○○

812 　○○ 캐시백

효과적인 사용법 '특정 금액을 되돌려준다'라는 의미로, 결과적으로 저렴하게 구매할 수 있다는 인상을 준다.

예
- ▶ 반값 캐시백 캠페인! 구입하신 가격의 절반을 돌려드립니다
- ▶ 현금 5,000원 캐시백 세일! 합계 30만 원 이상 구매자 이벤트
- ▶ 최대 10만 원 캐시백! 추첨을 통해 바로 지급!

유의어 ➡ ○○ 쿠폰 지급, ○○% 할인권 제공, ○○ 포인트 지급

813　○○ 감사제

효과적인 사용법　특별한 이득을 내포하는 말 중 하나인 '감사제'를 활용하여 그 의미(이유)와 조합해서 저렴한 가격의 설득력을 높인다.

- 예
  - ▶ 오프닝 감사제! 개점 기념 ○○
  - ▶ 3월 말까지 봄 감사제 가격으로 제공합니다!
  - ▶ 새학기 감사제 세일 개최 중! 신입생이라면 무조건 ○○

유의어 ➡ ○○ 캠페인, ○○ 기획전, ○○ 특가전

814　○○ 무제한

효과적인 사용법　개수나 횟수에 제한이 없음을 어필하여 혜택이 저렴함을 강조한다.

- 예
  - ▶ 1만 원으로 무제한 제공! 제공한 봉지에 마음껏 담아주세요!
  - ▶ 노래 무제한! 최신 노래방 기기를 제공하는 신개념 리조트 ○○
  - ▶ 교환 무제한! 사용해보고 언제든 바꿀 수 있는 ○○

유의어 ➡ ○○ 자유권, ○○는 언제든 OK, ○○ 무한정

815　○○ 처분

효과적인 사용법　'어떤 상품을 헐값에 넘긴다'라는 이미지로 표현하여 저렴하다는 인상을 어필한다.

- 예
  - ▶ 계절 상품 최종 처분! 지난 계절 재고 대량 방출!
  - ▶ 전시품 대처분! 신제품 판매를 위한 재고 긴급 가격 인하!
  - ▶ 이월 제품 처분! 지난달 제품 한정 30% 오프!

유의어 ➡ ○○ 일괄 처분, ○○ 일괄 판매, ○○ 묶음 세일

816　○○ 대방출

효과적인 사용법　'어떤 상품을 대량으로 급하게 판다'라는 의미를 알기 쉽게 표현하여 저렴함을 강조한다.

- 예
  - ▶ 적자 각오 대방출 세일! 인기 상품도 세일합니다!
  - ▶ 인기 브랜드 특별가 대방출! 신규 입점 기념 선착순
  - ▶ 재고 대방출! 역시즌 상품을 저렴하게 구할 수 있는 마지막 기회

유의어 ➡ ○○ 대개방, ○○ 창고 오픈, ○○ 대공개

817　○○가 이 가격!

효과적인 사용법　'원래는 이 정도로 싸지 않은 상품이 놀라울 정도로 저렴하다'라는 의미를 담아서 이번 기회에만 한정적으로 저렴함을 간접적으로 어필한다.

예
- ▶ 촬영에 필요한 3점 세트가 이 가격! 수수료도 공짜!
- ▶ 3가지 특전 포함이 이 가격! 놀라운 가격이 금일 한정!
- ▶ 한우 뷔페가 이 가격! 저렴하게 즐기는 ○○

유의어 ➡ 놀라운 가격으로 ○○, ○○ 서비스 가격, ○○ 스페셜 세일가

818　○○로 추가할 수 있습니다

효과적인 사용법　'아주 적은 금액만 지불하면 뭔가를 추가할 수 있다'라는 의미를 직접적으로 표현하여 추가적인 이득을 어필한다.

예
- ▶ 한 단계 업그레이드된 기능을 단돈 5만 원으로 추가할 수 있습니다!
- ▶ 고급 선물 포장은 5,000원으로 추가할 수 있습니다!
- ▶ 최고급 옵션 세일 중! 50만 원으로 추가할 수 있습니다!

유의어 ➡ ○○로 추가 OK!, ○○를 포함해서 ××, 몽땅 ○○

819　○○ 특판

효과적인 사용법　'특별히 판매하는 제품이나 서비스'라는 의미를 담아 기간 한정으로 저렴하다는 점을 손쉽게 어필한다.

예
- ▶ 월말 특판 세일! 이번 달은 전국 각지의 신선한 재료만 엄선했습니다
- ▶ 이월 제품 특판 기획! 인기 아이템을 저렴하게 구할 수 있는 ○○
- ▶ 10주년 감사 특판! 10년간의 성원에 감사의 마음을 담은 ○○

유의어 ➡ ○○ 특별 판매, ○○ 특별 가격, ○○ 세일가 판매

820　○○ 특가

효과적인 사용법　'특별히 저렴한 가격'이라는 의미를 직접적으로 어필한다.

예
- ▶ 3주년 감사 특가! 3주년을 기념하여 사은 행사 중!
- ▶ 제철 재료 엄선 특가! 친환경 유기농 재료만 골라서 직판!
- ▶ 금일 한정 특가! 오늘만 특별한 가격으로 모십니다!

유의어 ➡ 특별한 가격으로 ○○, 회원 가격 ○○, 이번에만 ○○ 가격으로

821 ○○에 도전

효과적인 사용법   가격이 저렴하다는 표현과 조합하여 가능한 만큼 최대로 낮춘 가격이라는 의미로 임팩트를 준다.

예
- ▶ 저렴함에 도전! 최고의 가성비를 추구하는 ○○
- ▶ 할인가 한계에 도전! 더 이상 싼 가격은 세상에 존재하지 않습니다!
- ▶ 최저 가격에 도전! 업계 최저가를 보장합니다!

유의어 ➡ ○○ 챌린지, ○○ 도전 특가, 업계 최저 ○○

822 ○○이면 딱!

효과적인 사용법   지불할 금액이 기존 상식에 비해 충분히 낮고, 더 이상 부담할 필요가 없다는 의미를 알기 쉽게 표현하여 저렴함을 어필한다.

예
- ▶ 주류 무제한 포함에 5만 원이면 딱! 주당 모임에 안성맞춤!
- ▶ 이 코스로 10만 원이면 딱! 고급 식재료를 사용한 ○○
- ▶ 청결하고 안전한 게스트하우스 숙박이 3만 원이면 딱!

유의어 ➡ 이 이상 ○○는 받지 않습니다, 필요한 것은 ○○뿐, 단지 ○○

823 ○○ 최종 세일

효과적인 사용법   계절 제품이나 특정 상품 또는 서비스를 구할 수 있는 기회가 이번이 마지막임을 표현하여 이번에 반드시 구입하도록 행동을 촉구한다.

예
- ▶ 봄 제품 최종 세일! 이번 찬스를 놓치지 마세요!
- ▶ 레어 아이템 최종 세일! 여기서만 구할 수 있는 희귀 제품 ○○
- ▶ 이번 시즌 한정품 최종 세일! 구하고 싶었던 제품을 저렴한 가격에 가져가세요

유의어 ➡ 파이널 ○○ 세일, ○○ 마감 세일, ○○ 재고 소진

824 하루에 ○○

효과적인 사용법   가격을 하루라는 기간으로 환산하고 저렴함을 표현하여 호기심과 관심을 보이도록 유도한다.

예
- ▶ 전기료가 하루에 겨우 300원! 놀라운 절전 효과를 자랑하는 ○○
- ▶ 하루에 3,000원꼴! 커피 값이라고 생각하니 완전 싸다!
- ▶ 하루에 1만 원만 부담하면 무제한 이용 가능!

유의어 ➡ 한 번에 ○○, 1개당 ○○, 한 접시당 ○○

825 **B+급 ○○**

효과적인 사용법 '저렴한 B급 제품 중 가장 좋은 가성비 제품이다'라는 생각을 직접적으로 어필한다.

예
- ▶ B+급 가전 특별가 제공! 기능에는 아무런 문제가 없는 제품 철저 검증 후 판매
- ▶ B+급 제품 특별 판매! 선착순 100명
- ▶ B+급 과일 초특가 이벤트! 당도는 그대로 값은 절반

유의어 ➡ 매장 전시품 ○○, 리퍼 제품 ○○, 중고품 ○○

826 **적자를 각오한 ○○**

효과적인 사용법 손해를 볼 정도로 가격이 매우 저렴하다는 점을 강조하여 관심을 유도한다.

예
- ▶ 적자를 각오하고 회원 한정 특별가! 회원 가입 시 즉시 제공
- ▶ 적자를 각오한 사은 행사! 3주년 기념 고객 여러분의 사랑에 보답하는 ○○
- ▶ 적자 각오 초특가! 최대 90% 할인!

유의어 ➡ 도매가 ○○, 창고 대개방 특가 ○○, 재고 소진 특가 ○○

827 **지금이라면 첫 구매 한정 ○○**

효과적인 사용법 '처음 구매하는 분에 한정한다'라는 표현과 '지금'이라는 표현을 조합하여 즉각적인 행동을 유도하고 저렴하다는 인상을 어필한다.

예
- ▶ 지금이라면 첫 구매 한정 특전! 반값 쿠폰 증정 캠페인 중!
- ▶ 지금이라면 첫 구매 한정 반값! 처음 방문하신 고객 모두에게 ○○
- ▶ 지금이라면 첫 구매 한정 세일! 이번 기회에 회원 신청을 하시면 추가 혜택

유의어 ➡ 첫 방문 한정 ○○, 첫 회 한정 ○○, 처음 구매하시는 분께 ○○

828 **창고 정리 ○○**

효과적인 사용법 다 팔고 남은 상품을 판매한다는 내용을 표현하여 저렴한 인상을 어필한다.

예
- ▶ 봄맞이 창고 정리! 봄 의류 세일 중!
- ▶ 창고 정리 중! 재고 처분 대바겐 세일!
- ▶ 반기에 한 번 결산 창고 대정리! 최대 90% 세일!

유의어 ➡ 창고 개방 ○○, 재고 처분 ○○, 정리 세일 ○○

829 대폭 ○○

효과적인 사용법 가격이 매우 저렴하다는 것을 '가격을 크게 내린다는 의미가 담긴 말'과 조합하여 알기 쉽게 표현한다.

예
- ▶ 통상 가격보다 대폭 할인! 원하던 아이템을 구매할 빅 찬스!
- ▶ 대폭 프라이스 다운! 라스트 찬스!
- ▶ 대폭 세일합니다! 먼저 오실수록 이득인 ○○

유의어 ➡ 큰 폭으로 할인 ○○, 놀라운 가격 ○○, 빅 세일 ○○

830 특별 가격 ○○

효과적인 사용법 특별한 가격이므로 이번 기회에 사야 무조건 이득이라는 것을 단순하게 표현하여 구매욕을 자극한다.

예
- ▶ 특별 가격 상품 모음전! 놀라운 가격으로 만나는 ○○
- ▶ 특별 가격 아이템 대방출! 수량 한정!
- ▶ 세트로 구매하시면 특별 가격으로 제공해드립니다!

유의어 ➡ 특가 ○○, 사은가 ○○, 행사가 ○○

831 가성비 ○○

효과적인 사용법 '가격에 비해 품질이 뛰어나다'라는 의미를 직접적으로 담아 어필한다.

예
- ▶ 가성비 가격! 놓치면 후회!
- ▶ 이보다 가성비가 뛰어날 수 없다! 지금이 찬스!
- ▶ 가성비 갑! 다른 제품과 충분히 비교하고 결정하세요

유의어 ➡ 저렴해도 좋은 품질 ○○, 가격에 비해 품질이 뛰어난 ○○

832 도매상도 놀랄 가격

효과적인 사용법 저렴함을 강조하기 위해 '도매상도 놀랄 정도로 싸다'라는 표현으로 신선한 인상을 준다.

예
- ▶ 모든 제품을 도매상도 놀랄 가격으로 판매합니다!
- ▶ 도매상도 놀랄 가격에 도전! 저렴함이 실감 나는 ○○
- ▶ 도매상도 놀랄 가격! 눈물을 머금고 창고 대방출!

유의어 ➡ 도매가로 판매 ○○, 업자도 놀랄 가격, 전문가도 놀라는 ○○

833 가계에 부담 없는 ○○

효과적인 사용법 '저렴해서 생활비에 부담이 없다'라는 인상을 준다. 특히 주부에게 효과적인 표현이다.

예
- ▶ 가계에 부담 없는 저렴한 가격! 마진을 최소화한 ○○
- ▶ 가계에 부담 없는 최저가 행사! 매월 1일 실시하는 ○○
- ▶ 가계에 부담 없는 가격 파괴! 더 이상 저렴할 수 없는 ○○

유의어 ➡ 가계에 보탬이 되는 ○○, 생활비 절약 ○○, 생계를 위한 ○○

834 부담 없이 구매할 수 있는 ○○

효과적인 사용법 일상생활 속에서 크게 신경 쓰지 않아도 될 정도의 가격임을 어필한다.

예
- ▶ 부담 없이 구매할 수 있는 가격으로 봉사합니다! 꼭 한번 방문해보세요
- ▶ 부담 없이 구매할 수 있는 초저가! 시험 삼아 한번 구매해봅시다!
- ▶ 부담 없이 구매할 수 있는 가격대의 아이템만 모았습니다!

유의어 ➡ 별생각 없이 구매할 수 있는 ○○, 저렴하게 구매할 수 있는 ○○

835 ○○ 최저 가격

효과적인 사용법 더 이상 낮출 수 없을 정도로 저렴한 가격임을 한눈에 알기 쉽게 어필한다.

예
- ▶ 마진 제로 최저 가격! 더 이상 낮출 수 없습니다!
- ▶ 적자를 각오한 최저 가격! 폐업 초특급 세일!
- ▶ 재고 정리 최저 가격! 신제품 입고 전 마지막 할인

유의어 ➡ ○○ 최저가, ○○ 초특가, ○○ 사은가

836 마감 ○○

효과적인 사용법 마감 기간에 한해서만 저렴하게 판매한다는 사실을 강조하여 구매욕을 자극한다.

예
- ▶ 마감가로 특별히 판매합니다! 다른 곳과 비교해서 구매하세요
- ▶ 마감 대축제! 점내 모든 상품을 30% 저렴하게 구할 수 있는 ○○
- ▶ 마감 세일! 매달 말일 한정 선착순 100명에게 혜택을 드립니다

유의어 ➡ 결산 ○○, 재고 정리 ○○, 재고 처분 ○○

837 　사은가 ○○

효과적인 사용법　고객에 대한 감사의 마음으로 '기분 좋게 할인함'을 어필한다.

예
- ▶ 특별 사은가 세일! 평소의 사랑에 보답하기 위한 스페셜 이벤트
- ▶ 이번 달 사은가 제품 공개! 월간 베스트 상품 중 특별히 선정한 ○○
- ▶ 회원 한정 사은가 캠페인! 회원 가입 시 특별한 할인 제공

유의어 ➡ 감사가 ○○, 특별가 ○○, 서비스 가격 ○○

838 　월정액 ○○

효과적인 사용법　'아무리 많이 사용해도 월간 지출액은 정해져 있다'라는 것을 강조하여 안정감과 저렴함을 어필한다.

예
- ▶ 월정액이니까 안심하고 마음껏 사용하세요! 모든 옵션을 월정액에 포함!
- ▶ 몇 번을 방문해도 월정액 5만 원! 단돈 5만 원으로 챙기는 건강!
- ▶ 월정액 상품 판매 개시! 월 10만 원이면 모든 시설을 마음껏 사용 가능

유의어 ➡ 세트가 ○○, 회원가 ○○, 포함가 ○○

839 　재고 정리 ○○

효과적인 사용법　재고를 모두 정리하여 없앤다는 이유로 저렴함을 납득시키고 관심을 보이도록 유도한다.

예
- ▶ 재고 정리 세일 개최! 놀라운 가격으로 제공
- ▶ 재고 정리! 통상가에서 40% 세일 중!
- ▶ 이번 달에는 재고 정리로 특가 할인 진행!

유의어 ➡ ○○ 창고 정리 세일, 재고 일제 처분 ○○, 잔여 분량 처분 ○○

840 　추가로 ○○

효과적인 사용법　저렴함을 더욱 강조하기 위해 기존의 가격이 이미 저렴하다는 의미를 가진 말과 함께 조합하여 표현한다.

예
- ▶ 지금 가격에 추가로 반값 세일! 라스트 찬스!
- ▶ 세일가에 추가로 프라이스 다운! 다시 만나 볼 수 없는 가격 ○○
- ▶ 세일 품목을 구매하면 추가 증정! 선착순 100명에게 특별 제작한 사은품 증정

유의어 ➡ 지금 이상으로 ○○, 예상보다 더 ○○, 지금 가격보다 더 ○○

841 　**초특가 ○○**

효과적인 사용법　가격이 굉장히 저렴하다는 의미를 짧고 임팩트 있게 표현하여 시선을 끈다.

예
- ▶ 초특가 선언! 유통망 최소화로 초저가 실현 ○○
- ▶ 초특가 세일 기간에 원하는 제품을 찾아보세요!
- ▶ 초특가 체험! 놀랍도록 저렴한 제품을 만날 수 있는 기회

유의어 ➡ 특별가 ○○, 놀라운 가격으로 ○○, 슈퍼 프라이스 ○○

842 　**전부 ○○**

효과적인 사용법　'모든' 상품이나 서비스의 가격이 일괄적으로 저렴하다는 것을 알기 쉽게 표현한다.

예
- ▶ 무엇을 골라도 전부 1,000원 균일가!
- ▶ 전부 초특가! 점포 내 모든 상품 50% 세일!
- ▶ 전부 할인! 대량 구매 찬스를 놓치지 마세요!

유의어 ➡ 몽땅 ○○, 뭐든지 ○○, 전 제품 균일 ○○

843 　**세트 특가!**

효과적인 사용법　몇 가지를 묶어 구매하면 가격 면에서 이득임을 어필한다.

예
- ▶ 3세트 특가! 3개 세트로 구매하시면 10% 저렴하게
- ▶ 세트 특가! 캠페인 특별가로 9,800원에 모십니다!
- ▶ 세트 특가! 낱개 구매보다 10% 저렴!

유의어 ➡ 묶음 구매 특가 ○○, ○○세트로 구매 시 할인

844 　**저가 ○○**

효과적인 사용법　'가격이 낮게 책정되어 있다'라는 의미로 '저가'라는 일반명사와 조합하여 저렴함을 친근하게 어필한다.

예
- ▶ 연말 저가 행사! 한 해 동안 성원에 감사를 담아
- ▶ 저가 사은 행사 중! 이보다 더 저렴할 수 없습니다
- ▶ 저가 아이템 추가 할인! 훨씬 더 낮은 가격으로 구매할 수 있는 찬스!

유의어 ➡ 저렴한 가격 ○○, 낮은 가격 ○○, 최저가 ○○

845 ○○ 감사 행사

효과적인 사용법 '고객이나 단골에 대한 감사의 마음을 담은 기획'이라는 의미로 참여 시 혜택과 함께 어필한다.

예
- ▶ 고객 감사 행사! 평소의 감사를 담아서 놀라운 가격으로 제공합니다
- ▶ 회원 한정 감사 할인 행사! 추첨을 통해 10명에게 특별 상품까지
- ▶ 연말 사은 감사 행사! 10만 원 이상 구매 시 증정

유의어 ➡ 감사 세일 ○○, 감사를 담아서 ○○, 회원 행사 ○○

846 직판 ○○

효과적인 사용법 '직접 판매', '현지 직송' 등 유통망을 최소화하여 저렴한 가격에 판매할 수 있다는 점을 어필한다.

예
- ▶ 산지 직판! 전문가가 고른 신선한 ○○
- ▶ 직판 세일 진행 중! 현지 농가에서 직접 공수한 유기농 채소 ○○
- ▶ 다이렉트 판매가 행사 중! 도매상을 거치지 않아 저렴한 ○○

유의어 ➡ 다이렉트 판매 ○○, 직접 판매 ○○, 도매가 ○○

847 단돈 ○○

효과적인 사용법 저렴함을 강조할 때 효과적인 '단돈'이라는 말을 사용하여 관심을 보이도록 유도한다.

예
- ▶ 단돈 1만 원! 놀라운 가격으로 즐기는 ○○
- ▶ 초특가! 1박에 단돈 5만 원부터 ○○
- ▶ 브랜드 티셔츠 3벌에 단돈 5만 원!

유의어 ➡ 겨우 ○○, 기껏해야 ○○, 고작 ○○

848 가성비 갑 ○○

효과적인 사용법 '가격에 비해 놀라울 정도로 품질이 우수하다'라는 의미를 담아서 직접적으로 어필한다.

예
- ▶ 초특가 가성비 갑! 다른 곳과 반드시 비교해보고 구매하세요!
- ▶ 연말 행사가로 판매! 가성비 갑인 제품을 한곳에 모아 진열!
- ▶ 가격은 그대로 1.5배 증량했습니다! 가성비 갑을 자랑하는 ○○

유의어 ➡ 비교 우위 ○○, 가격 대비 품질 우수 ○○, 비교 불가 ○○

849 공장 직영 ○○

효과적인 사용법 공장에서 직영 판매하기 때문에 품질 좋고 저렴하게 제공 가능하다는 점을 어필한다.

예
- ▶ 공장 직영! 현실적인 가격과 뛰어난 품질을 자랑하는 ○○
- ▶ 저렴한 이유는 공장 직영이기 때문입니다
- ▶ 공장 직영으로 유통망을 최소화하여 양질의 제품을 판매합니다

유의어 ➡ 현장 판매 ○○, 산지 직송 ○○, 직영가 ○○

850 ○○ 절찬 세일

효과적인 사용법 어떤 상품을 저렴하게 팔아서 인기가 많아졌다는 의미를 담아 어필한다.

예
- ▶ 연말 기획전! 절찬 세일! 올해 마지막 바겐 세일!
- ▶ 여러분의 성원에 힘입어 봄 상품 절찬 세일 진행 중!
- ▶ 재고 소진 절찬 세일! 최소 마진으로 판매

유의어 ➡ ○○ 핫 세일, ○○ 인기리에 세일, ○○ 성황리에 세일

851 점장 특가 ○○

효과적인 사용법 '점장(주인)이 특별히 할인한 가격으로 책정하여 판매한다'라는 인상을 줘서 저렴함을 어필한다.

예
- ▶ 금일 한정 점장 특가! 3개 구매 시 1개는 무료!
- ▶ 점장 특가로 판매하는 ○○! 구매하시는 분께 추가 할인
- ▶ 재고 소진을 위해 점장 특가 행사 중! 금일 마감 시간까지

유의어 ➡ 주인 특가 ○○, 매니저 특가 ○○, 사장 특가 ○○

852 납득 ○○

효과적인 사용법 '납득'이라는 키워드와 낮은 가격을 의미하는 말을 조합하여 저렴함을 어필한다.

예
- ▶ 만족하는 최저가! 이 가격으로 납득할 수 없다면 전액 환불!
- ▶ 고객 만족 가격! 누구나 납득할 가격으로
- ▶ 만족스러운 안심 가격! 오늘 추천 아이템은 ○○

유의어 ➡ 만족하실 가격으로 ○○, 납득하는 가격 ○○, 가성비 가격 ○○

853 　바겐 ○○

효과적인 사용법　싸게 판매한다는 '바겐'이라는 영어 단어를 활용하여 저렴함을 어필한다.

- **예**　▶ 바겐 프라이스를 마음껏 즐기세요!
  - ▶ 바겐 찬스를 놓치지 마세요! 매진 임박!
  - ▶ 바겐 가격을 공개합니다! 다음 달 1일부터 실시하는 ○○

유의어 ➡ 특가 ○○, 세일 ○○, 행사가 ○○

854 　파격가 ○○

효과적인 사용법　'예외적 또는 형식을 파괴하는 가격'이라는 의미를 담아 매우 저렴하다는 것을 임팩트 있게 강조한다.

- **예**　▶ 신선한 해산물을 파격가로 제공합니다! 산지에서 직송한 ○○
  - ▶ 놀라운 파격가로 안내! 자세한 내용은 담당자에게 문의 바랍니다!
  - ▶ 다시없는 파격가! 행사가 끝나면 원래 가격으로 돌아갑니다!

유의어 ➡ 초특가 ○○, 특별한 가격 ○○, 최저가 ○○

855 　가격 파괴 ○○

효과적인 사용법　'시장에 형성되어 있는 가격대를 파괴할 만큼 매우 저렴하다'라는 표현으로 임팩트 있게 어필한다.

- **예**　▶ 가격 파괴! 이보다 더 저렴할 수는 없습니다!
  - ▶ 가격 파괴 행사 중! 다른 곳과 얼마든지 비교해보시고 방문 바랍니다!
  - ▶ 이번 가격 파괴를 놓치지 마세요! 두 번 다시 없을 초특가 ○○

유의어 ➡ 초특가 ○○, 대대적인 할인 ○○, 파격가 ○○

856 　소분 판매 ○○

효과적인 사용법　주로 대용량으로 판매되는 제품을 소분 판매할 때 고객이 얻는 이득을 강조한다.

- **예**　▶ 소분 판매니까 안심하고 구매! 원하는 만큼 사가세요!
  - ▶ 초저가 소분 판매 진행! 한번 사용해보시고 필요하시다면 추가 구매
  - ▶ 낱개 판매 행사 중! 1개 단위로 판매합니다

유의어 ➡ 1개 단위 판매 ○○, 단품 판매 ○○, 낱개 판매 ○○

857 반값 ○○

효과적인 사용법 실제로 어떤 상품의 가격이 통상의 절반 수준임을 전하여 저렴함을 어필한다. 반값인 이유와 조합하면 효과적으로 관심을 유도할 수 있다.

예
- ▶ 전 제품 반값 세일! 연휴 한정 50% 할인 ○○
- ▶ 전시 제품 반값 행사! 이번 기회에 기능에 문제없는 제품을 저렴하게
- ▶ 반값 감사제! 당일 한정 500분께 드리는 혜택

유의어 ➡ 50% 오프 ○○, 절반가 ○○, 50% DC ○○

---

858 묶음 구매 ○○

효과적인 사용법 '여러 개를 묶어서 구매하는 편이 이득이다'라는 의미로 대량 구매 시 이득을 어필한다.

예
- ▶ 묶음 구매가 단연 저렴! 기간 한정 특가 행사 중!
- ▶ 묶음 구매 강력 추천! 할인 제품도 구매량 무제한!
- ▶ 묶음 구매로 납득되는 가격! 많이 구매할수록 점점 더 저렴해지는 ○○

유의어 ➡ 세트 구매 ○○, 일괄 구매 ○○, 1+1 구매 ○○

---

859 ○○ 재고 떨이

효과적인 사용법 팔다 조금 남은 물건을 기존보다 싸게 판다는 의미로 '떨이'라는 고전적인 표현을 활용하여 구매욕을 자극한다.

예
- ▶ 파격 재고 떨이! 저렴한 가격으로 브랜드 제품을 구할 수 있는 절호의 기회
- ▶ 이월 상품 재고 떨이 개최 중! 합리적인 가격으로 만나보는 ○○
- ▶ 기다리던 재고 떨이 스타트! 지금 바로 방문!

유의어 ➡ ○○ 특가전, ○○ 이월 상품 세일, ○○ 역시즌 세일

---

860 불필요한 ○○를 줄이다

효과적인 사용법 낮은 가격 책정을 위해 '불필요한 비용을 배제했다'라는 것을 설명하여 저렴함을 어필한다.

예
- ▶ 불필요한 유통을 줄여서 합리적인 가격 실현! 고객의 입장을 먼저 고려한 ○○
- ▶ 불필요한 비용을 줄여서 놀라운 가격으로 여러분을 만나겠습니다!
- ▶ 불필요한 제조 공정을 줄여서 비용을 크게 낮춘 상품입니다!

유의어 ➡ 획기적인 비용 절감 ○○, 거품을 싹 뺀 ○○, ○○를 빼고 ××

【G. 이득】

861   **스페셜 특가 ○○**

효과적인 사용법 '상품이 특별히 저렴하다'라는 의미를 단순한 표현으로 어필하여 구매욕을 자극한다.

예 ▶ 스페셜 특가전! 지금까지 없었던 놀라운 가격
    ▶ 선착순 스페셜 특가 기획전! 먼저 신청하시는 50분께 ○○
    ▶ 스페셜 특가 상품 대개방! 인기 브랜드를 합리적인 가격으로 만나보세요

유의어 ➡ 초저렴 가격 ○○, 특별가 ○○, 파격가 ○○

862   **저가 지향!**

효과적인 사용법 '싼 가격으로 제공하기 위해 노력한다'라는 표현으로 기본 가격부터 저렴하게 책정한다는 점을 어필한다.

예 ▶ 항상 저가를 지향합니다. 언제나 고객의 입장에서 생각합니다
    ▶ 저가 지향! 다른 제품과 직접 비교해보시고 결정하세요
    ▶ 저가 지향! 늘 최선을 다하는 모습으로 증명합니다

유의어 ➡ 저가 추구!, 저렴함이 기본 방침!, 늘 저렴한 가격으로 ○○

863   **○○ 골라잡다**

효과적인 사용법 '여러 가지 제품 중에 좋아하는 것을 가격에 구애받지 않고 자유롭게 선택한다'라는 의미를 표현하여 이득을 어필한다.

예 ▶ 원하는 만큼 골라잡는 세일 행사! 무엇을 선택하든 자유
    ▶ 골라잡으세요! 빠르게 재고 소진 중입니다!
    ▶ 뭐든 골라잡아! 먼저 고르는 사람이 임자!

유의어 ➡ 무엇을 골라도 ○○, 마음껏 고르는 ○○, 뭐든지 ○○

864   **합리적인 가격 ○○**

효과적인 사용법 저렴함을 '합리적'이라는 말로 현명한 결정처럼 표현하여 관심을 보이도록 유도한다.

예 ▶ 보다 합리적인 가격에 도전! 찬스를 놓치지 마세요!
    ▶ 합리적인 가격 추구! 저렴함을 무기로 승부한다
    ▶ 철저하게 합리적인 가격으로! 3일간 특가 행사 중!

유의어 ➡ 똑똑한 소비 ○○, 납득할 수 있는 가격 ○○, 적당한 가격 ○○

865　유통 마진 대폭 절감

효과적인 사용법　유통 단계를 줄여서 가격을 낮출 수 있었다는 이유를 전하고 관심을 보이도록 유도한다.

예
- ▶ 유통 마진 대폭 절감! 직송 시스템으로 파격가 실현!
- ▶ 유통 마진 대폭 절감으로 판매 가격을 낮췄습니다!
- ▶ 유통 마진 대폭 절감! 저렴한 가격으로 승부하는 ○○

유의어 ➡ 유통 비용 절감 ○○, 유통망 최소화 ○○, 유통 거품을 뺀 ○○

866　이유 있는 ○○

효과적인 사용법　저렴함의 이유를 직접적으로 표현하고 저렴함의 당위성을 어필한다.

예
- ▶ 이유 있는 초특가! 맛에는 아무런 문제가 없습니다
- ▶ 이월 특가! 이유 있는 빅세일! 놀라운 가격을 지금 바로 만나보세요!
- ▶ 이유 있는 행사가! 전시품을 특별한 가격으로!

유의어 ➡ 못난이 상품 대폭 할인 ○○, 저렴함에는 이유가 있다, 포장 오염 제품 특가 ○○

무상 제공·무료 어필하기

무료를 싫어하는 사람은 없다. 무료 또는 무상으로 제공할 수 있는 상품이나 서비스가 있다면 그 본래의 가치를 정확하게 전달함과 동시에 무료의 장점을 최대한 고객에게 어필하자.

867 ○○ 무료 초대!

효과적인 사용법 '무료인 행사에 참석할 기회를 제공한다'라는 의미로 고급 상품이나 서비스를 무료 제공하는 듯한 인상을 어필한다.

예
▶ 가족은 무료 초대! 신청자 선착순 100명 한정
▶ 회원 신청하신 분 중에 추첨을 통해 기념 콘서트에 무료로 초대합니다
▶ 방문객 10분을 추첨하여 고급 레스토랑에 무료 초대!

유의어 ➡ ○○ 무료로 제공, ○○ 무료로 드립니다, ○○ 무료 증정

868 ○○는 일절 들지 않습니다

효과적인 사용법 어떤 서비스를 받을 때 비용이 전혀 들지 않는다는 점을 알기 쉽게 표현한다.

예
▶ 요금은 일절 들지 않습니다! 한번 사용해보세요!
▶ 돈은 일절 들지 않습니다! 투어 참가자 전원에게 드리는 프리 굿즈
▶ 진짜 비용은 일절 들지 않습니다! 추가 청구 없음

유의어 ➡ ○○은 일절 받지 않습니다, ○○은 일절 불필요, ○○ 완전 무료

869 친구 몫까지 드립니다

효과적인 사용법 무료 제공을 친근하게 전하고 적극적인 행동을 유도하기 위해 '친구 몫까지 무료로 제공한다'라고 표현한다.

예
- ▶ 이번 기회에 친구 몫까지 드립니다! 마음껏 가져가세요!
- ▶ 가볍게 방문해주세요. 친구 몫까지 드립니다! 많은 소개 부탁드립니다
- ▶ 친구 몫까지 드립니다! 다시는 없을 찬스

유의어 ➡ 친구도 함께 ○○, 가족 몫까지 ○○, 동반 1인 무료 ○○

870 가격 0원(가격 무료)

효과적인 사용법 '완전 무료'임을 단순하고 임팩트 강하게 어필한다.

예
- ▶ 가격 0원 선언! 여기 제품은 마음껏 가져가세요
- ▶ 지금부터 가격 0원! 이번 기획을 놓치지 마세요
- ▶ 가격 0원! 꼭 한번 사용하시기를 바라는 마음을 담아서 드립니다

유의어 ➡ 돈은 받지 않습니다, 0원 ○○, 요금 0원 ○○, 무상 제공 ○○

871 자유롭게 가져가세요!

효과적인 사용법 '무료 제공'을 보다 알기 쉽게 풀어서 관심을 보이도록 유도한다.

예
- ▶ 자유롭게 가져가세요! 이 기회에 한 번 경험해보세요!
- ▶ 자유롭게 가져가서 테스트해보세요! 무료로 제공합니다!
- ▶ 자유롭게 가져가세요! 신상품이니 한번 맛보세요!

유의어 ➡ 프리 ○○, 마음껏 가져가세요, 원하는 만큼 가져가세요

872 이번에만 무료 ○○

효과적인 사용법 주로 새 상품이나 서비스를 어필할 목적으로 '한정적으로 무료 제공한다'라는 점을 어필한다.

예
- ▶ 이번에만 무료로 제공합니다! 마음껏 사용해보세요
- ▶ 무료 체험 기획! 이번에만 무료로 서비스합니다!
- ▶ 이번에만 무료로 시식해 보세요! 한번 맛보면 잊을 수 없는 ○○

유의어 ➡ 첫 회 무료 ○○, ○○ 한정 무료, 무료 제공 이벤트 중

873 　샘플 무료 ○○

효과적인 사용법　'일반적으로는 돈을 받는 상품이나 서비스이지만 이번에만 샘플용으로 무료 제공한다'라는 의미를 담아서 어필한다.

예
- ▶ 샘플 무료! 첫 회 구매자에 한해 샘플 제공
- ▶ 샘플은 무료로 드립니다! 행사 기간 중 마음껏 가져가세요!
- ▶ 기간 한정 샘플 무료 제공! 테스트해보시고 마음에 드시면 할인가로 구매하세요

유의어 ➡ 무료 샘플이니까 ○○, 사은 샘플 ○○, 시제품 무료 ○○

874 　○○ 게다가 무료!

효과적인 사용법　무료라고 생각하지 못할 정도의 장점을 제공하고, 제공하는 상품이나 서비스의 가치를 어필하여 흥미를 끈 뒤에 '무료'라는 키워드까지 넣어 어필한다.

예
- ▶ 이만큼의 양인데, 게다가 무료다? 오픈 기념 캠페인 ○○
- ▶ 모든 특전 제공, 게다가 무료! 회원만이 누릴 수 있는 혜택
- ▶ 회원 가입하시면 신제품 제공, 게다가 무료! 10일 한정 파격 행사 진행 중!

유의어 ➡ 믿을 수 없는 무료 ○○, 상상도 못한 무료 ○○, 생각도 못한 무료 ○○

875 　선착순 ○○명 한정 무료

효과적인 사용법　상품이나 서비스에 즉각적인 관심을 유도하기 위해 '한정적으로 무료'임을 어필한다.

예
- ▶ 방문 특전! 달걀 10개 팩 선착순 100명 한정 무료!
- ▶ 선착순 10명 한정 무료 시식권 제공!
- ▶ 선착순 5명 한정 무료 대여 가능!

유의어 ➡ 선착순 무료 ○○ 행사, 먼저 오신 분 ○○ 무료

876 　요금 제로 ○○

효과적인 사용법　어떤 서비스를 받을 때 무료임을 표현하고 무료가 되는 조건을 조합하여 전한다.

예
- ▶ 요금 제로 플랜이 드디어 등장! 선착순 100명 한정
- ▶ 신규 가입자 요금 제로 특전! 처음으로 고객이 되어주시는 분께 제공합니다
- ▶ 기간 중 신청하신 분은 요금 제로 캠페인 중!

유의어 ➡ 요금 무료 ○○, 무상 제공 ○○, 비용 부담 제로 ○○

877 공짜로 ○○할 수 있다니!

효과적인 사용법 '무료라는 데 감동해서 자신도 모르게 말이 튀어나왔다'라는 인상을 줘서 친근하게 어필한다.

예
- ▶ 공짜로 회원 가입할 수 있다니! 지금은 무료 캠페인 중!
- ▶ 공짜로 먹을 수 있다니! 신메뉴 개시 행사! 시식 코너를 특별히 준비했습니다!
- ▶ 공짜로 마사지를 받을 수 있다니! 이건 가야 해!

유의어 → 무료로 ○○할 수 있다, ○○가 무료라고?, 돈이 필요 없는 ○○

---

878 무료 제공 중!

효과적인 사용법 현재 무료라는 것을 캐치프레이즈 같은 느낌으로 표현하여 한눈에 시선을 끈다.

예
- ▶ 샘플 무료 제공 중! 지금 바로 집에서 사용해보세요
- ▶ 할인 쿠폰 무료 제공 중! 자유롭게 가져가세요!
- ▶ 현재 시제품 무료 제공 중! 품질을 느껴보시길 바랍니다!

유의어 → 무료 증정, ○○ 무상 배포 중, ○○ 0원 제공 중

---

879 무료 체험 ○○

효과적인 사용법 상품이나 서비스를 '무료로 체험 가능하다'라는 점을 어필하고 싶을 때 직접적으로 표현한다.

예
- ▶ 무료 체험 캠페인! 무료로 수강 가능하니 친구와 함께 놀러오세요
- ▶ 핫 요가 무료 체험 서비스 중! 몸과 마음도 따뜻해지는 경험
- ▶ 부분 가발 1회 무료 체험! 사전 예약자 5명 한정

유의어 → 무상 체험 ○○, 무료 테스트 ○○, 체험 무료 ○○

---

880 무료 찬스를 ○○

효과적인 사용법 '무료로 손에 넣을 수 있는 절호의 기회'라는 의미를 담아서 무료 찬스를 '어떻게 할 것인지'까지 표현하여 관심을 보이도록 유도한다.

예
- ▶ 무료 찬스를 최대한 활용하자! 커플 한정 ○○
- ▶ 이번 무료 찬스를 데이트에 활용해보자! 밸런타인데이를 특별하게 보내는 ○○
- ▶ 기간 한정 무료 찬스로 궁금하던 제품을 실제로 사용해보자!

유의어 → ○○를 공짜로 가질 찬스, 무료로 사용해볼 기회를 ○○

881 무료로 한번 ○○해보자

효과적인 사용법 '보통은 무료로 체험할 수 없는 것을 이번 기회에 경험해보자'라는 의미를 담아서 감정에 어필한다.

예
- ▶ 무료로 한번 시험해보자! 실제 서비스를 체험해보시면 생각이 바뀝니다
- ▶ 무료로 한번 도전해보자! 분명 만족하시리라 생각합니다!
- ▶ 무료로 한번 체험하고 싶은 여러분의 마음을 담은 이번 기획

유의어 ➡ 무료이므로 한번은 ○○, 무료 행사를 놓치지 마시고 ○○

882 테스터 모집

효과적인 사용법 '테스터 모집'이라는 이유로 무료 제공한다는 점을 어필한다.

예
- ▶ 일반인 대상 테스터 모집! 무료로 시제품을 사용해볼 기회!
- ▶ 테스터 모집으로 3개월 무료 사용 찬스! 사용해보시고 후기를 남겨주세요
- ▶ 오픈 기념 서비스 테스터 모집! 선착순 200명 한정

유의어 ➡ 모니터링 모집 ○○, 무료 테스트 회원이 되어 ○○, 무료 체험 ○○

883 받지 않으면 손해

효과적인 사용법 무상으로 제공하는 것을 손에 넣지 않으면 오히려 손해라는 표현으로 강렬한 관심을 보이도록 유도한다.

예
- ▶ 공짜니까! 받지 않으면 손해! 선착순 200명 한정 ○○
- ▶ 받지 않으면 손해! 이런 찬스는 흔하지 않습니다!
- ▶ 받지 않으면 손해입니다! 무료 샘플을 마음껏 체험하세요

유의어 ➡ 사용하지 않으면 손해, 신청하지 않으면 손해

타깃

타깃을 좁혀서 특장점을 강조한다

수많은 고객 중에는 '정말로 메시지를 전하고 싶은 고객'이 존재한다. 그런 타깃층을 판별하면 메시지를 효과적으로 전할 수 있다. 팔려는 상품이나 서비스를 가장 필요로 하는(가치를 느끼는) 고객을 구별해보자.

세상에는 다양한 고객이 존재한다. 팔려는 상품이나 서비스에 관한 정보를 더 효과적으로 전하려면 고객층을 좁혀 생각할 필요가 있다. 다양한 고객에게 한꺼번에 상품의 장점을 전하려고 하면 정말로 전하고 싶은 고객에게 전달되지 않는 경우가 생기기 때문이다. 여기서 말하는 '고객 좁히기'는 팔려는 상품이나 서비스를 필요로 하는(가치를 느끼는) 고객을 타깃으로 삼고 명확하게 구별한다는 의미다.

상품이 제공하는 장점에 가치를 느끼는 타깃은 그 장점에 관한 정보에 민감하게 반응한다. 타깃인 고객을 좁혀서 장점을 가능한 한 직접적으로 어필하는 것이 최대의 효과를 누릴 수 있는 지름길이다.

이번 장에서는 '타깃 분류하기', '네이밍 활용하기'라는 요소를 활용한 키워드를 소개하겠다. 타깃 고객의 모습을 상상하고 최적의 키워드를 활용해보자.

타깃 분류하기

타깃을 좁혀서 표현하면 '자신에게 필요한 상품'이라는 인식을 고객에게 심어줄 수 있다. 더욱 구체적인 표현으로 고객이 상품에 가치를 느낄 수 있도록 어필하자.

884   ○○가 주인공

효과적인 사용법   타깃층 또는 타깃층이 생각하는 이상적인 모습을 '주인공'으로 표현하여 목표 타깃의 흥미를 끈다.

예
- ▶ 잘 입는 남자가 주인공! 패션도 전략이다!
- ▶ 여름은 피부 미인이 주인공! 자외선을 막아주는 ○○
- ▶ 세월이 흘러도 여자가 주인공! 나이가 느껴지지 않는 피부 만들기

유의어 ➡ ○○가 주역, ○○가 히로인, 주인공은 ○○, 주역은 ○○

885   ○○가 기뻐한다

효과적인 사용법   상품이 불러오는 이상적인 장면(이미지나 모습)을 표현하여 그러한 결과를 바라는 사람의 시선을 끈다.

예
- ▶ 용돈으로 구매할 수 있어 아내가 기뻐한다! 작은 선물로 최적!
- ▶ 소녀들이 기뻐하는 향기! 소녀 감성 충만한 ○○
- ▶ 피곤한 몸이 기뻐하는 건강 음료! 하루의 피곤이 곧바로 풀리는 ○○

유의어 ➡ ○○가 미소 짓는다, ○○가 웃는다, ○○가 좋아한다

886 ○○세가 넘으면

효과적인 사용법 '대상인 나이 이상의 사람'이 주목하도록 강조한다.

예
- ▶ 30세가 넘으면 관리는 필수! 피부 관리는 빠를수록 좋다
- ▶ 28세가 넘으면 시작해야 한다! 더 늦기 전에 시작하는 집중 케어!
- ▶ 20세가 넘으면 인생도 공부해야 잘살 수 있다!

유의어 ➡ ○○세 즈음에는, 여자(남자) 나이 ○○살 ××, ○○세가 되면 ××한다

---

887 ○○한 분에게만 ××

효과적인 사용법 '어떤 경험을 한 사람에게만 제공한다'라는 표현으로 타깃을 좁고 명확하게 제시하여 관심을 보이도록 유도한다.

예
- ▶ 당일 숙박하신 분에게만 드리는 한정 특전! 잊지 말고 신청하세요!
- ▶ 모든 체험을 마친 분에게만 증정하는 기념품입니다!
- ▶ 사전 신청하신 분에게만 특별가로 판매하는 ○○

유의어 ➡ ○○를 느끼시는 분에게만, ○○하신 분에게만, ○○가 없는 분에게만

---

888 ○○를 좋아하는 분에게 희소식!

효과적인 사용법 '어떤 취미나 기호에 대한 관심이 강한 사람'의 시선을 끌기 위한 표현이다.

예
- ▶ 단것을 좋아하는 분에게 희소식! 딸기의 깊은 당도와 상큼함을 느껴보세요
- ▶ 온천을 좋아하는 분에게 희소식! 노천탕이 있는 대자연 속 리조트 ○○
- ▶ 매운맛을 좋아하는 분에게 희소식! 매운맛을 조절할 수 있는 ○○

유의어 ➡ ○○가 취향이라면, ○○ 팬에게 희소식, ○○를 좋아한다면 주목!

---

889 ○○대의

효과적인 사용법 나이를 10년 단위로 나눠서 그 세대의 사람이 타깃임을 명확하게 표현한다.

예
- ▶ 30대 남자 필수 아이템! 남자의 멋은 발끝에서 시작된다!
- ▶ 40대 피부를 가꾸자! 피부에 활력을 주는 성분이 포함된 ○○
- ▶ 10대 때 읽으면 좋은 추천 도서! 대학 교수들이 선정한 ○○

유의어 ➡ ○○대라면, ○○대 전용, ○○대를 위한

890   ○○대부터 시작하는

효과적인 사용법   시작의 계기가 되는 시기를 타깃층을 겨냥하여 숫자로 표현하고 관심을 보이도록 유도한다.

예
- ▶ 30대부터 시작하는 체형 교정 계획! 라인의 차이가 확연히 보이는 ○○
- ▶ 20대부터 시작하는 미백 대책! 빠를수록 좋은 ○○
- ▶ 40대부터 시작하는 안티에이징! 아직 늦지 않았다

유의어 ➡ ○○대야말로, ○○살이 되기 전에, ○○대가 되기 전에, ○○살부터

891   ○○도 ××하고 싶다

효과적인 사용법   타깃이 하고 싶다고 생각하는 것이나 이상으로 여기는 모습을 상상하게 하는 표현으로 관심을 보이도록 유도한다.

예
- ▶ 10대 소녀도 화장하고 싶다! 메이크업 프로에게 배우는 ○○
- ▶ 남자도 안티에이징하고 싶다! 남자 피부에 좋은 ○○
- ▶ 학생도 파인다이닝에서 식사하고 싶다! 가성비 최고 ○○

유의어 ➡ ○○니까 더욱 ××하고 싶다, ○○라고 해서 ○○가 아니다

892   ○○도 이만큼 할 수 있다

효과적인 사용법   '타깃의 실력이 사실은 아주 뛰어나다'라는 표현으로 흥미를 끈 다음, 그 이유나 설명에 관심을 보이도록 유도한다.

예
- ▶ 아저씨도 이만큼 할 수 있다! 멋진 중년을 위한 ○○
- ▶ 한식도 이만큼 할 수 있다! 모던 한식을 추구하는 ○○
- ▶ 나도 이만큼 할 수 있다! 더 이상 작심삼일은 그만!

유의어 ➡ ○○가 서툰 사람도, ○○ 초심자도 ××할 수 있다, ○○ 초보자용

893   ○○로는 더 이상 ××하지 못하는 당신에게

효과적인 사용법   '기존의 조건에서 만족하지 못하는 사람'이라는 표현으로 타깃을 특정하여 더 좋은 조건을 원하는 사람의 관심을 끈다.

예
- ▶ 일반적인 국밥으로는 더 이상 만족하지 못하는 당신에게! 신개념 국밥 ○○
- ▶ 생활 영어 회화로는 더 이상 만족하지 못하는 당신에게! 본격 비즈니스 코스 ○○
- ▶ 참가하는 것만으로는 더 이상 납득하지 못하는 당신에게! 우승을 위한 ○○

유의어 ➡ ○○로는 납득하지 못한다, ○○로는 만족하지 못한다, ○○는 불안하다

894 ○○와 보내는 ××

효과적인 사용법 '바라는 상대와 함께 보내는 시간'을 상상하게 하는 표현으로 타깃의 흥미를 끈다.

예
- ▶ 연인과 보내는 특별한 주말! 평소 데이트와는 차원이 다른 ○○
- ▶ 가족과 보내는 느긋한 휴가! 휴식에 최적화된 ○○
- ▶ 여자끼리 보내는 단란한 여행! 셀럽 기분으로 떠나자!

유의어 ➡ ○○와 함께하는 ××, ○○와 시간을 나누는 ××, ○○와 즐기는 ××

895 ○○에 적극적인 ××에게

효과적인 사용법 어떤 요소에 관해 적극적인 관심을 보이는 사람의 시선을 끌기 위한 직접적인 표현이다.

예
- ▶ 다이어트에 적극적인 여성에게 추천! 전문 트레이너와 함께하는 ○○
- ▶ 접대에 적극적인 영업맨에게! 클라이언트를 기쁘게 하는 ○○
- ▶ 자연미에 적극적인 여성에게! 무첨가 천연 소재로 만든 ○○

유의어 ➡ 보다 ○○를 추구하는 ××에게, ○○가 목표인 ××에게

896 ○○파 ××

효과적인 사용법 타깃이 이상으로 생각하는 모습을 '○○파'로 표현하여 주의를 끈다.

예
- ▶ 순정파 훈남이 선택한 향! 자극적인 향기를 줄인 ○○
- ▶ 지성파 미인이 되기 위한 첫걸음! 독서 전문가가 추천하는 ○○
- ▶ 자연주의 라이프를 추구하는 사람이라면 필수! 친환경 소재로 만든 ○○

유의어 ➡ ○○계열 ××, ○○품 ××, ○○주의 ××

897 ○○가 필요한 사람 모여라!

효과적인 사용법 타깃이 필요로 하는 것을 직접적으로 어필하는 표현으로 시선을 끈다.

예
- ▶ 맛있는 유기농 채소가 필요한 사람 모여라! 농가에서 직송받은 ○○
- ▶ 명품백이 필요한 사람 모여라! 꿈에 그리던 명품백을 구할 수 있는 ○○
- ▶ 남자친구가 필요한 사람 모여라! 러블리한 인상을 만드는 ○○

유의어 ➡ ○○를 찾는다면, ○○를 구매하고 싶다면, ○○가 필요하다면

【 H. 타깃 】

898 ○○용 ××

효과적인 사용법 타깃의 특징을 한 단어로 나타내고 맞춤형으로 제공한다는 것을 표현한다.

예
- ▶ 주부용 다이어트 비법! 가사를 하면서 살도 빼는 일석이조 전략
- ▶ 기러기 아빠용 간단 요리 교실! 요리의 기초를 즐겁게 익힌다
- ▶ 바쁘게 일하는 여성용 힐링 피부 관리! 일상의 피곤을 날리는 비일상적인 공간

유의어 ➡ ○○ 전용, ○○를 위한, ○○에게 적합

899 ○○를 특별하게 하다

효과적인 사용법 타깃에게 무언가를 제공할 때, 임팩트를 줘서 관심을 끌기 위해 그것이 타깃을 '특별하게 만든다'라고 표현한다.

예
- ▶ 여성을 특별하게 하는 날. 평소와는 다른 하루를 보내기 위한 ○○
- ▶ 아빠를 특별하게 하는 선물! 꽃중년으로 만들어드리는 ○○
- ▶ 보이시한 여성을 특별하게 하다! 마치 딴사람이 된 듯한 ○○

유의어 ➡ ○○를 각별하게 하는 ××, ○○를 자극하다, ○○를 매력적으로 만들다

900 ○○를 매료시키다

효과적인 사용법 '타깃의 마음을 매료할 정도'라는 표현으로 구체적인 내용에 관심을 보이도록 유도한다.

예
- ▶ 10대의 마음까지 매료시킨다! 설레는 봄을 위한 패션 ○○
- ▶ 여성의 마음을 매료시키는 색채! 강렬한 레드로 꾸며진 ○○
- ▶ 남자의 마음을 매료시키는 디자인! 메탈 소재로 완성한 ○○

유의어 ➡ ○○가 빠져들다, ○○를 사로잡다, ○○를 유혹하다

901 생애 첫 ○○

효과적인 사용법 어떤 요소에 대한 경험이 없는 사람에게 어필하기 위해 '생애 첫 ○○'라는 표현으로 관심을 보이도록 유도한다.

예
- ▶ 생애 첫 영어회화 학원! 처음부터 시작하는 ○○
- ▶ 생애 첫 가족 여행! 아이가 좋아하는 시설이 다양한 ○○
- ▶ 생애 첫 내 집 마련의 꿈! 아파트부터 단독주택까지 다양한 물건을 보유한 ○○

유의어 ➡ 첫 ○○, 최초의 ○○, 경험이 전무한 ○○

902 센스 있는 사람 ○○

효과적인 사용법 '멋을 아는 사람'이라는 이미지를 '센스 있다'라고 표현하여 그 이미지를 선호하는 사람의 흥미를 끈다.

예
- ▶ 센스 있는 사람이 시간을 보내는 법! 독서와 음악이 공존하는 ○○
- ▶ 센스 있는 사람이 즐겨 찾는 맛집! 맛은 물론이고 플레이팅까지 눈길을 사로잡는 ○○
- ▶ 패션 센스가 뛰어난 사람을 위한 브랜드! 드디어 런칭!

유의어 ➡ 멋진 사람 ○○, 멋을 아는 사람 ○○, 매력적인 사람 ○○

903 퇴근길에 ○○

효과적인 사용법 직장인을 타깃으로 삼는 경우 '퇴근길의 상황'을 떠올리고 주목하도록 어필한다.

예
- ▶ 퇴근길에 한잔 생각나는 맛집! 안주가 매력적인 ○○
- ▶ 퇴근길에 틈틈이 보기 딱 좋은 추천 도서! 직장인을 위한 비즈니스 필독서 ○○
- ▶ 퇴근길에 있는 역세권 피트니스 센터! 꾸준히 운동하게 해주는 ○○

유의어 ➡ 직장인을 위한 ○○, 출근 전에 ○○, 점심 시간을 활용한 ○○

904 ○○인 분에게 추천

효과적인 사용법 타깃층의 특징을 알기 쉽도록 '○○인 분'이라고 표현하여 타깃에게 추천하는 형식으로 시선을 끈다.

예
- ▶ 이런 분에게 추천! 영어를 최대한 빨리 마스터해야 한다면 ○○
- ▶ 의지박약인 분에게 추천! 먹으면서 할 수 있는 다이어트 ○○
- ▶ 미니멀리스트인 분에게 추천하는 가구! 소파와 침대를 동시에

유의어 ➡ ○○에게 추천, ○○인 분에게 안성맞춤, ○○에게는 바로 ××

905 모든 직장인에게

효과적인 사용법 직장인 모두를 타깃으로 삼아 광범위하고 유용한 내용을 전한다는 인상이 들도록 어필한다.

예
- ▶ 수도권 모든 직장인에게, 출퇴근 시 200% 활용할 수 있는 ○○
- ▶ 모든 직장인에게! 문서 작성 스킬을 한 단계 상승시켜 주는 ○○
- ▶ 모든 직장인에게 고함! 승리하는 비즈니스를 위한 ○○

유의어 ➡ 직장인 필독, 비즈니스에 활용 가능한 ○○, 회사에서 ○○하는 분에게

906　당장 ○○가 필요하신 분

효과적인 사용법　급하게 어떤 요소가 필요한 사람을 타깃으로 삼기 위해 '당장'이라는 말을 활용하여 직접적으로 행동을 유도한다.

- **예**
  - ▶ 당장 힐링이 필요하신 분! 마음 깊은 곳까지 안락함을 보장하는 ○○
  - ▶ 당장 집이 필요하신 분에게 권장! 필수 살림 완비 ○○
  - ▶ 당장 안전이 필요하신 분! 손쉽게 체결하는 견고한 잠금장치 ○○

유의어 ➡ 반드시 ○○가 필요한 사람, ○○를 추구한다면, ○○ 마니아는 필독

907　나이가 느껴지지 않는 ○○

효과적인 사용법　어떤 요소에 관해 나이를 실감하고 싶지 않은 사람을 타깃으로 삼는 표현이다.

- **예**
  - ▶ 나이가 느껴지지 않는 피부를 갖자! 피부 결이 달라지는 ○○
  - ▶ 나이가 느껴지지 않는 몸 만들기! 유산소 운동을 통한 안티에이징
  - ▶ 나이가 느껴지지 않는 보디 라인을 원한다! 몸매가 예뻐지는 ○○

유의어 ➡ 동안을 위한 ○○, 젊음을 찾아주는 ○○, 어려 보이는 ○○

908　비즈니스에 적합한 ○○

효과적인 사용법　비즈니스 상황을 자주 접하거나 관심이 많은 사람을 타깃으로 삼아 표현한다.

- **예**
  - ▶ 비즈니스에 적합한 구두를 원한다면 ○○
  - ▶ 비즈니스에 적합한 정보 제공! 일 잘하는 사람들이 찾는 ○○
  - ▶ 비즈니스에 적합한 레스토랑! 다양한 분위기의 룸 완비!

유의어 ➡ 일하는 사람의 ○○, 직장인의 ○○, 업무에 활용할 수 있는 ○○

909　○○ 필수품

효과적인 사용법　타깃의 모습을 나타내는 말과 조합하여 '○○ 필수품'이라는 표현으로 필요한 사람이 즉각적인 관심을 보이도록 어필한다.

- **예**
  - ▶ 직장 여성 필수품! 일할 때와 놀 때를 확실히 구분하는 매력적인 여성으로 만들어준다
  - ▶ 비즈니스맨의 필수품! 명함 관리를 신속하고 정확하게 ○○
  - ▶ 가족 여행 필수품! 아이와 함께 부모님을 모시고 떠나는 ○○

유의어 ➡ ○○에게 반드시 필요하다, ○○ 필수, ○○ 상비품

910 혼자만의 ○○를 응원합니다

효과적인 사용법 '타깃이 혼자서 뭔가를 한다'라는 표현과 그 행동을 곁에서 응원한다는 친근한 표현으로 어필하여 관심을 보이도록 유도한다.

예
- ▶ 여자 혼자만의 여행을 응원합니다! 개인실 완비 프라이버시 보장!
- ▶ 혼자만의 생활을 응원합니다! 독립에 필요한 생필품을 모두 모은 ○○
- ▶ 혼자만의 삶을 응원합니다! 24시간을 스스로 관리하는 ○○.

유의어 ➡ 혼자의 ○○, 혼자만의 ○○, 나만의 ○○

911 스타일리시한 ○○를 사랑하는 ××

효과적인 사용법 스타일리시함을 지향하는 타깃의 관심을 끌기 위해 직접적인 표현을 활용하여 관심을 보이도록 유도한다.

예
- ▶ 스타일리시한 남성을 사랑하는 여성들에게! 남심을 공략하기 위한 ○○
- ▶ 스타일리시한 자동차를 사랑하는 분께! 최소한의 튜닝으로 최대의 디자인!
- ▶ 스타일리시한 음식을 사랑하는 여러분! 보기 좋은 떡이 맛도 좋다!

유의어 ➡ ○○ 스타일을 선호하는 ××, 감각적인 ○○를 사랑하는 ××

912 우리 집 ○○ 계획

효과적인 사용법 가족 단위가 타깃임을 알기 쉽도록 '우리 집'이라는 표현을 붙여 전하고 싶은 요소를 '○○ 계획'과 같은 형식으로 어필한다.

예
- ▶ 우리 집 건강 개선 계획! 평소 식생활을 체크하고 손쉽게 개선하자
- ▶ 우리 집 여행 계획! 가족이 다 함께 즐기는 넓고 쾌적한 ○○
- ▶ 우리 집 집짓기 계획! 3대가 함께 살고 싶은 ○○

유의어 ➡ 가족의 ○○, ○인 가정 ○○, 우리 집안의 ○○

네이밍 활용하기

네이밍만으로 상품이나 서비스의 가치가 바로 전달되어 매출을 좌우하는 경우도 있다. 타깃이 쉽게 장점(가치)을 느끼도록 명료한 네이밍을 최대한 활용해보자.

[네이밍 관련 주의 사항]
상품이나 서비스의 내용을 의미하는 명칭을 사용할 때는 사전에 같은 상표나 유사 상표가 등록되어 있지 않은지 확인해야 한다. 새로운 상표 등록이 필요하다면 전문가와 상담하기를 추천한다.

913 (나라 이름) ○○

효과적인 사용법 세계 각국의 이름이 연상시키는 고유의 분위기와 이미지를 상품명 및 서비스명에 활용한다.

예 ▶ 일본 라멘! 일본에서 다년간 수련한 라멘 전문점 ○○
▶ 멕시칸 샌드위치! 라틴의 매운맛을 강조한 ○○
▶ 정통 아메리칸 BBQ! 원조 비법으로 ○○

유의어 ➡ (도시명) ○○, (유적지명) ○○, (유명인 이름) ○○

914 (유명한 지명) ○○

효과적인 사용법 어떤 분야에서 유명한 명소나 지명을 활용하여 그 지명의 이미지와 상품명 또는 서비스명을 조합한다.

예 ▶ 동해안 서핑! 초보자도 즐길 수 있는 숨겨진 서핑 명소 ○○
▶ 부산 어묵! 전통을 자랑하는 맛 ○○
▶ 강원도 감자! 포슬포슬한 식감이 뛰어난 ○○

유의어 ➡ (원산지명) ○○, ○○의 고향, ○○의 고장

915 　○○ **소프트**

효과적인 사용법　부드러운 이미지를 떠올리게 하는 '소프트'와 그 이미지를 강조하고 싶은 상품이나 서비스를 조합하여 사용한다.

예　▶ 크리미 소프트! 크림처럼 부드러운 식감이 입안 가득 ○○
　　　▶ 아이 소프트! 피곤한 눈을 보호하는 ○○
　　　▶ 자동차 왁스 트리플 소프트! 세 가지 성분이 자동차를 더욱 빛나게!

유의어 ➜ 폭신폭신 ○○, 부드러운 ○○, 둥실둥실 ○○, ○○ 감촉

916 　**센서티브** ○○

효과적인 사용법　'섬세함', '민감함'을 의미하는 '센서티브'라는 표현으로 섬세하다는 이미지를 어필한다.

예　▶ 센서티브 립스! 한겨울에도 촉촉한 입술을 유지하는 ○○
　　　▶ 센서티브한 피부를 가진 당신에게! 델리케이트 핸드크림! 자극이 적은 ○○
　　　▶ 카페인에 민감한 분에게 희소식! 디카페인으로 카페인 영향 세이브

유의어 ➜ ○○ 데미지 케어, ○○ 세이브, 약산성 ○○

917 　○○**의 왕**

효과적인 사용법　'어떤 분야나 카테고리 중에서 가장 뛰어난 상품이나 서비스'라는 이미지를 어필하기 위해 '왕'이라는 말을 네이밍처럼 활용한다.

예　▶ 어묵의 왕! 절묘한 맛과 영양 ○○
　　　▶ 단팥빵의 왕! 100% 국내산 팥으로 최고의 맛을 낸 ○○
　　　▶ 한우의 왕! 한우 중의 한우로 유명한 ○○

유의어 ➜ ○○의 왕자, 킹 ○○, 퀸 ○○, ○○ 대왕, ○○ 제왕

918 　○○**의 고향**

효과적인 사용법　어떤 분야의 기원 또는 역사를 떠올리게 하는 말인 '고향'을 활용하여 역사나 유서가 깊다는 인상을 어필한다.

예　▶ 김치의 고향! 젓갈을 다양하게 활용하여 깊은 맛을 재현한 ○○
　　　▶ 한우의 고향! 최고 등급의 한우만을 고집합니다
　　　▶ 이순신의 고향! 나라를 구한 영웅의 고장으로 떠나는 ○○

유의어 ➜ ○○의 고장, ○○의 도시, ○○의 나라

919 ○○의 근원

효과적인 사용법 '어떤 요소의 중심적인 존재'라는 이미지를 '○○의 근원'으로 표현하여 네이밍에 사용한다.

예
- ▶ 비타민의 근원! 아이에게 필요한 비타민을 하루 단 한 알로 ○○
- ▶ 건강의 근원! 피곤한 몸에 활력을 주는 ○○
- ▶ 비즈니스 스킬의 근원! 당신을 실적 왕으로 만들어주는 비법서!

유의어 ➡ ○○의 근본, ○○의 근간, ○○의 표준

---

920 (유명한 지명)산 ○○

효과적인 사용법 '유명한 곳에서 유래한 것이기 때문에 좋은 것이다'라는 인상을 전하기 위해 '(지명)산 ○○'라는 말을 네이밍에 활용한다.

예
- ▶ 이탈리아산 토마토 퓌레! 특별한 산미를 지닌 토마토로 만든 ○○
- ▶ 수원산 왕갈비! 수원의 명물이 드디어 서울에 입성!
- ▶ 제주발 은갈치 구이! 직접 공수해서 손질한 ○○

유의어 ➡ ○○의 ××, ○○발 ××, ○○풍 ××

---

921 ○○ 베이직

효과적인 사용법 어떤 요소의 기본 혹은 기초가 탄탄해진다는 인상을 주는 '베이직'을 네이밍에 활용한다.

예
- ▶ 엑셀 베이직! 업무에 필요한 최소한의 기능을 알기 쉽게
- ▶ 스킨 케어 베이직! 민감한 얼굴 피부에 자극 없이 ○○
- ▶ 홈 가드닝 베이직! 집 안에 나만의 정원을 만들고 가꿔보세요

유의어 ➡ ○○의 기초, ○○의 기본, ○○ 베이스

---

922 ○○ 리치

효과적인 사용법 어떤 요소가 풍부하거나 만족스럽다는 인상을 준다.

예
- ▶ 리치한 커피! 신선한 원두와 우유를 사용해 풍부한 바디감을 살렸다
- ▶ 참깨 한가득! 국산 참깨를 아낌없이 사용한 ○○
- ▶ 공간감 플러스! 옆자리의 대화가 들리지 않는 개방감 최고의 ○○

유의어 ➡ ○○ 플러스, ○○ 한가득, ○○ 나이스

923 ○○ 넘버원

효과적인 사용법   어떤 분야에서 단연 최고라는 의미의 '넘버원'이라는 말을 활용한다. 전통적이지만 네이밍 면에서 효과가 좋다.

예
▶ 주택 설계 넘버원! 정원이 있는 집을 원한다면 ○○
▶ 스마일 넘버원! 친절한 서비스로 입소문이 자자한 ○○
▶ 자몽 넘버원! 산미와 당도의 절묘한 밸런스 ○○

유의어 ➡ ○○ TOP, ○○ 베스트, ○○의 정상, ○○ 엄지 척!

924 힐링 ○○

효과적인 사용법   '힐링'이라는 말을 직접적으로 사용하여 '편안함', '치유'라는 이미지를 상품이나 서비스와 연결 지어 어필한다.

예
▶ 힐링 온천! 개인 노천 온천에서 즐기는 ○○
▶ 힐링 밀크! 강원도 목장에서 자유롭게 자란 젖소에서 직접 뽑아낸 ○○
▶ 힐링 치즈 케이크! 입에서 퍼지는 치즈 향이 하루의 스트레스를 날린다!

유의어 ➡ 치유 ○○, 릴랙스 ○○, 포근한 ○○

925 퍼펙트 ○○

효과적인 사용법   완벽하거나 탁월하다는 인상을 주는 '퍼펙트'라는 말과 상품명 또는 서비스명을 조합하여 사용한다.

예
▶ 퍼펙트 바게트! 엄선된 밀로 만들어 최고의 식감을 자랑하는 ○○
▶ 퍼펙트 피트니스 센터! 아름다운 몸매를 가꾸기 위한 ○○
▶ 퍼펙트 하우스! 자연과의 조화가 훌륭한 ○○

유의어 ➡ ○○ 나이스, 탁월한 ○○, 엑설런트 ○○, ○○ 엘리트

926 보석보다 값진 ○○

효과적인 사용법   보석의 고급스러운 이미지를 네이밍에 활용하여 '고가와 희소성'을 전한다.

예
▶ 보석보다 값진 원피스! 다양한 컬러를 도입한 최신 디자인!
▶ 보석보다 값진 백! 고급스러운 광택! 장인의 손길을 느껴보세요
▶ 보석보다 빛나는 카페! 커피 원두 전문가가 뽑아내는 ○○

유의어 ➡ 플래티넘 ○○, ○○ 다이아, 보석보다 빛나는, ○○의 진주

【H. 타깃】

927 **황금** ○○

효과적인 사용법 황금이 지닌 '불변의 가치'를 네이밍에 활용하여 어떤 분야에서 절대적 가치가 있음을 어필한다.

- **예** ▶ 황금 요구르트! 신선도를 최우선으로 삼았다
  - ▶ 황금 사과! 황금빛이 감도는 과육의 아삭함
  - ▶ 프리미엄 온천! 금빛으로 빛나는 온천물이 스트레스로 지친 몸을 릴랙스!

유의어 ➡ 프리미엄 ○○, ○○ 골드, 변치 않는 ○○

928 **감동** ○○

효과적인 사용법 '어떤 분야에서 매우 큰 임팩트가 있다'라는 의미로 상품이나 서비스의 네이밍에 '감동'이라는 말을 사용한다.

- **예** ▶ 감동 크레파스! 크레파스라고 생각되지 않을 정도로 선명한 색감
  - ▶ 감동 오므라이스! 폭신한 달걀의 식감에 깜짝 놀라는 ○○
  - ▶ 감동 한우! 마블링이 예술인 진짜 소고기의 풍미 ○○

유의어 ➡ 정열 ○○, ○○의 정열, 열정 ○○, 심금을 울리는 ○○

929 **슈퍼** ○○

효과적인 사용법 '놀랄 정도로 크거나 믿기지 않을 정도로 뛰어나다'라는 의미를 담아서 표현한다.

- **예** ▶ 슈퍼 도넛! 하나만 먹어도 배가 부른 엄청난 크기의 ○○
  - ▶ 슈퍼 국밥! 고기 두 배! 든든하게 먹고 에너지 풀 충전 ○○
  - ▶ 슈퍼 클리닝! 셔츠 한 장에 1,000원! 놀라운 가격의 ○○

유의어 ➡ 강력 ○○, 하이퍼 ○○, 빅 ○○, 헤비 ○○

930 **스타** ○○

효과적인 사용법 어떤 분야에서 빛나는 존재라는 의미를 담아 '스타'를 네이밍에 활용한다.

- **예** ▶ 스타 부동산! 언제라도 쉽게! 고객을 우선하는 ○○
  - ▶ 스타 인테리어! 고객의 의견을 최대한 반영해드리는 ○○
  - ▶ 스타 동물병원! 위생적이고 실력이 뛰어난 ○○

유의어 ➡ 빛나는 ○○, 샤이닝 ○○, 반짝반짝 ○○

931 **셀러브리티** ○○

효과적인 사용법　'유명인이 사랑하고 애용할 정도로 품질이 높다'라는 인상을 주는 '셀러브리티'라는 말을 네이밍에 활용한다.

예　▶ 셀러브리티의 비타민! 현대인에게 부족한 비타민을 완벽히 보충!
　　▶ 셀러브리티 하우스! 고급 자재를 아낌없이 사용한 ○○
　　▶ 셀러브리티 드레싱! 이탈리아 유명 셰프가 직접 개발한 ○○

유의어 ➡ 엘레강스 ○○, ○○ 셀럽, 기품 있는 ○○, 품격 높은 ○○

932 **다이어트** ○○

효과적인 사용법　감량 효과가 있다는 인상을 주는 '다이어트'라는 편리한 말을 네이밍에 활용한다. 식품명이나 건강 관련 서비스와 조합하면 효과적이다.

예　▶ 다이어트 특화 센터! 다시 한 번 본격적인 몸매 만들기 ○○
　　▶ 다이어트 쿠키! 맛은 그대로, 칼로리는 제로!
　　▶ 다이어트 라면! 튀기지 않은 생면으로 기름기를 쫙 뺐다

유의어 ➡ 칼로리 ○○, ○○ 커트, ○○ 다운

933 **엔젤** ○○

효과적인 사용법　'엔젤'이라는 말이 품고 있는 '상냥함', '신성함'의 이미지를 활용하여 상품이나 서비스의 이름과 조합하여 사용한다.

예　▶ 엔젤 푸딩! 천국에 온 듯한 달콤한 맛 ○○
　　▶ 엔젤 샴푸! 천사가 사뿐히 내려앉은 듯한 감촉을 느끼게 해주는 ○○
　　▶ 엔젤 타올! 피부에 닿는 느낌이 더할 나위 없이 부드러운 ○○

유의어 ➡ ○○ 하트, 천사 ○○, 선녀 ○○, 비너스 ○○

934 **뷰티** ○○

효과적인 사용법　'뷰티'라는 말의 이미지(고상함, 세련됨, 부드러움)를 이용하여 네이밍으로 사용한다.

예　▶ 뷰티 드레싱! 유기농 재료로 만들어 몸에 좋은 ○○
　　▶ 뷰티 와인! 블링블링한 색깔과 달콤한 스파클링이 여성에게 대인기 ○○
　　▶ 뷰티 샐러드! 미용 효과가 뛰어난 채소만 담았다 ○○

유의어 ➡ 미녀 ○○, 미인 ○○, 미남 ○○, 훈남 ○○

935 퍼스트 ○○

효과적인 사용법 '신속한 반응', '빠른 속도'라는 인상을 주는 '퍼스트'라는 키워드를 네이밍에 조합하여 활용한다.

예
- ▶ 퍼스트 에스테틱! 퇴근길 예약해서 편안하게 이용할 수 있는 ○○
- ▶ 퍼스트 포토 프린트! 파일만 준비하시면 대형 액자에 담아서 바로 출력!
- ▶ 퍼스트 클리닝! 빠르게 깨끗하게!

유의어 ➡ 스피드 ○○, 클릭 ○○, 신속 ○○

936 쁘띠 ○○

효과적인 사용법 부담 없고 가볍다는 인상을 주는 '쁘띠'라는 표현을 네이밍으로 활용한다.

예
- ▶ 쁘띠 분식! 조금씩 다양한 메뉴를 맛볼 수 있는 ○○
- ▶ 쁘띠 미용실! 전용 룸에서 고객님이 원하는 스타일을 상담해보세요
- ▶ 쁘띠 애플! 한 입 크기에 사과의 맛을 그대로 담았습니다!

유의어 ➡ ○○ 미니, 쇼트 ○○, 아담 ○○, 베이비 ○○

937 프리미엄 ○○

효과적인 사용법 '부가가치가 높다', '가치가 매우 높다'라는 인상을 주는 '프리미엄'을 네이밍으로 활용한다. 가격 경쟁력이 낮아질 수 있음에 주의한다.

예
- ▶ 프리미엄 주택! 고객의 오더에 충실히 대응!
- ▶ 프리미엄 햄버거! 국산 재료를 사용하여 건강까지 챙겼다
- ▶ 프리미엄 헤어 린스! 빛나는 머릿결을 갖고 싶다면 ○○

유의어 ➡ 스페셜 ○○, 명품 ○○, 명가 ○○, 레벨 업 ○○

938 마법의 ○○

효과적인 사용법 놀랄 정도로 효과가 있거나 신기한 효과·효능이 있다는 인상을 주기 위해 네이밍에 '마법'이라는 말을 넣는다.

예
- ▶ 마법의 쌀! 물로 가볍게 씻어 짓기만 해도 윤기가 좌르르!
- ▶ 마법의 아이스크림! 바닐라 맛과 초콜릿 맛의 만남!
- ▶ 마법의 피자! 도톰한 도우 속에도 치즈가 쭈욱

유의어 ➡ ○○ 매직, 신비의 ○○, 천상의 ○○

939 **○○가 통째로**

효과적인 사용법 '통째로'라는 말을 네이밍에 활용하여 '그대로', '직접적으로', '전체가 들어 있다'라는 인상을 어필한다.

예
▶ 딸기가 통째로! 첨가물 없이 딸기가 통째로 들어간 ○○
▶ 매운맛이 통째로! 향신료를 다양하게 넣어 졸인 ○○
▶ 고기가 통째로! 새로운 개념의 햄버거 등장!

유의어 ➡ ○○가 그대로, 올 ○○, 전부 ○○, ○○가 듬뿍

유도
고객이 목적에 맞는 행동을 하도록 유도한다

고객이 목적에 맞는 행동을 자연스럽게 하도록 유도하려면 '마지막 한 방'이 필요하다. 고객이 상품이나 서비스의 장점(가치)을 인지했지만 구매를 망설일 때 '마음속 잠금장치'를 열 수 있는 키워드는 무엇이 있는지 살펴보자.

어떤 세일즈라도 최종적인 목적은 똑같다. 그 목적은 여러분이 바라는 이상적인 행동을 고객이 자연스럽게 취할 수 있도록 유도하는 것이다. 이상적인 행동이란 '구매', '신청', '방문', '전화', '문의', '지인 소개' 등 여러분이 고객에게 바라는 모든 행동을 의미한다.

하지만 목적에 맞는 행동을 하도록 고객을 유도하는 것은 분명 쉬운 일이 아니다. 여러분도 알다시피 광고 문구에 관심은 있지만 행동으로까지 이어지지 않는 경우가 대부분이기 때문이다.

고객은 실패를 피하기 위해 행동으로 옮기기 전에 한 번 더 고민한다. 일종의 잠금장치를 잠그는 셈이다. 따라서 고객에게 마지막 어필을 하여 '마음속 잠금장치'를 푸는 것이 무엇보다 중요하다.

이번 장에서는 '추천 표현하기', '행동 유도하기'라는 요소로 마지막 한 방을 날릴 수 있는 키워드를 모았다. 망설이는 고객이 여러분의 목적에 맞게 자연스럽게 행동할 수 있도록 유도해보자.

추천 표현하기

세일즈의 기본은 상품이 제공하는 장점을 얼마나 정확하고 적절하게 전달하는지에 달려 있다. 고객이 장점을 쉽게 알 수 있도록 추천하는 표현을 활용하여 다음 행동, 즉 구매로 자연스럽게 이어지도록 만들어보자.

940 ○○가 당신을 구한다

효과적인 사용법 어떤 고민이 있는 사람에게 고민을 해결할 수 있는 요소를 단정적인 어조로 추천한다.

예
- ▶ 이 다이어트법이 당신을 구한다! 당신에게 맞춘 독자적인 ○○
- ▶ 이번에 선택한 보습 크림이 당신을 구한다! 피부 속 깊이 침투하여 체질까지 개선
- ▶ 전문 팀이 당신을 구한다! 프로의 눈으로 친절하게 어드바이스하는 ○○

유의어 ➡ ○○가 당신의 편입니다, ○○가 당신을 지킨다, ○○가 구세주

941 ○○ 때문에 결정했습니다

효과적인 사용법 어떤 장점이 '마지막 한 방이 되었다'라는 의미를 직접적으로 어필한다.

예
- ▶ 촉감 때문에 결정했습니다. 예민한 피부에도 자극이 없는 ○○
- ▶ 입에 넣는 순간 결정했습니다! 자꾸 찾게 되는 강렬한 맛 ○○
- ▶ 감각적인 디자인 때문에 결정했습니다. 존재감 넘치는 화려한 색 ○○

유의어 ➡ ○○에 반하다, 거부할 수 없는 ○○, ○○가 결정적!

942 ○○이니까 ××가 이득

효과적인 사용법   이득인 이유를 설명하고 '추천'의 의미를 조합하여 표현한다.

예
- ▶ 산지 직송이니까 신선한 채소가 이득! 신선한 채소를 식탁에 바로
- ▶ 본격 프렌치 식당이니까 코스가 이득! 셰프가 자랑하는 ○○
- ▶ 막 구웠으니까 지금이 이득! 식기 전 가장 맛있을 때 드세요

유의어 ➡ ○○이니까 ××가 편하다, ○○이니까 ××를 추천, ○○이니까 이것

943 ○○를 빼놓을 수 없다

효과적인 사용법   어떤 요소에 대해 '빼면 엄청난 손해이므로 이것만큼은 있어야 한다'라는 인상을 어필한다.

예
- ▶ 지금은 이 컬러를 빼놓을 수 없다! 트렌드를 철저히 분석한 ○○
- ▶ 건강해지고 싶다면 콩을 빼놓을 수 없다! 콩으로 만든 ○○
- ▶ 유기농 채소를 빼놓을 수 없다! 몸이 정화되는 ○○

유의어 ➡ ○○만큼은 필독, 필수 ○○, ○○를 빼놓고 말할 수 없다

944 ○○에 최고의 파트너!

효과적인 사용법   대상을 명확하게 좁힌 표현과 조합하여 '대상'이 추구하는 바를 어필한다.

예
- ▶ 아이를 키우는 엄마에게 최고의 파트너! 집안일이 즐거워지는 ○○
- ▶ 다이어트에 최고의 파트너! 식이섬유가 풍부한 ○○
- ▶ 혼자 떠나는 여행에 최고의 파트너! 혼자라도 안심하고 즐길 수 있는 ○○

유의어 ➡ ○○ 믿을 만한 동반자, ○○ 프렌즈, ○○ 대책에는 ××

945 ○○의 첫 스텝

효과적인 사용법   '어떤 일을 할 때의 필수적인 기본 단계'라는 의미를 전한다.

예
- ▶ 내추럴 메이크업의 첫 스텝! 자연스러운 느낌을 살린 ○○
- ▶ 집에서 만드는 자장면의 첫 스텝! 춘장을 고르는 법은?
- ▶ 아이에게 책 읽어주기 첫 스텝! 옆에 앉아서 가장 먼저 해야 하는 일

유의어 ➡ ○○의 첫걸음, ○○의 기본 스텝, ○○의 기초

946 ○○가 이 정도는 돼야지!

효과적인 사용법 대화 중에 나올 법한 표현을 활용하여 자연스럽게 추천하고자 하는 바를 전달한다.

예
- ▶ 온천이 이 정도는 돼야지! 온천에 진심인 ○○
- ▶ 밸런타인데이가 이 정도는 돼야지! 1년에 한 번이니까 ○○
- ▶ 출퇴근용 가방이 이 정도는 돼야지! 기능뿐만 아니라 디자인도 딱!

유의어 ➡ 역시 ○○는 ××야!, ○○라면 뭐니 뭐니 해도 ××지

947 ○○는 이제 상식

효과적인 사용법 목표로 삼고자 하는 것을 추천하고 싶을 때 그것이 '당연한 것'임을 전하여 행동을 촉구한다.

예
- ▶ 남성 스킨 케어는 이제 상식! 나중에 후회하지 않고 싶다면 ○○
- ▶ 일상 영어 회화는 이제 상식! 한정된 비즈니스 회화만으로는 부족하다
- ▶ 소식은 이제 상식! 식생활 개선을 위한 ○○

유의어 ➡ ○○가 정답, ○○는 당연, ○○가 요령

948 ○○도 극찬

효과적인 사용법 '유명인이나 연예인이 칭찬한 것'이라는 표현으로 추천을 강하게 어필한다.

예
- ▶ 인기 모델도 극찬! 여성스러움을 강조한 다기능 파우치 ○○
- ▶ 프로 선수도 극찬! 기능성 탁월한 스포츠웨어 등장!
- ▶ 유명 작가도 극찬! 지인들에게 반드시 소개하고 싶은 ○○

유의어 ➡ ○○도 절찬, ○○도 칭송, 아무리 칭찬해도 아깝지 않은 ○○

949 질리지 않는 ○○

효과적인 사용법 오래 애용할 수 있다는 의미를 전하면서 자연스럽게 추천한다.

예
- ▶ 오래 살아도 질리지 않는 편리한 초역세권 집! 어디든 사통팔달!
- ▶ 질리지 않는 디자인이 최고! 오랫동안 애용하는 ○○
- ▶ 맛이 진해도 질리지 않는 맛! 오랫동안 우려낸 ○○

유의어 ➡ 식상하지 않은 ○○, 물리지 않는 ○○, 애용하는 ○○

950 당신의 ○○ 인생을 도와드립니다

효과적인 사용법 어떤 분야에 오랫동안 도움 되는 것임을 표현하고 친근한 느낌을 살려 추천한다.

예
- ▶ 가족과 함께하는 인생을 더욱 단단하게 도와드립니다! 가족 모두가 지내는 대형 ○○
- ▶ 당신의 독신 인생을 도와드립니다! 쾌적한 싱글 라이프는 ○○
- ▶ 당신의 비즈니스 인생을 도와드립니다! 근로 시간을 가장 잘 활용하는 법 ○○

유의어 ➡ 생활에 도움이 되는 ○○, 당신의 ○○를 서포트, ○○ 생활을 응원

951 강추 ○○

효과적인 사용법 강력하게 추천한다는 말을 직접적으로 사용하여 짧고 임팩트 있게 시선을 끈다.

예
- ▶ 봄철 강추 여행지! 봄바람을 느낄 수 있는 남쪽으로
- ▶ 가성비 강추 스테이크! 정육업자 직영 ○○
- ▶ 셀럽 강추 수입 가구! 세련된 분위기 ○○

유의어 ➡ 더할 나위 없는 ○○, 강력 추천 ○○, 역시 ○○다

952 지금 꼭 사야 할 ○○

효과적인 사용법 '지금 구매해야 한다'라는 의미를 단도직입적으로 표현한다.

예
- ▶ 지금 꼭 사야 할 패밀리 카는 바로 이것! 4인 가족 기준 최적의 모델 ○○
- ▶ 지금 꼭 사야 할 패딩의 3가지 비밀! 첫 번째는 ○○
- ▶ 지금 꼭 사야 할 노트북! 성능과 무게를 동시에 잡은 ○○

유의어 ➡ 당장 사야 할 ○○, 반드시 사야 할 ○○, 안 사면 후회합니다

953 지금 ○○하고 싶은 ××

효과적인 사용법 '현시점에서 가장 추천하는 것'이라는 의미를 담아 강조한다.

예
- ▶ 지금 반드시 입어보고 싶은 컬러! 화창한 봄날에 어울리는 ○○
- ▶ 지금 떠나고 싶은 여행지! 눈 내리는 바다를 보면서 잊지 못할 추억을
- ▶ 지금 꼭 체크하고 싶은 패션! 전직 모델이 강의하는 ○○

유의어 ➡ 당장 ○○하고 싶다, 지금 해야 할 ○○, 바로 지금이 ○○

954 추천 ○○

효과적인 사용법 추천하고 싶은 것을 '카테고리나 종류를 나타내는 말'과 조합하여 직접적으로 표현한다.

예
- ▶ 제 추천 아이템은? 마음에 드는 아이템만 쏙쏙 골라 당신에게 ○○
- ▶ 스태프 추천 굿즈! 자꾸만 손이 가는 ○○
- ▶ 셰프 추천 메뉴! 오늘 갓 들어온 신선한 재료로 요리한 ○○

유의어 ➡ ○○가 정답, ○○ 강추, ○○를 추천합니다

955 같은 고민을 하는 ○○

효과적인 사용법 어떤 고민에 대해 '그 고민을 하는 사람이기 때문에 추천할 수 있다'라는 의미를 표현하여 동질감을 자극하고 관심을 보이도록 어필한다.

예
- ▶ 같은 고민을 하는 부모로서 아토피에는 이것을 추천합니다!
- ▶ 여러분과 같은 고민을 하는 제게는 이 방법이 다이어트로 딱 ○○
- ▶ 같은 고민을 하는 직장인이므로 이 자격증을 추천합니다!

유의어 ➡ 같은 경험을 했던 ○○, 저도 했던 고민이므로 ○○

956 ○○ 현명한 선택

효과적인 사용법 '그 선택이야말로 가장 합리적인 선택'이라는 의미를 표현하여 구체적인 내용에 흥미를 보이도록 유도한다.

예
- ▶ 프로와 상담한 후 결정하는 것이 현명한 선택! 신용할 수 있는 전문가 ○○
- ▶ 당신이 그 회사를 고른 것은 현명한 선택! 많은 사람이 찾는 ○○
- ▶ 실패하지 않기 위한 현명한 선택! 모두가 좋아서 선택한 인기의 ○○

유의어 ➡ ○○ 굿 초이스, ○○ 올바른 선택, ○○ 탁월한 선택

957 찾던 게 딱 ○○

효과적인 사용법 '줄곧 바라고 찾던 것이 이것이다'라는 의미를 표현하여 관심을 보이도록 유도한다.

예
- ▶ 찾던 게 딱 이런 상품! 바쁜 아침에도 영양소를 골고루 ○○
- ▶ 찾던 게 딱 이거였어! 민감한 피부에도 자극 없이 ○○
- ▶ 찾던 게 딱 이런 집! 마당이 딸린 ○○

유의어 ➡ 당신의 조건에 맞는 ○○, 줄곧 바라던 것은 ○○

958 괜찮아! 더 ○○해질 테니까!

효과적인 사용법 '이 상품을 사용하면 더 이상적인 모습에 가까워진다'라는 의미로 긍정적인 미래와 안심감을 어필한다.

예
- ▶ 포기하지 않아도 괜찮아! 더 예뻐질 테니까! 오늘부터 시작하는 ○○
- ▶ 괜찮아! 더 날씬해질 테니까! 유산소 운동을 하면서 효과적인 지방 연소
- ▶ 괜찮아! 더 뽀얘질 테니까! 지친 피부를 미백 피부로 ○○

유의어 ➡ 상관없어! 이제 ○○해질 테니까, 더 ○○해질 거야

959 아무리 생각해봐도 ○○가 정답이다

효과적인 사용법 '그 선택은 명백히 올바른 선택'이라는 의미를 단정적으로 말해서 임팩트를 주고 강하게 추천한다.

예
- ▶ 아무리 생각해봐도 온천 리조트가 정답이다! 설산이 펼쳐진 겨울에 즐기는 온천 ○○
- ▶ 아무리 생각해봐도 참기름이 정답이다! 고소한 풍미가 침을 고이게 만드는 ○○
- ▶ 아무리 생각해봐도 여기가 정답이다! 푸짐하지만 저렴한 ○○

유의어 ➡ 최종 결론은 ○○, 결국 ○○로 결정, 실패하지 않는 ○○

960 실사용자 입장에서 생각해보니 ○○

효과적인 사용법 어떤 상품을 추천하는 근거로 '실제 사용자 입장에서 사용했다'라는 의미를 활용하여 신뢰감을 준다.

예
- ▶ 실사용자 입장에서 생각해보니 이것! 정말로 추천하고 싶은 ○○
- ▶ 실사용자 입장에서 생각해보니 이만한 제품이 없다!
- ▶ 실사용자 입장에서 생각해보니 이것이 정답!

유의어 ➡ 실제로 써봤더니 ○○, 경험자 입장에서 생각했더니 ○○

961 매일 사용하는 ○○이니까

효과적인 사용법 매일 사용하는 것이니까 추천한다는 의미로 신뢰감을 어필한다.

예
- ▶ 매일 쓰는 칫솔이니까 하루라도 빨리 바꿔보세요!
- ▶ 매일 사용하는 스킨로션이니까! 섹시한 남자의 ○○
- ▶ 매일 사용하는 베개니까! 쾌적한 숙면 ○○

유의어 ➡ 평소 사용하는 ○○이니까, 일상 속 ○○이니까, 데일리 ○○

962 받으면 누구나 좋아하는 ○○

효과적인 사용법 받는 사람 입장에서 호불호 없이 좋은 평가를 줄 수 있다는 말을 추천의 의미로 활용한다.

예
- ▶ 받으면 누구나 좋아하는 산지 직송 채소! 신선함이 남다른 ○○
- ▶ 받으면 누구나 기뻐하는 고급 디저트! 엄선한 소재와 절제된 달콤함 ○○
- ▶ 받으면 누구나 기분 좋은 액세서리! 어떤 옷과도 잘 어울리는 ○○

유의어 ➡ 선물하기 좋은 ○○, 호불호가 없는 ○○

963 이유 불문하고 ○○

효과적인 사용법 '이유가 무엇이든 항상 추천하고 싶은 것'이라는 의미로 강하게 표현하여 관심을 보이도록 유도한다.

예
- ▶ 이유 불문하고 이게 가장 좋다! 아무리 고민해봐도 이만한 제품은 없다!
- ▶ 이유 불문하고 선택! 군더더기 없는 깔끔한 디자인의 ○○
- ▶ 이유 불문하고 건강만 추구한다! 원료부터 남다른 ○○

유의어 ➡ ○○라면 바로 이것!, 두말할 필요 없이 ○○, 더할 나위 없는 ○○

964 우리가 선택한 ○○

효과적인 사용법 가까운 주변인인 '우리'가 선택한 것이므로 안심해도 된다는 의미를 전하여 추천한다.

예
- ▶ 우리가 선택한 최적 다이어트 아이템! 실제 사용해보고 알게 된 ○○
- ▶ 우리가 선택한 추천 기프트! 드리는 분의 정성이 그대로 ○○
- ▶ 전문가인 우리가 선택한 손목시계! 평생 함께할 ○○

유의어 ➡ ○○가 픽업, ○○의 애용품, 내돈내산 ○○

965 나만의 최애템!

효과적인 사용법 '평소에 자신이 정말로 좋아하는 것'이라는 의미로 개인적인 맞춤형 추천임을 강조하여 어필한다.

예
- ▶ 나만의 최애템! 계속 사용하는 데는 이유가 있다!
- ▶ 나만의 최애템! 자신 있게 추천하는 ○○
- ▶ 나만의 최애템! 이것을 선택하지 않으면 정말로 후회합니다!

유의어 ➡ 내가 선택한 ○○, 나만 아는 ○○, 자신 있게 권하는 ○○

행동 유도하기

고객과 커뮤니케이션을 하는 가장 큰 목적은 고객의 행동을 유발하는 것이다. '구매', '신청', '방문' 등 고객에게 바라는 행동을 구체적으로 지시하여 행동을 유발해보자.

---

966 ○○하라!

효과적인 사용법 명령조로 시선을 끌고 행동을 어필한다.

예
- ▶ 눈치 보지 말고 게임하라! 아이부터 어른까지 즐길 수 있는 ○○
- ▶ 제철 음식을 맛봐라! 산지 직송의 신선한 재료 ○○
- ▶ 마음껏 여행하라! 연휴를 이용해 즐길 수 있는 근교 ○○

유의어 ➡ ○○하자!, ○○를 즐겨라!, ○○해보자!

967 ○○하지 마세요

효과적인 사용법 '○○하지 마세요'라는 표현으로 어떤 행동을 하면 손해라는 인상을 전하여 시선을 끌고 반대의 행동을 유발한다.

예
- ▶ 후회하지 마세요! 매일 사용해야 하는 제품이니만큼 신중히 고른 ○○
- ▶ 잘못 구매하고 손해 보지 마세요! 잘 알아보고 결정하자
- ▶ 시간을 낭비하지 마세요! 올바른 선택을 하려면 먼저 알아야 할 것

유의어 ➡ ○○하지 말라!, ○○하지 않도록!, ○○하지 말자!

968　○○해보면 알 수 있습니다

효과적인 사용법　기대감을 심어주고 목표로 하는 행동을 유발하기 위해 '그 행동을 하면 이상적인 결과를 얻을 수 있다'라는 표현을 사용한다.

예
- ▶ 한 번만 지내보면 알 수 있습니다! 안락하게 쉴 수 있는 호텔 ○○
- ▶ 체험해보면 알 수 있습니다! 무료 행사 진행 중!
- ▶ 샘플을 사용해보면 알 수 있습니다! 효과가 없다면 전액 환불!

유의어 ➡ ○○해보면 이해할 수 있습니다, ○○해보면 납득할 수 있습니다

969　○○로 한판 승부!

효과적인 사용법　어떤 행동으로 유도하기 위해 '○○로 한판 승부!'라는 기합을 넣어 관심을 보이도록 임팩트 있게 어필한다.

예
- ▶ 매일 밤 격렬한 크로스핏으로 한판 승부! 단시간에 운동 효과 극대화 ○○
- ▶ 아름다운 야경 데이트로 한판 승부! 특별한 날 특별한 사람과 보내는 ○○
- ▶ 매일 아침 5분으로 한판 승부! 바쁜 아침 시간 식사 준비는 ○○

유의어 ➡ ○○로 도전!, ○○로 승부!, ○○ 화이팅!

970　○○로 검색해보세요

효과적인 사용법　판매로 이어지는 키워드를 인터넷에서 검색하도록 유도하고 싶을 때 직접적으로 어필한다.

예
- ▶ 지금 바로 이 키워드로 검색해보세요. 무료 샘플 증정 ○○
- ▶ '○○'로 검색해보세요! 현재 배송비 무료 ○○
- ▶ '황금의 ○○'로 검색해보세요! 첫 신청 한정 반값 ○○

유의어 ➡ ○○로 조사해보세요, ○○로 검색!, 검색해보시겠다면 '○○'로

971　○○라고 말씀해주세요

효과적인 사용법　명칭을 기억하길 바랄 때나 상품을 선택할 때 구체적인 명칭과 내용을 언급하도록 유도한다.

예
- ▶ '빨간 포장 안약'이라고 말씀해주세요! 빨간색 표시의 ○○
- ▶ '상품명 ○○'라고 말씀해주세요! 지금 세일 중!
- ▶ '담당자명 ○○'라고 말씀해주세요! 친절한 스태프가 처음부터 끝까지 응대 ○○

유의어 ➡ ○○라고 언급해주세요, ○○를 기억하세요, ○○라고 주문해주세요

972　○○에 주목

효과적인 사용법　어떤 요소에 관심을 보이도록 직접적으로 표현한 다음 그 내용까지 자연스럽게 어필한다.

예
- ▶ 콩의 새로운 성분에 주목! 최신 연구 결과 콩에 함유된 성분의 비밀 공개
- ▶ 지금 20대 여성의 유행 아이템에 주목! 선풍적인 인기를 끄는 ○○
- ▶ 넓은 실내 공간에 주목! 동급 최강의 개방감 ○○

유의어 ➡ ○○를 봐주세요, ○○에 집중, 여기를 봐주세요!

973　**이번 기회에!**

효과적인 사용법　'어떤 내용(상황·조건)이 절호의 기회이므로 꼭 행동하기를 바란다'라는 의미를 전하기 위해 '이번 기회에'라는 표현을 활용한다.

예
- ▶ 반드시 이번 기회에! 지금 테스트 캠페인 개최 중!
- ▶ 선착순 100명 한정! 이번 기회에 여러분도 마련해보세요
- ▶ 특판 중! 이번 기회에! 구매하신 모든 분께 혜택 제공

유의어 ➡ 이번 기회에 이용해보세요, 이번 찬스를 놓치지 마세요

974　○○ **모드로 전환**

효과적인 사용법　가벼운 인상으로 기분 전환하기를 바랄 때 그 기분을 '모드'라는 말로 표현하여 어필한다.

예
- ▶ 진심 모드로 전환! 기초부터 차근차근 배우는 ○○
- ▶ 큐티 모드로 전환! 사랑스러운 아이템으로 꾸며보는 ○○
- ▶ 힐링 모드로 전환! 대자연 속에서 자연주의 요리를 즐긴다

유의어 ➡ 마음가짐을 ○○로 바꾸자, ○○로 돌아가자, ○○로 기분전환

975　○○를 체험해보자

효과적인 사용법　흔히 할 수 없는 귀중한 체험(경험)에 도전해보기를 권하기 위해 직접적으로 어필한다.

예
- ▶ 새로운 원료를 체험해보자! 촉감이 현저하게 다름을 실감할 수 있다!
- ▶ 진짜 이탈리안 요리를 체험해보자! 이탈리아에서 온 셰프와 재료
- ▶ 강렬한 스피드를 체험해보자! 시원하게 앞질러 가는 쾌적함 ○○

유의어 ➡ ○○를 실감해보자, ○○를 체감해보자, ○○를 경험해보자

976 ○○를 찾아보자

효과적인 사용법 어떤 중요한 요소를 스스로 찾아 결정하는 등의 적극적 행동을 유도할 때 '○○를 찾아보자'라는 직접적인 표현으로 어필한다.

예
- ▶ 정말로 좋은 것을 찾아보자! 점원도 고개를 끄덕이는 ○○
- ▶ 자신에게 안성맞춤인 아이템을 찾아보자! 센스가 느껴지는 ○○
- ▶ 바로 근처의 행복을 찾아보자! 온 가족이 모여 웃고 떠드는 공간 ○○

유의어 ➡ ○○를 발견해보자, 좋아하는 ○○를 고르자, 자! 무엇이 좋을까?

977 가자! ○○

효과적인 사용법 행동을 유발하는 계기를 만들기 위해 단순하고 임팩트 강한 표현으로 어필한다.

예
- ▶ 가자! 힐링 리조트! 일상을 잊고 온 가족이 모여 즐기는 ○○
- ▶ 가자! 모델 하우스! 오셔서 최신식 구조의 아파트를 직접 확인하세요
- ▶ 가자! 라스트 세일! 더 늦기 전에 올해 마지막 할인 행사 ○○

유의어 ➡ GO! ○○, 놓치지 말자 ○○, ○○를 신청하자!

978 지금이 결단할 때

효과적인 사용법 어떤 것을 결정하길 바랄 때 결단할 '타이밍'을 강조하여 즉각적인 행동을 유발하도록 어필한다.

예
- ▶ 지금이 결단할 때! 인기 아이템 선착순 구매 ○○
- ▶ 자! 지금이 결단할 때! 천천히 살펴보시고 무엇이든 물어보세요!
- ▶ 지금이 결단할 때! 망설이면 손해! 마지막 찬스를 잡아라 ○○

유의어 ➡ 바로 결정해주세요, 지금이 결정할 때입니다, 결정은 바로 지금!

979 지금이 타이밍!

효과적인 사용법 '지금 당장 구매하는 것이 이득이다'라는 의미로 실제 구매 행동으로 이어지게 어필한다.

예
- ▶ 지금이 타이밍! 상세 정보부터 신청해보세요!
- ▶ 사실 지금이 타이밍! 기다릴 시간이 얼마 남지 않았습니다!
- ▶ 지금이 타이밍! 사은품 제공은 이번 달 말일까지!

유의어 ➡ 바로 구매할 때, 구매할 때는 지금, 지금이 적기

980　지금 바로 ○○

효과적인 사용법　목표로 하는 행동을 어필하는 말과 '지금 바로'라는 계기를 주는 말을 조합하여 바로 행동하도록 유도한다.

예
- ▶ 지금 바로 구매하세요! 남은 재고는 이제 소량입니다!
- ▶ 지금 바로 신청하세요! 무료 상담 ○○
- ▶ 지금 바로 사용해보세요! 가치를 느낄 수 있는 기회입니다!

유의어 ➡ 빨리 ○○, 지금부터 ○○, 늦기 전에 ○○, 곧장 ○○

981　서두르세요!

효과적인 사용법　'목표로 하는 행동이나 선택을 나타내는 말'에 '서두르세요!'라는 행동을 권하는 표현을 조합하여 초조함을 자극한다.

예
- ▶ 서두르세요! 지금 전 제품 반값 특별 세일 중입니다!
- ▶ 서두르세요! 선착순 사은품이 없어지기 전에 지금 바로
- ▶ 서두르세요! 오늘밤 9시까지 신청하시는 분 한정 ○○

유의어 ➡ 전화하세요!, 방문하세요!, 신청하세요!

982　놓치지 마세요!

효과적인 사용법　'어떤 행동을 하지 않으면 손해다'라는 인상을 주면서 바라는 행동을 하도록 유도한다.

예
- ▶ 오늘 이 기회를 절대 놓치지 마세요! 지금 당장 전화하세요 ○○
- ▶ 놓치지 마세요! 이 구성으로 이런 가격은 두 번 다시 없습니다 ○○
- ▶ 놓치지 마세요! 이 제품을 구매할 수 있는 찬스는 지금밖에 없습니다!

유의어 ➡ 이것만큼은 놓치지 말자, 필독!, 놓칠 수 없는 찬스

983　반드시 확인하세요

효과적인 사용법　어떤 내용에 좀 더 관심을 보이도록 하거나 진지하게 검토하기를 바랄 때 직접적으로 '반드시 확인하세요'라고 강하게 어필한다.

예
- ▶ 반드시 확인하세요! 놓치시면 후회합니다!
- ▶ 반드시 확인하세요! 모든 분께 드리는 특별한 ○○
- ▶ 세일 중! 반드시 확인하세요! 방문만 해도 할인 대상!

유의어 ➡ 반드시 읽어주세요, 반드시 기억하세요

984 변하고 싶다면 바로 지금

효과적인 사용법 현재 상황에서 변화나 새로운 도전을 결단하길 바랄 때 '타이밍'을 상기시켜 감정적으로 어필한다.

예
- ▶ 변하고 싶다면 바로 지금! 모처럼의 기회를 날리지 마세요!
- ▶ 자! 변하고 싶다면 바로 지금입니다! 내일 시작해서 여름이 오기 전까지 ○○
- ▶ 변하고 싶다면 바로 지금! 새로운 마음으로 다시 시작하는 ○○

유의어 ➡ 결심했다면 지금!, 지금이야말로 바뀔 때, 지금 하지 않으면?

985 자! ○○

효과적인 사용법 어떤 행동을 위한 '마지막 다짐'을 하도록 '자!'라는 감탄사를 활용하여 어필한다.

예
- ▶ 자! 지금 시작하자! 실제로 사용해봐야 실감할 수 있다!
- ▶ 자! 해보자! 직접 해보면 그 가치를 실감할 수 있는 ○○
- ▶ 자! 힘내보자! 아름다운 몸매를 위해 지금은 견뎌야 할 때 ○○

유의어 ➡ 그럼 ○○, 이제 ○○, 헤이! ○○, 아자! ○○, ○○ 파이팅!

986 느껴보세요

효과적인 사용법 어떤 감각을 체험해보길 바랄 때나 이상적인 요소를 느껴보기를 바랄 때 '느껴보세요'라는 직접적인 표현을 활용하여 행동하도록 어필한다.

예
- ▶ 이 감촉을 느껴보세요! 마치 실크를 만지는 듯한 ○○
- ▶ 이 맛을 느껴보세요! 신선한 재료로 원재료 본연의 맛을 재현한 ○○
- ▶ 오감으로 느껴보세요! 대자연 속 전원주택은 ○○

유의어 ➡ 체감해보세요, 경험해보세요, 꼭 ○○를 느껴주세요

987 자신에게 주는 선물

효과적인 사용법 고가의 제품이나 평소에 쉽게 구매하지 못할 만한 것에 '자신에게 주는 선물'이라는 감정적인 계기를 일깨워 구매를 유도한다.

예
- ▶ 오늘은 자신에게 주는 선물! 한 해 동안 애쓴 나에게 주는 귀여운 ○○
- ▶ 자신에게 주는 선물! 평소와는 다른 분위기를 느낄 수 있는 곳 ○○
- ▶ 자신에게 주는 선물! 가끔은 여자들끼리 고급 레스토랑에서 셀럽의 하루를

유의어 ➡ 자신에게 주는 선물은 ○○, 내게 주는 선물, 자신에 대한 투자

988 모르면 안 된다

효과적인 사용법　임팩트 있는 표현으로 주의를 환기하고 관심을 보이도록 어필한다. 자신도 모르게 행동에 나서게 하는 효과가 있다.

예
- ▶ 절대 모르면 안 된다! 반드시 체크해야 할 ○○
- ▶ 모르면 안 된다! 지금 바로 확인하지 않으면 비상!
- ▶ 모르면 안 된다! 여러분의 행복을 좌우하는 ○○

유의어 ➡ 반드시 알아야 할 ○○, 필독!, 주의!

989 제2의 인생을 ○○하자

효과적인 사용법　'인생의 다음 단계 또는 큰 전환 시기'임을 의식시켜 기존과 다른 새로운 행동을 하도록 유도한다.

예
- ▶ 제2의 인생을 만끽하자! 보다 즐거운 인생을 ○○
- ▶ 당신의 제2의 인생을 빛내보자! 남은 시간을 가장 즐겁게 보내는 법
- ▶ 제2의 인생을 즐기자! 지금이라도 늦지 않은 ○○

유의어 ➡ 인생의 다음 스테이지를 ○○하자, 새로운 인생을 ○○하자

990 반드시 확인하세요

효과적인 사용법　어떤 내용에 대해 (재)확인하기를 바라거나 제대로 읽어보기를 바랄 때 사용한다. 행동을 유발하는 효과가 있다.

예
- ▶ 당신의 눈으로 반드시 확인하세요! 넓은 공간과 안락함!
- ▶ 반드시 확인하세요! 이 작은 차이가 진품임을 증명합니다
- ▶ 반드시 확인하세요! 압도적인 시설을 자랑하는 ○○

유의어 ➡ 천천히 확인해주세요, 확인해야 합니다, 반드시 살펴보세요

991 ○○ 체크!

효과적인 사용법　어떤 내용을 확인 또는 주목시킬 때 사용한다. 주목시킨 후 목표하는 행동을 하도록 유도한다.

예
- ▶ 최종 체크! 올해 마지막 겨울 세일은 ○○
- ▶ 체크! 캠페인 정보를 가장 빨리 알 수 있는 ○○
- ▶ 당신의 눈으로 체크! 프로가 엄선한 식재료로 맛을 낸 ○○

유의어 ➡ ○○ CHECK!, ○○를 주목!, ○○를 주목하세요!

992 초간단 신청

효과적인 사용법 수속이 간단하다는 점을 어필하여 부담 없이 신청하도록 유도한다.

예
- ▶ 초간단 신청이니 안심하세요! 전문 상담사 바로 연결 ○○
- ▶ 초간단 신청! 지금 바로 전화주세요! 통화료도 무료!
- ▶ 스마트폰으로 초간단 신청! 메일만 보내시면 즉시 완료 ○○

유의어 ➡ 신청은 간단!, 손쉬운 신청, 간편하게 신청할 수 있습니다

993 다음은 당신의 ○○입니다

효과적인 사용법 자신의 행동이나 내면을 돌아보게 해서 바라는 행동을 유도한다.

예
- ▶ 다음은 당신 차례입니다! 빛나는 피부를 바란다면 ○○
- ▶ 다음은 당신의 결심입니다! 정말 필요한 것은 ○○
- ▶ 다음은 바로 당신의 순서입니다! 우선순위 0순위로 처리 ○○

유의어 ➡ 다음은 당신!, 다음은 당신이 ○○, 다음은 당신이 ○○할 때입니다

994 오늘부터 시작하자

효과적인 사용법 어떤 행동의 개시를 어필할 때 '오늘부터 시작'이라는 직접적인 표현으로 같은 행동을 하도록 유도한다.

예
- ▶ 오늘부터 건강한 생활을 시작하자! 매일 아침의 습관 ○○
- ▶ 오늘부터 시작하자, 미래를 위한 투자! 실력을 키우려면 ○○
- ▶ 오늘부터 시작하자, 건강한 채식 생활! 몸에 필요한 영양소를 균형 섭취

유의어 ➡ 시작해봅시다, ○○를 시작해보시겠습니까?, ○○ 스타트

995 만일을 대비해 ○○

효과적인 사용법 앞으로 일어날지도 모르는 것에 대한 위기감과 불안감을 자극하여 바라는 행동으로 대비하기를 유도한다.

예
- ▶ 만일을 대비해 지금부터 케어! 피부 트러블을 줄여서 지금의 동안을 유지하자
- ▶ 만일을 대비해 바로 신청! 지금부터도 늦지 않은 ○○
- ▶ 만일을 대비해 지금부터 준비하자! 긴급 시 ○○

유의어 ➡ 만일의 사태에 대비해 ○○, 혹시 모를 일에 대비해 ○○

996   일단 ○○에 접속

효과적인 사용법   인터넷에서 특정 페이지로 유도하고 싶을 때 '일단'이라는 말로 시선을 끌고 바라는 내용을 구체적으로 표현한다.

예
- ▶ 일단 홈페이지에 접속! 미공개 특가 정보 ○○
- ▶ 일단 캠페인 페이지에 접속! 회원 등록하시면 즉시 제공 ○○
- ▶ 일단 사이트에 접속! 보다 상세한 정보를 지금 바로 확인할 수 있습니다!

유의어 ➡ 일단 ○○를 보세요, 일단 ○○로 방문

---

997   모두가 ○○ 합니다

효과적인 사용법   '대다수가 같은 행동을 한다'라는 의미를 전달하여 바라는 행동으로 자연스럽게 유도한다.

예
- ▶ 모두가 올바른 선택을 합니다! 천천히 비교한 뒤에 고른 ○○
- ▶ 모두가 계속 이용합니다! 오랫동안 이용 가능한 비결은 ○○
- ▶ 모두가 안심합니다! 친절한 전문 스태프가 24시간 문의 대기 중

유의어 ➡ 모두가 ○○한다, 많은 분이 ○○하고 있습니다, 전원이 ○○한다

---

998   노려라! ○○

효과적인 사용법   이상적인 모습을 떠올리게 하는 말과 '노려라!'라는 말을 조합하여 임팩트와 함께 감정에 호소하고 바라는 행동을 하도록 유도한다.

예
- ▶ 노려라! 나이스한 몸매! 여름이 오기 전에 끝내는 ○○
- ▶ 노려라! 200년은 거뜬한 목조 주택! 자재부터 다른 ○○
- ▶ 노려라! 남자의 마음을 사로잡는 매력적인 입술! 촉촉하게 빛나는 ○○

유의어 ➡ 목표! ○○, ○○가 되자!, 반드시 ○○가 될 거야, ○○를 노려라

---

999   용기를 내서 ○○

효과적인 사용법   어떤 행동을 하기 전 용기나 다짐이 필요할 때 계기를 줄 수 있는 표현으로 목표하는 행동을 하도록 유도한다.

예
- ▶ 용기를 내서 실천해보자! 앞으로의 인생은 자기 손으로 ○○
- ▶ 용기를 내서 도전! 빛나는 자신의 모습을 상상하라 ○○
- ▶ 용기를 내서 선택하자! 절대 후회 없는 ○○

유의어 ➡ 용기를 갖고 ○○, 마음을 다잡고 ○○, 지금이야말로 ○○해보자

1000 잘 읽어보세요

효과적인 사용법   어떤 내용에 대한 관심과 접근성을 높이기 위해 직접적으로 어필한다.

예
▶ 내용을 잘 읽어보세요! 그리고 잘 생각해보세요!
▶ 잘 읽어보세요! 남다른 가치를 확인해보세요!
▶ 잘 읽어보시고 가능한 한 빨리 문의해주세요!

유의어 ➡ 천천히 읽어보세요, 천천히 음미해보세요, 정독해주세요

카피 키워드

한눈에 모아보기

신규성(새로움) 어필하기

○○의 최전선에서 ▶14쪽, ○○라는 새로운 원칙을 세우다 ▶14쪽, ○○년 뒤를(앞을) ××한다 ▶15쪽, ○○의 혁명 ▶15쪽, ○○의 기준을 바꾸다 ▶15쪽, ○○의 끝 ▶15쪽, ○○의 새로운 상식 ▶16쪽, ○○ 첫 ×× ▶16쪽, ○○를 쇄신하다 ▶16쪽, 새로운 ○○ 스타일 ▶16쪽, 한 걸음 앞선 ○○ ▶17쪽, 지금까지 없었던 ○○ ▶17쪽, 획기적인 ○○ ▶17쪽, 미래를 ××하는 ○○ ▶17쪽, 최신 ○○ ▶18쪽, 참신한 ○○ ▶18쪽, 신○○ ▶18쪽, 진화한 ○○ ▶18쪽, 신감각 ○○ ▶19쪽, 새 시대의/신시대의 ○○ ▶19쪽, 선공개 ○○ ▶19쪽, 선진 ○○ ▶19쪽, ○○ 개혁 ▶20쪽, ○○ 등장 ▶20쪽

역사·전통·오래됨 어필하기

(유명한 지명) 명가 ▶21쪽, ○○가 사랑한 ▶21쪽, ○○로 명성 높은 ▶22쪽, ○○년 ▶22쪽, ○○의 세계로 초대합니다 ▶22쪽, ○○의 고장에서 태어난 ▶22쪽, ○○의 성 ▶23쪽, ○○ 반세기 ▶23쪽, ○○ 열전 ▶23쪽, ○○를 아로새긴 ▶23쪽, 그때 그 ○○가 돌아왔다 ▶24쪽, 오랫동안 사랑받아온 ○○ ▶24쪽, 영원한 스테디 ○○ ▶24쪽, 불멸의 ○○ ▶24쪽, 관록의 ○○ ▶25쪽, 세대를 넘어 사랑받는 ○○ ▶25쪽, 천년의 ○○ ▶25쪽, 창업 이래 ○○ ▶25쪽, 축적해온 ○○ ▶26쪽, 전설의 ○○ ▶26쪽, 전통으로 다져진 ○○ ▶26쪽, 비법 ○○ ▶26쪽, 옛 ○○의 즐거움 ▶27쪽, 좋았던 그 시절의 ○○ ▶27쪽, 예스러운 ○○ ▶27쪽, 옛날이야기 속 무대 ○○ ▶27쪽, 유서 깊은 품격 ▶28쪽, 빈티지한 ○○ ▶28쪽, 역사에 남을 ○○ ▶28쪽, 레트로 ○○ ▶28쪽, 명품 ○○ ▶29쪽

높은 품질 어필하기

○○가 듬뿍! ▶30쪽, ○○가 프로듀스한 ▶30쪽, ○○하고 호화로운 시간 ▶31쪽, ○○급의 ×× ▶31쪽, ○○의 진가 ▶31쪽, ○○의 절묘한 밸런스 ▶31쪽, ○○의 장점을 살린 ▶32쪽, ○○의 기량이 스며든 ▶32쪽, ○○ 전문가가 ××한 ▶32쪽, ○○년 걸려서 ×× ▶32쪽, 맞춤 주문한 듯이 ○○ ▶33쪽, 일류 ○○ ▶33쪽, 평생 사용하는 ○○ ▶33쪽, 5성급 ○○ ▶33쪽, 이그제큐티브 ○○ ▶34쪽, ○○를 아낌없이 사용한 ▶34쪽, 빛나는 ○○ ▶34쪽, 신의 조화 ○○ ▶34쪽, 완성된 ○○ ▶35쪽, 고○○ ▶35쪽, 극상의 ○○ ▶35쪽, 상급 ○○ ▶35쪽, 장인이 만든 ○○ ▶36쪽, 수석 ○○ ▶36쪽, 사치스러운 ○○ ▶36쪽, 세계에서 통하는 ○○ ▶36쪽, 세련된 ○○ ▶37쪽, 그림의 떡이던 ○○ ▶37쪽, 확실한 품질 ▶37쪽, 달인도 울고 갈 ○○ ▶37쪽, 센스 넘치는 ○○ ▶38쪽, 더할 나위 없는 ○○ ▶38쪽, 프로가 알려주는 ○○ ▶38쪽, 엄격한 기준으로 ○○ ▶38쪽, 본고장 ○○의 맛을 ▶39쪽, 진짜 ○○ ▶39쪽, 백만장자가 ○○한 ▶39쪽, 여유로운 ○○ ▶39쪽

한정성·희소성 어필하기

○○ 한정 ▶ 40쪽, ○○에서 찾은 ××한 ▶ 40쪽, ○○에서만 손에 넣을 수 있는 ▶ 41쪽, ○○에서는 손에 넣을 수 없다 ▶ 41쪽, ○○ 비공개 ▶ 41쪽, 두 번 다시 손에 넣을 수 없는 ▶ 41쪽, 당신만의 ○○ ▶ 42쪽, 매진 ○○ ▶ 42쪽, 단골 한정 ▶ 42쪽, 가이드북에 없는 ○○ ▶ 42쪽, 한정 고객만을 위한 ○○ ▶ 43쪽, 수량 한정 ▶ 43쪽, 희소한 ○○ ▶ 43쪽, 긴급 ○○ ▶ 43쪽, 지역 특산 ○○ ▶ 44쪽, 두 번 다시 ○○없는 ▶ 44쪽, 덕후 ○○ ▶ 44쪽, 재고 소량 ▶ 44쪽, 재등장! ▶ 45쪽, 신비한 ○○ ▶ 45쪽, 세상에 하나뿐인 ○○ ▶ 45쪽, 유례없는 ○○ ▶ 45쪽, 특수 경로로 ○○ ▶ 46쪽, 특별 기념판 ▶ 46쪽, 국내 미발매! ▶ 46쪽, 레어템 ▶ 46쪽, 재고 소진 임박 ▶ 47쪽, 선착순 ▶ 47쪽, 파이널 ○○ ▶ 47쪽, 뜻밖의 보물 ▶ 47쪽, 금일 한정 ○○ ▶ 48쪽, 환상 속 ○○ ▶ 48쪽, ○○ 드디어 확보 ▶ 48쪽, 컬트적 ○○ ▶ 48쪽, 초희귀 ▶ 49쪽

간편함·간단함·손쉬움 어필하기

○○한 순간 ×× ▶ 50쪽, ○○만 하면 ▶ 50쪽, ○○로 항상 ×× ▶ 51쪽, ○○ 요령은 이것! ▶ 51쪽, ○○ 직방(직빵) ▶ 51쪽, ○○ 간단히 마스터 ▶ 51쪽, ○○ 하나로 ×× ▶ 52쪽, ○○ 지름길 ▶ 52쪽, ○○분이면 익히는 ×× ▶ 52쪽, 10 ×× 가능 ▶ 52쪽, ○○ 자유자재 ▶ 53쪽, 언제 어디서나 ○○ ▶ 53쪽, ○○법 전수 ▶ 53쪽, 생활 속 ○○ ▶ 53쪽, 콤팩트 ○○ ▶ 54쪽, 방구석에서 ○○ ▶ 54쪽, 곧바로 사용 ○○ ▶ 54쪽, 세상에서 가장 알기 쉬운 ○○ ▶ 54쪽, 속전속결 ○○ ▶ 55쪽, 누구라도 ○○ 달인 ▶ 55쪽, 누구보다 빨리 ○○ ▶ 55쪽, 몇 번이고 ○○ ▶ 55쪽, 자는 동안에 ○○ ▶ 56쪽, 첫 ○○ ▶ 56쪽, 편리한 ○○ ▶ 56쪽, 매일 ○○ ▶ 56쪽, 작심삼일인 사람도 할 수 있다 ▶ 57쪽, 저절로 ○○가 된다 ▶ 57쪽, 무리 없이 ○○ ▶ 57쪽, ○○ 간단 ▶ 57쪽, 우리 집처럼 ○○ ▶ 58쪽

신뢰감·안심감 어필하기

○○ 애용 ▶ 59쪽, ○○이니까 ××를 선택하고 싶다 ▶ 59쪽, ○○로 유명한 ▶ 60쪽, ○○ 증거 ▶ 60쪽, ○○ 도와드립니다! ▶ 60쪽, ○○ 실적 ▶ 60쪽, ○○ 스테디셀러 ▶ 61쪽, ○○ 보장 ▶ 61쪽, 팔리는 이유는 ○○ ▶ 61쪽, 여전히 선택받는 ○○ ▶ 61쪽, 클릭 한 번으로 ○○ ▶ 62쪽, 비교해도 결국은 ○○ 선택 ▶ 62쪽, 안심하세요! ▶ 62쪽, 실력 있는 ○○ ▶ 62쪽, 평생 ○○ ▶ 63쪽, 세계가 인정하는 ○○ ▶ 63쪽, 전문 스태프가 ○○ ▶ 63쪽, 확실하게 체감 ▶ 63쪽, 지역 밀착 ○○ ▶ 64쪽, 100% 지원 ▶ 64쪽, 부동의 인기 ▶ 64쪽, 자존심과 명예를 걸고 ▶ 64쪽, 만족 ○○ 선언 ▶ 65쪽, 비교해보세요! ▶ 65쪽, ×××가 선택한 ○○ ▶ 65쪽

알림·깨달음 주기

○○가 ××할 때 ▶ 68쪽, ○○가 확실히 있다 ▶ 68쪽, ○○가 확 좋아진다 ▶ 69쪽, ○○가 중요 ▶ 69쪽, ○○ 문제없을까? ▶ 69쪽, ○○가 미래를 좌우한다 ▶ 69쪽, ○○해보고 인정 ▶ 70쪽, ○○하는 사람과 ○○하지 않는 사람 ▶ 70쪽, ○○하시면 좋습니다 ▶ 70쪽, ○○ 제로를 목표로 ▶ 70쪽, ○○ 정말인가요? ▶ 71쪽, ○○에서 대활약 ▶ 71쪽, ○○로 정했다 ▶ 71쪽, ○○로 승부 ▶ 71쪽, ○○ 괜찮나요? ▶ 72쪽, ○○에 필요한 ×× ▶ 72쪽, ○○라고 느낀다면 ▶ 72쪽, ○○라고 단정 짓지 말자 ▶ 72쪽, ○○라면 만사형통 ▶ 73쪽, ○○에 맡기세요 ▶ 73쪽, ○○라면 어떡하나요? ▶ 73쪽, ○○ 흥미 있나요? ▶ 73쪽, ○○는 안 될 거야 ▶ 74쪽, ○○에는 이유가 있다 ▶ 74쪽, ○○ 공지 ▶ 74쪽, ○○는 ××한다 ▶ 74쪽, ○○는 지금이다! ▶ 75쪽, ○○는 여기에 있다 ▶ 75쪽, ○○는 어떻게 될까? ▶ 75쪽, ○○는 불안하다 ▶ 75쪽, ○○ 주의 ▶ 76쪽, ○○를 응원합니다 ▶ 76쪽, ○○를 함께 나누자 ▶ 76쪽, ↓(화살표) ▶ 76쪽, 포기할 이유는 없다 ▶ 77쪽, 앗! ○○ ▶ 77쪽, 이런 게 있으면 좋겠어! ○○ ▶ 77쪽, 당신은 어느 쪽? ▶ 77쪽, 만일의 경우 ○○ ▶ 78쪽, 후회하지 않는 ○○ ▶ 78쪽, ○○ 웃는 얼굴을 위해 ▶ 78쪽, 대박 ○○ ▶ 78쪽, 이왕이면 ○○ ▶ 79쪽, ○○ 임박 ▶ 79쪽, 큰일 났어요! ▶ 79쪽, 이래서 ○○ ▶ 79쪽, 올바른 ○○ 아시나요? ▶ 80쪽, ○○란 말이야 ▶ 80쪽, 편리하다! ○○ ▶ 80쪽, 준비 완료! ○○ ▶ 80쪽, 왜 ○○ 못하죠? ▶ 81쪽, 무엇을 기준으로 선택하는가? ▶ 81쪽, 시작하자 ○○ 혁명 ▶ 81쪽, 설마 ○○ ▶ 81쪽, 아직 모르시나요? ▶ 82쪽, 아직 늦지 않은 ○○ ▶ 82쪽, 경험해보셨나요? ▶ 82쪽, 잊지 않았나요? ▶ 82쪽

제3자의 의견·고객의 평가 활용하기

○○가 보증한 ▶ 83쪽, ○○가 효과를 인정한 ×× ▶ 83쪽, ○○한 것은 역시 ×× ▶ 84쪽, ○○가 주목하는 ▶ 84쪽, ○○라고 들었어요 ▶ 84쪽, ○○로 알게 됐다. 원하는 ×× ▶ 84쪽, ○○와 ××의 조합이 최고! ▶ 85쪽, ○○라는 선택 ▶ 85쪽, ○○와는 전혀 다르다 ▶ 85쪽, ○○한 인상의 ×× ▶ 85쪽, ○○라는 말이 떠올라요 ▶ 86쪽, ○○에게 들어봤습니다! ▶ 86쪽, ○○로 결정해서 다행 ▶ 86쪽, ○○ 요긴하다 ▶ 86쪽, ○○의 말씀에 힘입어 ▶ 87쪽, ○○ 밸런스가 최고 ▶ 87쪽, ○○ 신비로움 ▶ 87쪽, ○○는 이제 옛말 ▶ 87쪽, ○○도 애용하는 ▶ 88쪽, 평생 쓰고 싶은 ○○ ▶ 88쪽, 칭찬의 목소리가 ○○ ▶ 88쪽, 고객이 몰리는 ○○ ▶ 88쪽, 몸도 기뻐하는 ○○ ▶ 89쪽, 결과에 깜짝! ▶ 89쪽, 이래 봬도 ○○입니다 ▶ 89쪽, 이것이 최애 포인트 ▶ 89쪽, 이런 ○○가 있었나? ▶ 90쪽, 세월이 느껴지지 않는 ○○ ▶ 90쪽, 그래! ○○에게 물어보자! ▶ 90쪽, 그래서 나는 선택했다 ▶ 90쪽, 편리함에 ○○한다 ▶ 91쪽, 사용해보니 좋았다 ▶ 91쪽, 모두에게 알리고 싶은 ○○ ▶ 91쪽, 역시 ○○가 없으면 안 돼 ▶ 91쪽

욕망·쾌감·희망 자극하기

○○ 향취의 ▶92쪽, ○○ 효과를 기대한다면? ▶92쪽, ○○ 완벽 복구 ▶93쪽, ○○ 하고 싶다 ▶93쪽, ○○ 하고 싶어진다 ▶93쪽, ○○ 만족할 수 없다 ▶93쪽, ○○하는 계절 ▶94쪽, ○○하길 바란다면 ▶94쪽, ○○도 급상승 ▶94쪽, ○○라는 말을 듣고 싶다 ▶94쪽, ○○한 생활을 동경해요 ▶95쪽, ○○한 인생을 보내고 싶다 ▶95쪽, ○○로 변신 ▶95쪽, ○○를 똑똑하게 써먹는 법 ▶95쪽, ○○ 이기자! ▶96쪽, ○○를 자극하는 ×× ▶96쪽, ○○를 만끽 ▶96쪽, ○○를 만든다 ▶96쪽, ○○ 독점 ▶97쪽, ○○ 되돌리자 ▶97쪽, ○○를 부추기는 ▶97쪽, 한번 해보고 싶었다 ▶97쪽, 동경하던 ○○가 궁금하다 ▶98쪽, 당신을 ○○하게 보여준다 ▶98쪽, 나이를 먹어도 ○○이고 싶다 ▶98쪽, 한 번 써보면 ○○ ▶98쪽, 언제까지나 ○○하고 싶다 ▶99쪽, 쾌감이 ○○ ▶99쪽, 쾌적한 ○○ ▶99쪽, 스릴이 느껴지는 ○○ ▶99쪽, 기분은 ○○ ▶100쪽, 작년과 전혀 다르다 ▶100쪽, 사랑에 빠질 정도로 ○○ ▶100쪽, 좋아하는 일을 마음껏 즐기는 ○○ ▶100쪽, 섹시한 ○○ ▶101쪽, 손에 넣고 싶은 ○○ ▶101쪽, 드라마 같은 ○○ ▶101쪽, 미인의 ○○ ▶101쪽, 진지하게 만드는 ○○ ▶102쪽, 착할 정도로 ○○ ▶102쪽, 매혹적인 ○○ ▶102쪽, 훌쩍 ○○된다 ▶102쪽, 추구하는 것은 ○○ ▶103쪽, 한 번 더 ○○하고 싶다 ▶103쪽, 더욱 빛나는 ○○ ▶103쪽, 인기인이 되는 ○○ ▶103쪽, 기다리던 ○○ ▶104쪽

불만·불안 요소 활용하기

○○ 단번에 해소 ▶105쪽, ○○가 부족하다면 ▶105쪽, ○○ 불필요 ▶106쪽, ○○ 격퇴! ▶106쪽, ○○ 증후군 ▶106쪽, ○○ 대작전 ▶106쪽, ○○만으로는 부족하다 ▶107쪽, ○○만으로 안심할 수 있나요? ▶107쪽, ○○ 위협 차단 ▶107쪽, ○○는 아깝다 ▶107쪽, ○○을 고민하기보다는 ×× ▶108쪽, ○○에 특효약 ▶108쪽, ○○의 시그널 ▶108쪽, ○○는 ××의 천적 ▶108쪽, ○○ 비밀 대처법 ▶109쪽, ○○를 지배하는 것은 ×× ▶109쪽, ○○를 바로잡다 ▶109쪽, ○○를 리셋 ▶109쪽, 안티 ○○ ▶110쪽, 언제까지 계속될까? ○○ ▶110쪽, 걱정할 것 없는 ○○ ▶110쪽, 좀 더 빨리 ○○했다면 ▶110쪽, 제멋대로인 ○○를 ××하다 ▶111쪽

지식욕·지적 호기심 자극하기

○○의 뒷이야기 ▶112쪽, ○○ 놀라운 활용법 ▶112쪽, ○○에게 배운 ×× ▶113쪽, ○○ 연구 보고 ▶113쪽, ○○ 정보 총정리 ▶113쪽, ○○ 전부 보여드립니다 ▶113쪽, ○○ 대공개 ▶114쪽, ○○ 특집 ▶114쪽, ○○ 대예측 ▶114쪽, ○○만 알고 있는 ▶114쪽, ○○ 능숙하게 활용하는 법 ▶115쪽, ○○ 트레이닝 ▶115쪽, ○○ 일기 ▶115쪽, ○○인 이유 ▶

115쪽, ○○에 숨겨진 ××▶116쪽, ○○ 핫한 정보▶116쪽, ○○의 깊은 뜻▶116쪽, ○○의 공통점▶116쪽, ○○의 고백▶117쪽, ○○ 구조▶117쪽, ○○ 실천 법칙▶117쪽, ○○의 조건▶117쪽, ○○의 진실▶118쪽, ○○의 수수께끼▶118쪽, ○○의 한마디▶118쪽, ○○의 비밀▶118쪽, ○○가 전수한 ××▶119쪽, ○○ 대응책▶119쪽, ○○를 이겨내는 꿀팁▶119쪽, ○○를 검증한다▶119쪽, ○○를 떠받치는 ××▶120쪽, ○○를 어떻게 읽을 것인가?▶120쪽, 당신이 몰랐던 ○○▶120쪽, ○○ 의외의 속마음▶120쪽, ○○의 비결▶121쪽, 국보급 ○○▶121쪽, 금단의 ○○▶121쪽, ○○ 현지 취재▶121쪽, 이것만큼은 알아두고 싶은 ○○▶122쪽, 알면 알수록 ○○▶122쪽, 간단 수칙▶122쪽, 특보▶122쪽, 아무도 언급하지 않은 ○○▶123쪽, ○○ 비밀을 알려드립니다▶123쪽, 놓칠 수 없는 ○○▶123쪽

역설적인 표현 활용하기

○○인가? 아니면 ××인가?▶124쪽, ○○가 없어도 ××할 수 있다▶124쪽, ○○가 아니라서 부담 없다▶125쪽, ○○라고 해서 안심하면 안 된다▶125쪽, ○○와 ××가 공존▶125쪽, ○○라는 생각은 이제 촌스럽다▶125쪽, ○○라고 생각하기 힘든 ××▶126쪽, ○○인데도 ××▶126쪽, ○○에 있으면서 ××▶126쪽, ○○를 뒤엎는다▶126쪽, ○○에도 좋다▶127쪽, ○○의 문제점을 ××한다▶127쪽, ○○도 상관없다▶127쪽, 굳이 ○○▶127쪽, 필요한 것은 ○○가 아니라 ××▶128쪽, 의외의 ○○▶128쪽, 이런 ○○는 그만!▶128쪽, 실패하지 않는 ○○▶128쪽, 상식을 깨는 ○○▶129쪽, 때로는 ○○, 때로는 ××▶129쪽, 정말로 존재한 ○○▶129쪽

임팩트를 주거나 강조하고 싶을 때

○○ VS ××▶132쪽, 압도적인 ○○▶132쪽, ○○ 이상 사용은 자제▶133쪽, ○○ 한 방에▶133쪽, ○○ 방방곡곡▶133쪽, ○○의 극치▶133쪽, ○○이야말로 ××의 핵심▶134쪽, ○○하면 ××할수록▶134쪽, 최상급 ○○▶134쪽, ○○ 선언▶134쪽, ○○ 대폭발▶135쪽, ○○도 ××와 관계없이▶135쪽, ○○도 200%▶135쪽, ○○에 홀딱 반한 이유▶135쪽, ○○에 강한▶136쪽, ○○ 각오▶136쪽, ○○의 역습▶136쪽, ○○의 최고봉▶136쪽, ○○의 달인▶137쪽, ○○의 정점▶137쪽, 비장의 ○○▶137쪽, ○○의 박력▶137쪽, ○○ 강화▶138쪽, ○○ 속출▶138쪽, ○○ 무제한▶138쪽, ○○도 사로잡다!▶138쪽, ○○를 훌쩍 높이다▶139쪽, ○○를 넘어서다▶139쪽, ○○를 뒤흔드는 충격▶139쪽, ○○를 부르는 ××▶139쪽, ○○를 리드하다▶140쪽, 백 년에 한 번 ○○▶140쪽, 360도 ○○▶140쪽, 가장 뜨거운 ○○▶140쪽, 입소문 자자한 ○○▶141쪽, 운명의 ○○▶141쪽, 엣지 있는 ○○▶141쪽, 아낌없는 ○○▶141쪽, 성스러울 정도로 ○○▶142쪽, 화려한 ○○▶142쪽, 궁극의 ○○▶142쪽, 경이로운 ○○▶142쪽, 업계 충격▶143쪽, 초

강력 ○○ ▶143쪽, 극적 ○○ ▶143쪽, 이만큼 ○○하다 ▶143쪽, 이 이상의 ○○은 없다 ▶144쪽, 최고 역작 ▶144쪽, 세포 하나하나까지 ○○ ▶144쪽, ○○의 주인공은 나 ▶144쪽, 신선한 놀라움 ▶145쪽, 세계 최고 ○○ ▶145쪽, 절대 감동 ▶145쪽, 절묘한 ○○ ▶145쪽, 전례 없는 ○○ ▶146쪽, 대담하다 ▶146쪽, 예사롭지 않은 ○○ ▶146쪽, 단 한 ○○를 위해 ▶146쪽, ○○력을 자랑하는 ▶147쪽, 초○○ ▶147쪽, 실감 나는 ○○ ▶147쪽, 철저 ○○ ▶147쪽, ○○가 경쟁하는 ×× ▶148쪽, 특출난 ○○ ▶148쪽, 뛰어넘는 ○○ ▶148쪽, 최대의 ○○ ▶148쪽, 뿌리째 ○○하다 ▶149쪽, ○○ 척척 ▶149쪽, 플래티넘급 ○○ ▶149쪽, 눈이 뒤집힐 정도 ○○ ▶149쪽, 맹렬하게 ○○ ▶150쪽, 겨우 ○○ ▶150쪽

취향·특별함 표현하기

○○ 기분을 맛볼 수 있다 ▶151쪽, ○○ 엄선 ▶151쪽, ○○ 연상시키는 ×× ▶152쪽, ○○ 만의 ×× ▶152쪽, ○○에 확신 ▶152쪽, ○○ 대결! ▶152쪽, ○○ 삼박자 ▶153쪽, ○○의 진수 ▶153쪽, ○○ 오리지널리티 ▶153쪽, ○○식 ▶153쪽, ○○를 추구하는 ×× ▶154쪽, ○○를 응축한 ×× ▶154쪽, 어렵게 모은 ○○ ▶154쪽, 있는 그대로의 ○○ ▶154쪽, 센스가 남다른 ○○ ▶155쪽, 취향 저격 ▶155쪽, 평소와 다른 ○○ ▶155쪽, 단골이 되고 싶은 ○○ ▶155쪽, 감춰둔 ○○ ▶156쪽, 기본은 ○○에 있다! ▶156쪽, 개성이 묻어나는 ○○ ▶156쪽, 인생을 녹인 ○○ ▶156쪽, 소중히 간직하고 싶은 ○○ ▶157쪽, 만든 이의 온기 ▶157쪽, 품을 들여 ○○ ▶157쪽, 충분히 ○○하다 ▶157쪽, 아껴둔 ○○ ▶158쪽, 드라마틱한 ○○ ▶158쪽, 화사한 ○○ ▶158쪽, 진심으로 ○○ ▶158쪽, 특별 ○○ ▶159쪽, 괜찮은 ○○ ▶159쪽

부가가치 표현하기

(유명한 지명)에서 ○○ ▶160쪽, ○○에서 선별 ▶160쪽, ○○가 널리다 ▶161쪽, ○○를 더하다 ▶161쪽, ○○와 ××의 매칭 ▶161쪽, ○○ 특전 포함 ▶161쪽, ○○와의 콜라보 ▶162쪽, ○○로 풍부하다 ▶162쪽, ○○에 좋다 ▶162쪽, ○○의 새로운 매력 ▶162쪽, ○○ 힌트 ▶163쪽, ○○ 센스 업 ▶163쪽, ○○에 변화를 주다 ▶163쪽, 여유로운 ○○ ▶163쪽, ○○ 격상! ▶164쪽, ○○를 적극 활용 ▶164쪽, ○○ 버전 업 ▶164쪽, ○○를 지켜주는 ×× ▶164쪽, 한 걸음의 차이 ○○ ▶165쪽, 다른 분야의 ○○ ▶165쪽, ○○에게 일임하다 ▶165쪽, 숨겨진 ○○ ▶165쪽, 멋이 살아 있는 ○○ ▶166쪽, 정교한 ○○ ▶166쪽, 한층 더 ○○ ▶166쪽, 친환경 ○○ ▶166쪽, 승부하는 ○○ ▶167쪽, 더블 ○○ ▶167쪽, 단언컨대 ○○ ▶167쪽, 조금 ○○한 ▶167쪽, 기분 좋게 만드는 ○○ ▶168쪽, 한 단계 위의 ○○ ▶168쪽, 프라이빗 ○○ ▶168쪽, 한층 ○○ ▶168쪽, 저렴하기만 한 것은 아니다 ▶169쪽, 로맨틱한 ○○ ▶169쪽

비교 요소·비교 우위 호소하기

○○ 비교 ▶170쪽, ○○ 대결 ▶170쪽, ○○로 차이가 생긴다 ▶171쪽, ○○를 이겨내다 ▶171쪽, ○○하는 편이 ×× ▶171쪽, ○○ 만점! ▶171쪽, ○○를 조금 더 좋게 해준다! ▶172쪽, 관계자도 놀란 ○○ ▶172쪽, 업계 ○○의 ▶172쪽, 비교해보세요! ▶172쪽, 자랑할 만한 ○○ ▶173쪽, 현지 못지않은 ○○ ▶173쪽, 존재감 넘치는 ○○ ▶173쪽, 누구보다도 ○○ ▶173쪽, 어디보다도 ○○ ▶174쪽, 지지 않는 ○○ ▶174쪽

팔리고 있다는 느낌(인기) 표현하기

잘 팔린다! ▶176쪽, ○○가 쇄도 ▶176쪽, ○○ 완판 ▶177쪽, ○○ 절정 ▶177쪽, ○○ 돌파! ▶177쪽, ○○는 바로 이곳! ▶177쪽, ○○의 시초! ▶178쪽, ○○ 예고 ▶178쪽, 너도나도 ○○ ▶178쪽, 앙코르 ○○ ▶178쪽, 한 번은 방문하고 싶은 ○○ ▶179쪽, 지금 인기 있는 ○○ ▶179쪽, 매진 속출하는 ○○ ▶179쪽, 최고 인기 상품 ○○ ▶179쪽, 대박 난 ○○ ▶180쪽, 주문 ○○ ▶180쪽, 줄 서는 ○○ ▶180쪽, 기록을 갈아치운 ○○ ▶180쪽, 절찬리에 ○○ 중! ▶181쪽, 현지에서 평판 좋은 ○○ ▶181쪽, 세계를 무대로 활약하는 ○○ ▶181쪽, 대인기 ○○ ▶181쪽, 대성황 ○○ ▶182쪽, 대히트 ○○ ▶182쪽, 대망의 ○○ ▶182쪽, 단연 ○○ ▶182쪽, 추가 판매 결정 ▶183쪽, 레전드 아이템 ▶183쪽, 인기 급상승 ▶183쪽, 발매 즉시 ○○ ▶183쪽, 히트 아이템 ▶184쪽, 베스트셀러 ○○ ▶184쪽, 모두가 좋아하는 ○○ ▶184쪽, 리뷰 ○○ ▶184쪽, 재구매 속출 ○○ ▶185쪽, 화제 독점 ▶185쪽

취향이나 강한 기호 표현하기

○○ 마음껏 즐기기 ▶186쪽, ○○가 기대된다 ▶186쪽, ○○ 상상을 자극한다 ▶187쪽, ○○에 마음을 빼앗기다 ▶187쪽, ○○에 담긴 마음 ▶187쪽, ○○에 몰입 ▶187쪽, ○○의 매력은 ×× ▶188쪽, ○○를 사로잡다 ▶188쪽, 동경했던 ○○ ▶188쪽, 빠져드는 ○○ ▶188쪽, 누구라도 포로 ▶189쪽, 바라던 ○○ ▶189쪽, 첫눈에 반한 ○○ ▶189쪽, 그만둘 수 없는 ○○ ▶189쪽

트렌드(유행) 표현하기

○○ 법칙 ▶190쪽, ○○의 대표 ▶190쪽, ○○ 다음은 ×× ▶191쪽, ○○ 붐 ▶191쪽, ○○도 주목하는 ×× ▶191쪽, 지금 ○○ ▶191쪽, 요즘 ○○ ▶192쪽, 소문난 ○○ ▶192쪽, 각계에서 화제인 ○○ ▶192쪽, 국민적 ○○ ▶192쪽, 올해 최대의 주목 ○○ ▶193쪽, 올해

유행 ○○ ▶ 193쪽, 시즌 ○○ ▶ 193쪽, 1위를 뛰어넘는 ○○ ▶ 193쪽, 새로운 스탠다드 ▶ 194쪽, ○○의 트렌드 ▶ 194쪽, 유행 ○○ ▶ 194쪽, 유행 예감 ▶ 194쪽

체험·체감 표현하기

○○ 기분 최고 ▶ 196쪽, ○○가 더욱 즐거워진다 ▶ 196쪽, ○○ 느낌 발군의 ▶ 197쪽, ○○와의 만남 ▶ 197쪽, ○○가 싹! ▶ 197쪽, ○○에 싱글벙글 ▶ 197쪽, ○○에 봄이 왔다 ▶ 198쪽, ○○에 마음이 놓이다 ▶ 198쪽, ○○를 드디어 만나다 ▶ 198쪽, ○○의 안락함 ▶ 198쪽, ○○의 꽃이 피다 ▶ 199쪽, ○○ 변화가 기쁘다 ▶ 199쪽, ○○ 여운이 남는다 ▶ 199쪽, ○○를 느긋하게 즐기다 ▶ 199쪽, ○○를 잊고 ××하다 ▶ 200쪽, 쾌적하고 살기 좋은 ○○ ▶ 200쪽, 단단히 ○○하다 ▶ 200쪽, ○○에 기겁하다 ▶ 200쪽, 한 손에 찻잔을 들고 ○○를 느끼다 ▶ 201쪽, 실감 나는 ○○ ▶ 201쪽, 쭉 ○○하고 싶다 ▶ 201쪽, 척척 ○○하다 ▶ 201쪽, 세련된 아우라 ○○ ▶ 202쪽, 박력 넘치는 ○○ ▶ 202쪽, 전율이 느껴지는 ○○ ▶ 202쪽, 만족스러운 ○○ ▶ 202쪽, 완급을 조절하다 ▶ 203쪽, 손을 놓을 수 없다 ▶ 203쪽, 부드럽게 녹아드는 ○○ ▶ 203쪽

오감에 어필하기

○○ 아우라가 풍기는 ×× ▶ 204쪽, ○○ 기분 만끽 ▶ 204쪽, ○○ 홀가분하다 ▶ 205쪽, ○○에 빠지다 ▶ 205쪽, ○○ 눈길을 사로잡는다 ▶ 205쪽, ○○ 온기 ▶ 205쪽, ○○ 욕망을 깨우다 ▶ 206쪽, ○○가 기분 좋다 ▶ 206쪽, ○○ 실루엣 ▶ 206쪽, ○○ 풍미 ▶ 206쪽, ○○ 통째로 베어 먹다 ▶ 207쪽, ○○ 색으로 ××하다 ▶ 207쪽, 입이 딱 벌어질 정도로 ○○ ▶ 207쪽, 깊은 맛 ○○ ▶ 207쪽, 넋을 잃다 ▶ 208쪽, 맛있다! ○○ ▶ 208쪽, 감칠맛 가득 ○○ ▶ 208쪽, 어머니의 맛 ▶ 208쪽, 영원히 빛나는 ○○ ▶ 209쪽, 바람과 함께 ○○ ▶ 209쪽, 어깨에 힘을 빼고 ○○ ▶ 209쪽, 덥석 ○○ ▶ 209쪽, 꽉꽉 ○○ ▶ 210쪽, 눈부신 ○○ ▶ 210쪽, 쿨한 ○○ ▶ 210쪽, 편안한 ○○ ▶ 210쪽, 시선을 ○○하다 ▶ 211쪽, ○○ 실감 ▶ 211쪽, 부들부들한 ○○ ▶ 211쪽, 몸속 깊이 느껴지는 ○○ ▶ 211쪽, 살 떨리는 ○○ ▶ 212쪽, 온몸이 가벼워지는 ○○ ▶ 212쪽, 온몸에 퍼지는 ○○ ▶ 212쪽, 부러운 눈빛 ▶ 212쪽, 단정한 인상 ▶ 213쪽, 섬세한 ○○ ▶ 213쪽, 쿵 하고 ○○ ▶ 213쪽, 닭살이 돋는 ○○ ▶ 213쪽, 걸쭉한 ○○ ▶ 214쪽, 사르르 녹는 ○○ ▶ 214쪽, 심장을 움켜쥐다 ▶ 214쪽, 씹는 맛이 최고 ▶ 214쪽, 터지는 ○○ ▶ 215쪽, 킥 ○○ ▶ 215쪽, 풍만한 ○○ ▶ 215쪽, 꽃이 핀 듯한 ○○ ▶ 215쪽, 분위기부터 다른 ○○ ▶ 216쪽, 가슴 절절히 ○○ ▶ 216쪽, 눈으로 즐기는 ○○ ▶ 216쪽, 리프레시 & 릴랙스 ▶ 216쪽

행복·행운 표현하기

○○가 이렇게 즐거울 줄이야! ▶217쪽, ○○와 찰떡궁합 ▶217쪽, ○○ 즐거운 만남 ▶218쪽, ○○에 방긋! ▶218쪽, ○○ 찬스 ▶218쪽, ○○라는 주문으로 ▶218쪽, ○○ 파라다이스 ▶219쪽, ○○ 행운의 선물 ▶219쪽, ○○ 축제 ▶219쪽, ○○ 활력을 준다 ▶219쪽, ○○를 마음껏 누리자 ▶220쪽, 해피 ○○ ▶220쪽, 반가운 ○○ ▶220쪽, 러블리한 ○○ ▶220쪽, 마음 설레는 ○○ ▶221쪽, 행복한 기분 ○○ ▶221쪽, 두근거리는 ○○ ▶221쪽, 몇 배는 더 즐거워진다 ▶221쪽, 이야기꽃을 피우다 ▶222쪽, 첫눈에 반한 ○○ ▶222쪽, 마법의 ○○ 효과 ▶222쪽

감동 어필하기

○○에 나도 모르게 ×× ▶223쪽, ○○에 감격 ▶223쪽, ○○에 사로잡히다 ▶224쪽, ○○년 인생 처음으로 ×× ▶224쪽, ○○의 포로가 되었습니다 ▶224쪽, 와! ○○ ▶224쪽, 뜨거운 눈물이 ○○ ▶225쪽, 압도적인 ○○에 취하다 ▶225쪽, 숨을 죽이다 ▶225쪽, 평생 한 번은 먹어보고 싶은 ○○ ▶225쪽, 평생 잊을 수 없는 ○○ ▶226쪽, 운명을 바꾼 ○○ ▶226쪽, 행복을 선사하는 ○○ ▶226쪽, 감동적인 ○○를 실현! ▶226쪽, 감동으로 눈물이 ○○ ▶227쪽, 가슴에 새겨진 ○○ ▶227쪽, 심장이 뛰는 ○○ ▶227쪽, 마음이 흔들리는 ○○ ▶227쪽, 감정을 건드리는 ○○ ▶228쪽, 최애 ○○ ▶228쪽, 나도 모르게 펜을 들게 하는 ○○ ▶228쪽, 텐션 최고 ▶228쪽, 시간 가는 줄 모르는 ○○ ▶229쪽, ○○를 초월하다 ▶229쪽, 믿을 수 없는 ○○ ▶229쪽, 꿈에 그리던 ○○ ▶229쪽

데이터·숫자 활용하기

놀랍게도 ○○%가 ×× ▶232쪽, ×× ○○% ▶232쪽, ○○ 100! ▶233쪽, ○○g에 감춰진 (숨은) 가치 ▶233쪽, ○○%가 ××를 선택 ▶233쪽, ○○종류의 ××를 엄선 ▶233쪽, ○○의 ×대 포인트 ▶234쪽, ○○의 절반이 선택하다 ▶234쪽, ○○배 즐기다 ▶234쪽, ○○율도 업! ▶234쪽, ○○를 ××하는 △가지 포인트 ▶235쪽, ○○가 느껴지는 베스트 ×× ▶235쪽, ○○년 연속 ×× ▶235쪽, 3대 ○○ ▶235쪽, TOP ○○ ▶236쪽, 맛의 ○○가지 비밀 ▶236쪽, BEST ○○ ▶236쪽, 국내 4대 ○○ ▶236쪽, 랭킹 ○○ ▶237쪽, ○○ 백서 ▶237쪽

기간·기한·시간·계절 표현하기

○○부터 드디어 ▶238쪽, ○○ 스타트 ▶238쪽, ○○ 임박! ▶239쪽, ○○에 한 번 ▶239쪽, ○○일 동안 ▶239쪽, ○○ 시간입니다! ▶239쪽, ○○는 ××시까지 ▶240쪽, ○○월 한

정 특별 기획 ▶240쪽, 아침 ○○ ▶240쪽, 순식간에 ▶240쪽, 온종일 ○○ ▶241쪽, 언제나 ○○ ▶241쪽, 지금이라면 ○○ ▶241쪽, 1년 내내 ○○ ▶241쪽, 올해만큼은 ○○ ▶242쪽, 이번 주 ○○ ▶242쪽, 주말 ○○ ▶242쪽, 제철 ○○ ▶242쪽, 단기 ○○ ▶243쪽, 밤 ○○ ▶243쪽, 날마다 바뀌는 ○○ ▶243쪽, 매○ 한 번 열리는 ×× ▶243쪽, 예년에는 없던 ○○ ▶244쪽, 단 ○○분의 ▶244쪽

저렴함 어필하기

○○% 할인 ▶246쪽, ○○ 블랙프라이데이 ▶246쪽, ○○ 재고 소진 ▶247쪽, ○○원 균일 ▶247쪽, ○○ 기념 ×× ▶247쪽, ○○ 캐시백 ▶247쪽, ○○ 감사제 ▶248쪽, ○○ 무제한 ▶248쪽, ○○ 처분 ▶248쪽, ○○ 대방출 ▶248쪽, ○○가 이 가격! ▶249쪽, ○○로 추가할 수 있습니다 ▶249쪽, ○○ 특판 ▶249쪽, ○○ 특가 ▶249쪽, ○○에 도전 ▶250쪽, ○○이면 딱! ▶250쪽, ○○ 최종 세일 ▶250쪽, 하루에 ○○ ▶250쪽, B+급 ○○ ▶251쪽, 적자를 각오한 ○○ ▶251쪽, 지금이라면 첫 구매 한정 ○○ ▶251쪽, 창고 정리 ○○ ▶251쪽, 대폭 ○○ ▶252쪽, 특별 가격 ○○ ▶252쪽, 가성비 ○○ ▶252쪽, 도매상도 놀랄 가격 ▶252쪽, 가계에 부담 없는 ○○ ▶253쪽, 부담 없이 구매할 수 있는 ○○ ▶253쪽, ○○ 최저 가격 ▶253쪽, 마감 ○○ ▶253쪽, 사은가 ○○ ▶254쪽, 월정액 ○○ ▶254쪽, 재고 정리 ○○ ▶254쪽, 추가로 ○○ ▶254쪽, 초특가 ○○ ▶255쪽, 전부 ○○ ▶255쪽, 세트 특가! ▶255쪽, 저가 ○○ ▶255쪽, ○○ 감사 행사 ▶256쪽, 직판 ○○ ▶256쪽, 단돈 ○○ ▶256쪽, 가성비 갑 ○○ ▶256쪽, 공장 직영 ○○ ▶257쪽, ○○ 절찬 세일 ▶257쪽, 점장 특가 ○○ ▶257쪽, 납득 ○○ ▶257쪽, 바겐 ○○ ▶258쪽, 파격가 ○○ ▶258쪽, 가격 파괴 ○○ ▶258쪽, 소분 판매 ○○ ▶258쪽, 반값 ○○ ▶259쪽, 묶음 구매 ○○ ▶259쪽, ○○ 재고 떨이 ▶259쪽, 불필요한 ○○를 줄이다 ▶259쪽, 스페셜 특가 ○○ ▶260쪽, 저가 지향! ▶260쪽, ○○ 골라잡다 ▶260쪽, 합리적인 가격 ○○ ▶260쪽, 유통 마진 대폭 절감 ▶261쪽, 이유 있는 ○○ ▶261쪽

무상 제공·무료 어필하기

○○ 무료 초대! ▶262쪽, ○○는 일절 들지 않습니다 ▶262쪽, 친구 몫까지 드립니다 ▶263쪽, 가격 0원(가격 무료) ▶263쪽, 자유롭게 가져가세요! ▶263쪽, 이번에만 무료 ○○ ▶263쪽, 샘플 무료 ○○ ▶264쪽, ○○ 게다가 무료! ▶264쪽, 선착순 ○○명 한정 무료 ▶264쪽, 요금 제로 ○○ ▶264쪽, 공짜로 ○○할 수 있다니! ▶265쪽, 무료 제공 중! ▶265쪽, 무료 체험 ○○ ▶265쪽, 무료 찬스를 ○○ ▶265쪽, 무료로 한번 ○○해보자 ▶266쪽, 테스터 모집 ▶266쪽, 받지 않으면 손해 ▶266쪽

타깃 분류하기

OO가 주인공 ▶ 268쪽, OO가 기뻐한다 ▶ 268쪽, OO세가 넘으면 ▶ 269쪽, OO한 분에게만 ×× ▶ 269쪽, OO를 좋아하는 분에게 희소식! ▶ 269쪽, OO대의 ▶ 269쪽, OO대부터 시작하는 ▶ 270쪽, OO도 ××하고 싶다 ▶ 270쪽, OO도 이만큼 할 수 있다 ▶ 270쪽, OO로는 더 이상 ××하지 못하는 당신에게 ▶ 270쪽, OO와 보내는 ×× ▶ 271쪽, OO에 적극적인 ××에게 ▶ 271쪽, OO파 ×× ▶ 271쪽, OO가 필요한 사람 모여라! ▶ 271쪽, OO용 ×× ▶ 272쪽, OO를 특별하게 하다 ▶ 272쪽, OO를 매료시키다 ▶ 272쪽, 생애 첫 OO ▶ 272쪽, 센스 있는 사람 OO ▶ 273쪽, 퇴근길에 OO ▶ 273쪽, OO인 분에게 추천 ▶ 273쪽, 모든 직장인에게 ▶ 273쪽, 당장 OO가 필요하신 분 ▶ 274쪽, 나이가 느껴지지 않는 OO ▶ 274쪽, 비즈니스에 적합한 OO ▶ 274쪽, OO 필수품 ▶ 274쪽, 혼자만의 OO를 응원합니다 ▶ 275쪽, 스타일리시한 OO를 사랑하는 ×× ▶ 275쪽, 우리 집 OO 계획 ▶ 275쪽

네이밍 활용하기

(나라 이름) OO ▶ 276쪽, (유명한 지명) OO ▶ 276쪽, OO 소프트 ▶ 277쪽, 센서티브 OO ▶ 277쪽, OO의 왕 ▶ 277쪽, OO의 고향 ▶ 277쪽, OO의 근원 ▶ 278쪽, (유명한 지명)산 OO ▶ 278쪽, OO 베이직 ▶ 278쪽, OO 리치 ▶ 278쪽, OO 넘버원 ▶ 279쪽, 힐링 OO ▶ 279쪽, 퍼펙트 OO ▶ 279쪽, 보석보다 값진 OO ▶ 279쪽, 황금 OO ▶ 280쪽, 감동 OO ▶ 280쪽, 슈퍼 OO ▶ 280쪽, 스타 OO ▶ 280쪽, 셀러브리티 OO ▶ 281쪽, 다이어트 OO ▶ 281쪽, 엔젤 OO ▶ 281쪽, 뷰티 OO ▶ 281쪽, 퍼스트 OO ▶ 282쪽, 쁘띠 OO ▶ 282쪽, 프리미엄 OO ▶ 282쪽, 마법의 OO ▶ 282쪽, OO가 통째로 ▶ 283쪽

추천 표현하기

OO가 당신을 구한다 ▶ 286쪽, OO 때문에 결정했습니다 ▶ 286쪽, OO이니까 ××가 이득 ▶ 287쪽, OO를 빼놓을 수 없다 ▶ 287쪽, OO에 최고의 파트너! ▶ 287쪽, OO의 첫 스텝 ▶ 287쪽, OO가 이 정도는 돼야지! ▶ 288쪽, OO는 이제 상식 ▶ 288쪽, OO도 극찬 ▶ 288쪽, 질리지 않는 OO ▶ 288쪽, 당신의 OO 인생을 도와드립니다 ▶ 289쪽, 강추 OO ▶ 289쪽, 지금 꼭 사야 할 OO ▶ 289쪽, 지금 OO하고 싶은 ×× ▶ 289쪽, 추천 OO ▶ 290쪽, 같은 고민을 하는 OO ▶ 290쪽, OO 현명한 선택 ▶ 290쪽, 찾던 게 딱 OO ▶ 290쪽, 괜찮아! 더 OO해질 테니까! ▶ 291쪽, 아무리 생각해봐도 OO가 정답이다 ▶ 291쪽, 실사용자 입장에서 생각해보니 OO ▶ 291쪽, 매일 사용하는 OO이니까 ▶ 291쪽, 받으면 누구나 좋아하는 OO ▶ 292쪽, 이유 불문하고 OO ▶ 292쪽, 우리가 선택한 OO ▶ 292쪽, 나만의 최애템! ▶ 292쪽

행동 유도하기

○○하라! ▶ 293쪽, ○○하지 마세요 ▶ 293쪽, ○○해보면 알 수 있습니다 ▶ 294쪽, ○○로 한판 승부! ▶ 294쪽, ○○로 검색해보세요 ▶ 294쪽, ○○라고 말씀해주세요 ▶ 294쪽, ○○에 주목 ▶ 295쪽, 이번 기회에! ▶ 295쪽, ○○ 모드로 전환 ▶ 295쪽, ○○를 체험해보자 ▶ 295쪽, ○○를 찾아보자 ▶ 296쪽, 가자! ○○ ▶ 296쪽, 지금이 결단할 때 ▶ 296쪽, 지금이 타이밍! ▶ 296쪽, 지금 바로 ○○ ▶ 297쪽, 서두르세요! ▶ 297쪽, 놓치지 마세요! ▶ 297쪽, 반드시 확인하세요 ▶ 297쪽, 변하고 싶다면 바로 지금 ▶ 298쪽, 자! ○○ ▶ 298쪽, 느껴보세요 ▶ 298쪽, 자신에게 주는 선물 ▶ 298쪽, 모르면 안 된다 ▶ 299쪽, 제2의 인생을 ○○하자 ▶ 299쪽, 반드시 확인하세요 ▶ 299쪽, ○○ 체크! ▶ 299쪽, 초간단 신청 ▶ 300쪽, 다음은 당신의 ○○입니다 ▶ 300쪽, 오늘부터 시작하자 ▶ 300쪽, 만일을 대비해 ○○ ▶ 300쪽, 일단 ○○에 접속 ▶ 301쪽, 모두가 ○○ 합니다 ▶ 301쪽, 노려라! ○○ ▶ 301쪽, 용기를 내서 ○○ ▶ 301쪽, 잘 읽어보세요 ▶ 302쪽

마치며

　필자는 이 책에서 소개한 키워드를 엄선할 때 유행에 좌우되지 않고 시대가 변해도 항상 사람의 마음을 매료하는 말을 정리하겠다고 다짐했다. 이 기준에 따라 신중히 고른 키워드들은 세월이 아무리 흐르더라도 사람의 마음을 사로잡을 수 있다고 생각한다.
　상품이나 서비스를 더 잘 팔고 싶다면 말의 힘을 최대한으로 활용할 필요가 있다. 여러분이 말의 중요성을 깨닫고 실제로 시행착오를 거듭해보면, 말을 얼마나 잘 구사하느냐가 상품이나 서비스의 판매 실적에 놀라울 정도로 큰 영향을 미친다는 사실을 실감하게 될 것이다.
　여러분이 오늘 받은 이메일 중 클릭해서 읽은 메일은 무엇인가? 반대로 클릭도 하지 않고 곧장 삭제한 메일은 무엇인가? DM으로 받은 메시지는 어떤가? 신문에 끼워진 전단지를 바로 버리지 않고 나중에 읽어보려고 챙겨둔 것은 없는가?
　며칠 동안만이라도 자신의 행동을 잘 살펴보길 바란다. 왜 그랬을까? 어떤 차이가 있었던 걸까? 스스로 물어보자. 자신의 행동에 눈을 돌려 그 이유를 자문해보면 사람이 얼마나 짧은 순간에 상황을 판단하고 선별하는지 실감할 수 있다. 그리고 그 판단이나 선별은 단 한마디의 키워드나 말에 크게 좌우된다는 사실을 알고 놀랄 것이다.
　사람은 아주 잠깐 눈에 들어오는 말이나 사진, 이미지만으로도 자신에게 가치가 있는지 없는지를 순식간에 판단하고, 눈에 들어온 몇 줄의 메시지로 자신에게 유익한 정보인지 어떤지를 가늠한다.
　'팔리는 키워드'는 이런 찰나의 순간에 승패가 결정되는 가혹한 싸움에서 살아남게 해줄 성공의 열쇠다.

　이 책에서 소개한 '팔리는 키워드' 약 4,000개의 문구는 여러분이 지금까지 어디서 보거나 들은 적이 있는 말들이다. 그렇기에 여러분은 지금 당장 이 책을 잘 활용할 수 있고, 조금만 노력하면 팔리는 메시지를 어렵지 않게 만들 수 있을 것이다.

'잘 파는 사람'은 자신이 파는 상품이나 서비스를 기가 막히게 전달하는 '결정적 한마디'를 여럿 갖고 있다. 그리고 고객 유형과 상황에 맞춰 가장 효과적인 말을 구사한다. 그런 설득력 있는 문구야말로 '팔리는 키워드'다. 게다가 그들은 정말로 전하고 싶은 메시지를 한두 번 어필하는 정도로는 고객에게 전달되지 않는다는 사실도 잘 알고 있다. 그래서 정말로 전하고 싶은 메시지는 몇 번이고 반복해서 전달한다.

　전하고 싶은 메시지는 '몇 번이고 반복해서 전달한다'라는 말을 항상 기억하자.(이 말 역시 반복했다.) 이 책을 활용하여 몇 가지 메시지를 만들고 고객의 반응을 꾸준히 분석하다 보면, 가장 잘 팔리는 메시지 패턴이 무엇인지 스스로 찾아낼 수 있을 것이다.

옮긴이 신찬

인제대학교 국어국문학과를 졸업하고 한림대학교 국제대학원 지역연구학과에서 일본학을 전공했다. 일본 가나자와국립대학 법학연구과 대학원에서 교환학생으로 유학하며, 일본 현지에서 한류를 비롯한 한·일간의 다양한 비즈니스를 오랫동안 체험하면서 번역의 중요성과 그 매력을 깨닫게 되었다. 현재 번역에이전시 엔터스코리아에서 출판 기획 및 일본어 전문 번역가로 활동하고 있다. 역서로는《다 팔아버리는 백억짜리 카피 대전》《카피라이터의 표현법》《지적인 어른을 위한 최소한의 교양수업》《기상예측 교과서》《총의 과학》외 다수가 있다.

다 팔아버리는 카피 키워드 사전
빅히트 상품을 만든 베스트 카피 4000

1판 1쇄 펴낸 날 2025년 10월 1일

지은이 호리타 히로카즈
옮긴이 신찬
주간 안채원
책임편집 윤성하
편집 윤대호, 채선희, 장서진
디자인 김수인, 이예은
마케팅 함정윤, 김희진

펴낸이 박윤태
펴낸곳 보누스
등록 2001년 8월 17일 제313-2002-179호
주소 서울시 마포구 동교로12안길 31 보누스 4층
전화 02-333-3114
팩스 02-3143-3254
이메일 bonus@bonusbook.co.kr
인스타그램 @bonusbook_publishing

ISBN 978-89-6494-766-1 03320

• 책값은 뒤표지에 있습니다.

다― 팔아버리는 백억짜리 카피 대전

끌어당기고, 설득하고, 사로잡는, 불후의 카피들

오하시 가즈요시 지음 | 448면

- 전국 서점 베스트셀러
- 아마존 종합 베스트셀러
- 아마존 광고 분야 1위

'팔리는 말 만들기의 신'이 알려주는 무조건 팔리는 카피들

단 하루 동안에도 수백 가지 상품이 흥하고 망한다. 모든 상품은 경쟁에서 살아남은 승리자가 되거나, 시장에서 금세 잊히는 패배자가 되거나 둘 중 하나다.

팔리는 상품 뒤에는 반드시 팔리는 카피가 있다. 사람들은 단어 하나에 거짓말처럼 끌리고, 문장 한 줄에 홀린 듯이 상품을 산다. 이토록 마법 같은 카피의 힘을 지금 바로 써먹어 보자. 멋진 카피 하나가 당신의 상품만을 찾는 수백만 고객을 데려올 것이다.